国际汉语教师发展丛书

汉语语法教学理论与方法
（第 2 版）

卢福波　著

© 2022 北京语言大学出版社，社图号 22031

图书在版编目(CIP)数据

汉语语法教学理论与方法/卢福波著.—2版.—北京：北京语言大学出版社，2022.6（2023.3重印）
（国际汉语教师发展丛书）
ISBN 978-7-5619-6092-9

Ⅰ.①汉… Ⅱ.①卢… Ⅲ.①汉语—语法—对外汉语教学—教学研究 Ⅳ.①H195.3

中国版本图书馆 CIP 数据核字(2022)第 069213 号

汉语语法教学理论与方法（第 2 版）
HANYU YUFA JIAOXUE LILUN YU FANGFA (DI 2 BAN)

排版制作：	华伦图文制作中心
责任印制：	邝　天
出版发行：	北京语言大学出版社
社　　址：	北京市海淀区学院路 15 号，100083
网　　址：	www.blcup.com
电子信箱：	service@blcup.com
电　　话：	编辑部　　8610-82303395
	发行部　　8610-82303650/3591/3648
	北语书店　8610-82303653
	网购咨询　8610-82303908
印　　刷：	北京鑫丰华彩印有限公司
版　　次：	2010 年 4 月第 1 版　2022 年 6 月第 2 版
印　　次：	2023 年 3 月第 2 次印刷
开　　本：	710 毫米×1000 毫米　1/16　　印　张：25.5
字　　数：	350 千字
定　　价：	88.00 元

PRINTED IN CHINA

凡有印装质量问题，本社负责调换，售后QQ号 1367565611，电话 010-82303590。

前　言

　　12年前,《汉语语法教学理论与方法》在北京大学出版社出版。这本书在汉语作为第二语言教学语法研究方面,提出了比较新颖的教学理论与方法,得到不少读者的认可,被多次重印。10多年来我又在不断研究中有了新的思考。因此,我用了两年多时间修订这本书,全书的修改量已接近40%。第2版主要在以下方面进行了调整:

　　首先是理论方面。第2版运用汉语语言学理论、第二语言习得理论、认知语言学理论等来阐述汉语语法教学的规则,解释汉语语法现象,将理论研究与教学实践相结合。

　　其次是汉语特点的认识方面。第2版突出了根据汉语本身的特点进行语法教学的重要性,为此新设了第二章"汉语的基本特征及其认识"。虽然汉语被认为是世界上最难学的语言之一,但这一章却从语言现象入手说明汉语是易学、易懂的,这对汉语教学及研究都很有意义。

　　第三个方面是汉语语法的语用教学。传统的汉语语法教学主要是对语法规则进行描写及解释,不注重其语用问题;而汉语作为第二语言教学的根本目的是培养学习者的汉语交际能力,这就要求我们必须加强汉语语法的语用教学。

　　还有一个方面是汉语语法的偏误分析。汉语语法偏误是学习者在第二语言习得过程中不可避免会出现的现象。通过偏误分析,教师可以发现学习者出现偏误的原因,从而有的放矢地帮助学习者解决问题,提高其使用汉语的能力。第1版每一个章节都有专门的偏误分析部分,第2版又在第十三章专门增加了一节"汉语语法教学中的偏误分析与原则",对10种典型语法偏误进行了案例分析。

这本书既是学术专著,又可作为汉语国际教育专业学生(本科生及以上)的教材。因此,第2版在每章后增设了分析思考题,旨在帮助学生把握每章的主要内容,巩固其所学的知识,培养学生应用理论知识去分析和解决问题的综合能力。

我的汉语语法研究能在第2版中做到与时俱进,得益于所借鉴的一些新的研究成果。北京语言大学出版社的沈岚老师主动向我约稿,认真、严谨地编辑加工书稿,使第2版得以顺利出版,在此我表示衷心的感谢。

卢福波
2021年8月于莱茵居所

目 录

第一章　汉语语法教学及其相关理论 ………………………… 1
- 第一节　作为第二语言的汉语语法教学 ……………………… 1
- 第二节　汉语语法教学的宗旨 ………………………………… 5
- 第三节　汉语语法教学的基础理论 …………………………… 8

第二章　汉语的基本特征及其认识 …………………………… 22
- 第一节　汉语的基本特征 ……………………………………… 22
- 第二节　对汉语特征的认识 …………………………………… 35
- 第三节　利用汉语特征，实现易学、易懂的语法教学 ……… 36

第三章　汉语语法教学的误区及基本原则 …………………… 41
- 第一节　汉语语法教学的误区 ………………………………… 41
- 第二节　汉语语法教学的基本原则 …………………………… 45

第四章　汉语语法教学的模式、方法与策略 ………………… 60
- 第一节　汉语语法教学的形式、环节与模式 ………………… 60
- 第二节　初、中、高不同层级的汉语语法教学 ……………… 62
- 第三节　具体语法项的教学策略 ……………………………… 64
- 第四节　不同层级语法项的教学案例 ………………………… 71

第五章　汉语名词、量词及其短语的教学要点与策略 …… 81
第一节　名词及其短语的常见偏误、教学要点与策略 …… 81
第二节　量词及其短语的常见偏误、教学要点与策略 …… 96

第六章　汉语动词、形容词及其短语的教学要点与策略 …… 117
第一节　动词及其短语的常见偏误、教学要点与策略 …… 117
第二节　形容词及其短语的常见偏误、教学要点与策略 …… 139

第七章　汉语副词、区别词及其短语的教学要点与策略 …… 149
第一节　副词及其短语的常见偏误、教学要点与策略 …… 149
第二节　区别词及其短语的常见偏误、教学要点与策略 …… 172

第八章　汉语虚词的教学要点与策略 …… 179
第一节　介词及其短语的常见偏误、教学要点与策略 …… 179
第二节　助词的常见偏误、教学要点与策略 …… 198
第三节　语气词的常见偏误、教学要点与策略 …… 216

第九章　汉语补语的教学要点与策略 …… 227
第一节　结果补语的常见偏误、教学要点与策略 …… 227
第二节　趋向补语的常见偏误、教学要点与策略 …… 237
第三节　可能补语的常见偏误、教学要点与策略 …… 254

第十章　汉语语序的教学要点与策略 …… 264
第一节　修饰语的语序教学要点与策略 …… 265
第二节　句法范畴的语序教学要点与策略 …… 281

第十一章　汉语句式的教学要点与策略 …………………… 294
- 第一节　常见7种句式及其教学要点 …………………… 294
- 第二节　存现句的教学要点与策略 ……………………… 301
- 第三节　"比"字句、"不如"句的教学要点与策略 ……… 305
- 第四节　"把"字句的教学要点与策略 …………………… 315

第十二章　汉语复句的教学要点与策略 …………………… 324
- 第一节　关于汉语复句 …………………………………… 324
- 第二节　汉语复句及其关联词语的常见偏误 …………… 329
- 第三节　汉语复句及其关联词语的教学要点与策略 …… 331

第十三章　汉语语法教学中的偏误分析与操练检测 ……… 348
- 第一节　汉语语法教学中的偏误分析与原则 …………… 348
- 第二节　汉语语法教学中操练的基本原理与方法策略 … 358
- 第三节　汉语语法教学的测试评估与方法策略 ………… 377

主要参考文献 …………………………………………………… 388
附录　介词"随着"的课堂教学录像说明 …………………… 396

第一章 汉语语法教学及其相关理论

第一节 作为第二语言的汉语语法教学

1. 两种不同的研究体系

1.1 理论语法与教学语法

理论语法与教学语法是两种不同的研究体系,在研究内容、使用对象、研究目的等方面都有所不同。《中国大百科全书·语言文字》[①]把语法分为"供语言学研究的语法和教学用的语法","前者把语言作为一种规则体系来研究,后者把语言作为一种供运用的工具来学习。前者的目的是了解通则,即明理;后者的目的是学会技能,即致用。"

理论语法通常也被称为专家语法、描写语法,侧重于语法规律的描写和语法理论的探讨,旨在揭示语法的结构特点、规则规律,并从认知层面加以解释。

教学语法又叫学校语法、规范语法、课堂语法,侧重于具体语言的应用研究。教学语法受到教与学的限制,内容一般规范实用、简明扼要,旨在指导学生正确运用语言,提高语言表达能力。

[①] 中国大百科全书出版社编辑部.中国大百科全书·语言文字[M].北京:中国大百科全书出版社,1988:467-468.

1.2 理论语法与教学语法的异同及关系

1.2.1 相同点

(1) 系统性

二者都属于语法学的学科领域,不管是理论语法还是教学语法,都一定是建立在汉语语法自身系统上的,只是由于研究内容、使用对象和研究目的等不同而有所不同。

(2) 科学性

汉语语法体系必须具备科学性,即真实准确地反映汉语实际,探究语法规律背后的理据和动因。

1.2.2 不同点

(1) 理论性与实用性

理论语法可以不考虑教学对象是否能掌握这些语法规律,只注重如何从科学角度对这些语法规律进行描写,并揭示其本质,所以理论性是理论语法的基本特点。教学语法则不同,它的目的是使学习者通过学习教学语法,提高语言的使用能力,因此实用性是教学语法最显著的特点。

(2) 详尽性与简明性

理论语法对理论问题会寻根究底,故而,以语言事实为依据,详尽描写和分析论证是理论语法的特质之一。教学语法则不同,为了易教、易学,就要做到简洁明了。只有简洁,学习者才能明了;只有明了,学习者才能理解并掌握;只有掌握了,学习者才能应用。所以,教学语法具有简明性的特点。

(3) 创新性与稳定性

理论语法贵在创新,有了创新,才能发展。理论语法的价值就在观点、方法和内容的原创性上。教学语法则贵在稳定,这样才有利于语法知识的传授。

1.2.3　两者关系

理论语法与教学语法并不是对立的关系,而是相辅相成的关系。理论语法的研究成果可以充实教学语法,教学语法又可以在应用过程中验证理论语法,补充理论语法的不足,并促进其发展。陆俭明先生(2005)指出,对外汉语教学与汉语本体研究之间是一种互动的关系。对外汉语教学对汉语本体研究起着推动作用,其作用可以用这样的话来概括:"对外汉语教学是汉语本体研究的试金石,对外汉语教学拓展了汉语本体研究。"

2. 关于"汉语语法教学"

2.1　汉语语法教学

汉语作为第二语言的教学曾被称为"对外汉语教学"。但在《普通高等学校本科专业目录和专业介绍(2012年)》[①]中,教育部将对外汉语专业改为汉语国际教育专业,并沿用至今。本书将作为第二语言的汉语语法教学简称为"汉语语法教学"。

作为第二语言的汉语语法教学就是根据学习者的学习目的、习得规律等,从汉语语法本身的特点出发,选取教学内容,将教学理论与方法策略相结合,是一个有针对性的、遵循汉语语法特点的教学体系。

2.2　汉语语法教学的研究领域及其所涉及的方面

汉语语法教学的研究领域主要包括:

(1)汉语语法教学理论研究,即汉语作为第二语言的语法教学理论研究,如汉语语法教学的教学原则、教学规律和教学方法等。

(2)汉语语法教学体系研究,即汉语作为第二语言的语法教学体系及其相关问题,如语法教学的层级界定、各层级中语法教学内容的排

[①]《普通高等学校本科专业目录和专业介绍(2012年)》由中华人民共和国教育部高等教育司编写,高等教育出版社2012年出版。

序等。

（3）汉语语法教学活动研究，即汉语作为第二语言的语法教学活动，如具体语法项的教学设计等。

（4）汉语语法教学现代教育技术的应用研究，即语料库、网络教学等在汉语作为第二语言语法教学中的开发利用等。

汉语语法教学的具体研究还会涉及以下方面：

（1）汉语这种语言的特点是什么？这些特点对汉语学习者产生哪些影响？在汉语语法教学中如何认识和利用这些特点？

（2）语言是思维的工具，同时也是思维的产物。汉语语法教学对语法现象的解释体现了说汉语者的思维方式，因此，如何培养学习者的汉语思维方式是重要的研究课题。

（3）语言迁移影响学习者的第二语言习得过程。如果学习者已掌握了一种语言，那就意味着他已有了这种语言的系统。在学习第二语言时，学习者原有的系统和第二语言先学的部分会影响第二语言的习得过程，出现偏误现象。因此，研究学习者的第二语言习得过程和语言迁移对第二语言习得所产生的影响也是重要课题之一。

（4）学习者习得汉语是为了用汉语进行实际的交际，不仅仅是学习汉语知识。汉语的实际交际要与说话人的主观思想感情和客观世界相结合，因此，学习者汉语交际的复杂性也是研究的重要方面。

（5）教师的知识水平、教学方法与策略等对课堂教学起着关键作用。教师的知识水平是前提，不同的教学方法与策略则会产生不同的教学效果。因此，教学方法与策略的研究也是不可或缺的。

（6）国际中文教学还会遇到无法进行课堂面授教学的情况，这就需要研究其他的教学方式。如何提高远程教学（非面授教学）的效果，包括如何更好地实现教学资源共享等，这些都是新的研究课题。

第二节 汉语语法教学的宗旨

汉语语法教学的宗旨指的是汉语语法教学的理念及其指导思想。

1. 语言的意义在于使用

语言是人类表达思想、进行交际的工具。人类借助语言才能完成交际,因此语言的意义在于使用。比利时语用学家耶夫·维索尔伦(Jef Verschueren)(2003)认为,语言的使用是"一个经常不断的、有意无意的、受语言内或语言外因素左右的语言选择过程"。典型的语言选择过程,如图1-1:

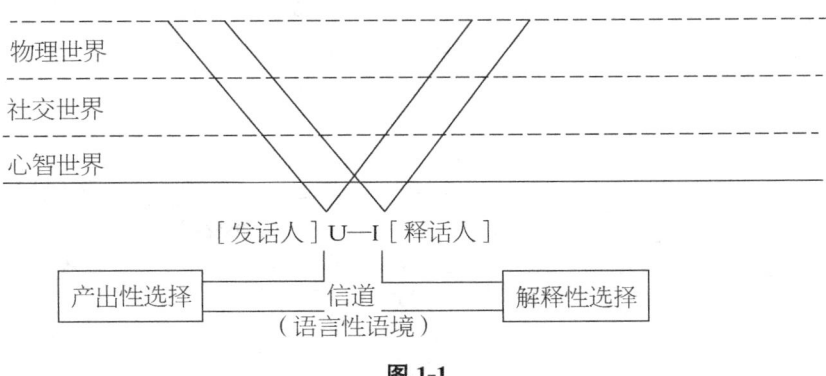

图 1-1

语言的使用是个动态过程,是个受语言自身规则系统、语言的外部客观世界和语言使用者社会文化条件影响的复杂的选择过程。

2. 汉语作为第二语言语法教学的目的

第二语言的教学目的是什么?当然是让学习者习得第二语言。那以什么标准来衡量是否习得了这种语言呢?不是看学习者记住多少词、学会多少语法规则、背诵多少句子,而是看学习者是否掌握了这套语言系统的规则和使用规则的能力,即是否能用所学的第二语言知识去完成交际。也就是说,只有教会汉语学习者在实际交际活动中使用汉语,才能说学习者习得了汉语。所以,汉语作为第二语言语法教学的目的是在语言实际使用中培养学习者的汉语交际能力。

美国应用语言学家巴奇曼(Lyle F. Bachman)(1990)提出语言能力CLA模型,将语言学知识、社会语言学知识、心理语言学知识作为语言能力的核心要素,包含语言能力、策略能力和心理生理机制。如图1-2:

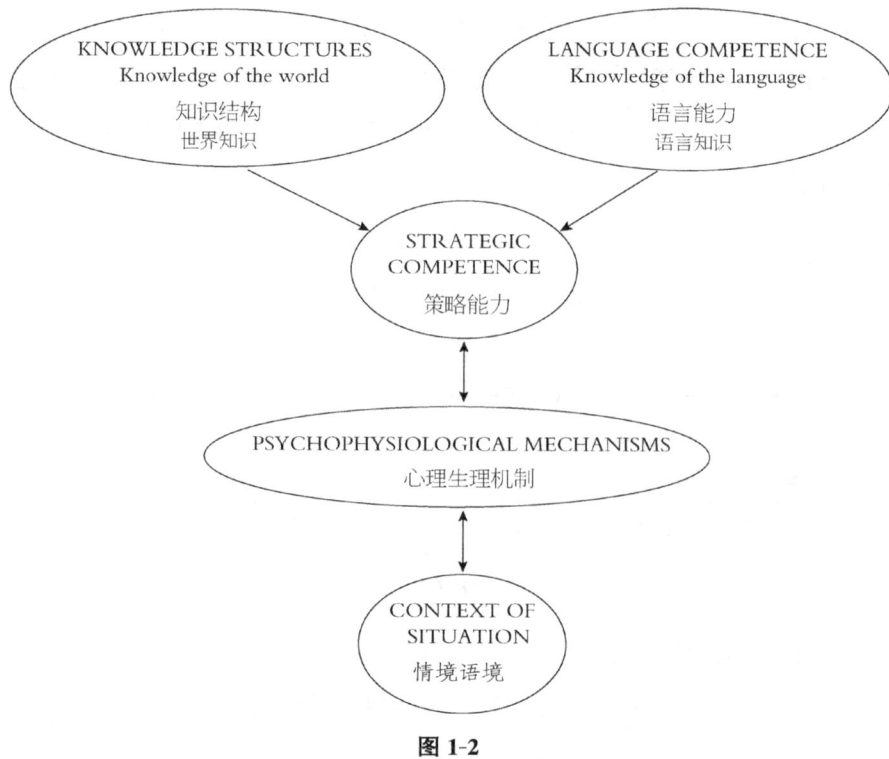

图1-2

在语言交际过程中,在将语言能力转化为交际语言时,交际者需要运用策略,将语言知识与语言使用的情境语境联系起来,这个过程是一个动态过程。

3. 顺应语言动态交际过程的汉语语法教学

顺应语言动态交际过程的汉语语法教学要注意以下方面:

3.1 汉语语法知识的教学

汉语语法知识如何运用，需要教师在教学中解释清楚。例如：

(1) 教材在资料室　　＊教材在桌子

——(涉及与"在"匹配项的下位类别问题。)

(2) 把那碗米饭吃了　　＊把那篇课文读了

——(涉及"把"字句的处置义和语义焦点问题。)

3.2 汉语语法的语用教学

汉语语法教学需要讲清楚具体的语境适用条件，包括社会、文化等条件。

(3) (对老师)你怎么才来？——(不得体，未考虑与师长交际的语用条件。)

3.3 汉语语法教学的交际策略

汉语语法教学需要运用交际策略将语法知识与语用条件进行整合。

(4) A:糟了,杯子可能落在教室里了。

B:我走的时候,教室桌子上倒是有一只杯子。

——(涉及存现句的语用条件，也涉及说话者的交际策略。)

总之，培养汉语作为第二语言的交际能力，语言能力、语用能力和策略能力三者缺一不可。语言能力能够保证语言结构提取时的准确。语用能力能够保证语言在交际情境中恰如其分地使用。策略能力则使语言在交际情境中更有效地实现交际预期。

第三节 汉语语法教学的基础理论

邢福义先生将学科性质概括为"两属性、三要素"[①]:"学科以汉语为主,以对外教学为用。汉语是学科的本体属性,是学科构成的第一要素。对外教学是学科的应用属性,'对外'是学科构成的第二要素,'教学'是学科构成的第三要素。两属性、三要素的相互制约,形成学科的内在机制,编制成学科的自身系统。"

因此,汉语作为第二语言教学是一门综合性很强的学科,其相关理论包括语言学理论、第二语言习得理论、认知语言学理论、语言对比理论、中介语理论等等。

本节侧重谈与第二语言习得相关的基础理论,第二语言习得的相关理论可以指导我们的汉语语法教学。

1. 语言的学习与习得

汉语作为第二语言的习得过程实际上既是学习过程,又是习得过程,两种过程又因条件、环境的差异而有所不同。

1.1 第一语言与第二语言的习得过程有相同之处

语言习得过程是一个创造性的过程。儿童在语言习得过程中没有谁引导或者纠正他们,他们却从语言中汲取了语法规则。儿童在不同的语言环境和社会文化环境中习得了不同的语言,他们习得语言的发展阶段却是相似的、带有普遍性的。这些因素使一些语言学家相信儿童生下来就配备好了语言习得机制,使他可以很轻易地学会自己的语言。在这样的理念下,一些语言学家相信存在着一个叫作普遍语法的东西,这个普遍语法具有先天性或者叫遗传特性(innateness),这种假

[①] 邢福义先生的文章《关于对外汉语教学的学科建设》为1999年5月23日致国家汉办函。

设叫作先天性假说(崔希亮,2021)。维多利亚·弗罗姆金(Victoria Fromkin)等(1992:406)就举了某儿童习得否定的例子。

某儿童最初习得"否定"时,总是将"no"加在句子开头。例如:

  * No heavy
  (不重)
  * No Fraser drink all tea
  (不弗雷泽喝光茶)
  * No singing song
  (不在唱歌)
  * No the sunshining
  (不太阳很亮)

即用一种简单的方式造否定句。但不知从什么时候开始,该儿童开始在句子中间用不同的否定词。例如:

  * He no bite you?
  (他不咬你?)
  * That no fish school?
  (那不是鱼学校?)
  can't catch you
  (抓不住你)
  I don't want any food.
  (我不要什么吃的。)

这类句子都有规律,它反映了儿童语言在某一个发展阶段的语法。这种有规律的阶段或许部分支持了语言习得过程就是建立语法规则的观点。儿童随着年龄的增长,表现出越来越多的创造性倾向。因此,有人从生物学的角度提出临界期假说。语言习得临界期(又称作关键期)是指个体发展过程中环境影响能起到最大作用的时期。临界期阶段,在适宜的环境影响下,个体行为的习得特别容易,发展特别迅速(洪芸,2015)。儿童习得第一语言构建语法规则的过程,与成年人通过学习来习得第二语言的过程是一样的。

1.2 第一语言习得与第二语言学习的不同之处

早在20世纪60年代,西方的一些学者就提出应该区分语言习得和学习。到了70年代中期,美国语言学家克拉申(Stephen D. Krashen)系统地提出了习得和学习区分假说。后面也有一些学者就此问题进行过讨论。他们普遍认为,语言的习得是指在自然状态下,无意识地获得某种语言的过程,语言的学习是指学习者通过正规、系统的语言教学方式有意识地获得某种语言的活动。

因此,语言的"习得""学习"都可以指语言的获得过程。通常"习得"指的是儿童第一语言的自然获得过程,而"学习"则主要指成年人在学校所进行的第二语言的学习过程。正因为所指不同,所以二者的语言获得过程有明显的差异。主要表现在(见表1-1):

表1-1 习得与学习的语言获得过程

类别	儿童的自然习得环境与过程	成人的学校学习环境与过程
前提条件	开始或初步获得语言,不成系统。	已具有一套或多套完整的语言系统。
习得动力	出于本能、需要,为了生存发展,自然而然地习得,没有负担感。	为掌握新交际工具,为参与社团等活动。学习是一种任务、负担。
环境方式	处于自然的语言环境中。	处于目的语输入的环境中。
输入目的	以交际为目的的语言输入。	以学习为目的的语言输入。
习得过程	与生理、心理过程同步。	已具有生活经验与能力。新语言与生理、心理过程不同步。

续表

类　别	儿童的自然习得环境与过程	成人的学校学习环境与过程
习得方式	从实物到概念形成,反复模仿,不停运用,形成习惯。	有先前语言学习经验并受其影响,迁移、类比学习,刻意模仿与使用。
心理关注	不去关注所犯错误及其困难。	关注所犯错误并主动加以改正,对语言学习的困难有认识。
文化因素	语言文化同步。	语言文化不同步。
生理心理	年幼、无知、好奇等。	成熟,由情感、意志等决定。

(以上内容参考刘珣《对外汉语教育学引论》179－183页,有改写。)

　　朱志平(2008)把儿童第一语言习得的发展阶段分为词语法阶段、词组语法阶段和句语法阶段。词语法阶段的主要语言形式有独词句和双词句,句法规则是单词的语序及其语义选择限制;词组语法阶段的主要语言形式为电报句,只有实词,没有虚词;句语法阶段的主要语言形式有完整电报句、带分句的电报句和完整的句子,基本语法体系已经形成,可以进行一般的日常交际。儿童习得第一语言的各个阶段并不是截然分开的,往往有重叠的地方(杨德明,2018)。

　　成年人学习第二语言则不同,他们第一语言的整套习惯已经形成,其中一些第一语言的学习经验可以用于学习第二语言,但并不是所有的经验都可以直接应用。有些习惯是有益的,被称为"正迁移";有些习惯则妨碍了他们正确地学习第二语言,是"负迁移"。实际上,语言的迁移也是学习者学习策略的反映,是成年人认知能力的表现,而成年人在第二语言学习中,认知能力的发展往往先于第二语言能力的发展。

　　事实上,学习者要掌握一种语言,习得和学习都是必不可少的。儿童在习得第一语言时也会有意识地去学习,成年人在课堂上学习了某种第二语言,通过与别人聊天儿、看电视等方式,也会无意识地习得第二语言。因此,"习得"与"学习"的区分是相对的。儿童进入学校以前,获得第一语言的过程主要是习得;成年人在课堂上获得第二语言的过程则主要是学习。但是,随着第二语言水平的提高,成年人在课堂上习得的成分也会越来越多。一个优秀的汉语教师应在课堂教学中给学生创造更多的习得机会,使学习者能在交际中自然而然地获得第二语言。正因为如此,我们很难严格区分"习得"和"学习",所以"第二语言学习"也被称为"第二语言习得"。

2. 语言的迁移

"迁移"的概念来源于行为主义心理学,由拉多(Robert Lado)在 *Linguistics Across Cultures: Applied Linguistics for Language Teachers*(《跨文化语言学》)(1957)中提出,指的是人们已经掌握的知识在新的学习环境中发挥作用的心理过程(Larsen-Freeman et al.,2000:18—20)。行为主义心理学是用"习惯形成"(habit formation)和"累积学习"(cumulative learning)来解释这一现象的。如果这一解释科学合理,那么第二语言学习亦是如此,因为学习者在学习第二语言时,已具备母语的知识系统和母语的学习经历,这种母语的知识系统和学习经历就是一种习惯的形成和学习的累积,它们必然会影响第二语言的学习。我们在教英语为母语的汉语学习者时,很容易发现这种受英语母语影响的痕迹。例如:

* 你能帮我发我的信吗?——(受属格影响。)

* 我最近是忙。——(受英语形容词前有"be"动词的影响。)

* 我学习在教室下午。——(受英语母语语序的影响。)

可见,成年人很容易利用以往掌握的知识和形成的习惯来处理新的学习任务。第一语言对第二语言的"迁移"分为"正迁移"和"负迁移"两种类型。"正迁移"指的是母语对所学习的目的语产生积极影响,即起促进作用的影响;"负迁移"指的是母语对所学习的目的语产生阻碍或干扰作用。"干扰"又分为"前摄干扰"和"后摄干扰"。"前摄干扰"指先学的学习内容对后学的内容形成干扰,"后摄干扰"指后学的学习内容对先学的内容形成干扰。

成年人学习第二语言时,不可避免地会受到第一语言的影响。有的学者研究发现,年龄的增长与受到第一语言影响的程度成正比。三岁的孩子学习第二语言几乎看不到母语的影响,而四五十岁或五六十岁的人学习第二语言时,母语的影响就如影随形,根深蒂固了。

在第二语言学习中,负迁移主要有泛化和干扰两种表现。"泛化"即过度概括(overgeneralization),过度概括的实质是语内转移,和母语转移策略、简化策略一起,是外语的学习策略,是建立和检验假设、构造中介语体系的一种方法(王初明,1990)。干扰也是一种概括,是第一语言的经验在第二语言中不正确的应用。可见,语际干扰(interlingual interference)和语内泛化(intralanguage overgeneralization)都是第二语言的学习策略(盛炎,1990:68)。

越来越多的研究表明,第二语言的学习不是简单、机械的模仿套用,会受到多种因素的影响,母语的影响只是其中之一。人的大脑不仅接收语言信息,还要分析和认知语言信息。成年人学习第二语言时出现泛化等偏误就是认知学习的特点。

3. 偏误与中介语

3.1 偏误与错误

交际中出现的语言错误往往具有偶然性,属于语言运用的范畴。一般来说,出现了错误,说话人大多能够意识到,必要时还能自己改正错误。偏误则不同,偏误通常是成系统的,属于语言能力的范畴。它会反复出现,而不被说话人察觉。第二语言学习中出现偏误是必然的,是学习者试图对第二语言体系进行概括、归纳并尝试使之规则化的体现,也是学习者第二语言的学习策略之一。通过偏误,我们可以了解学习者第二语言的学习过程,对确定教学内容和方法具有积极的指导意义。因此,偏误分析一直是语法教学中的重要内容,偏误研究也是语法教学研究的重要部分。

偏误分析有两种:一种是静态的,根据结构规则分析其形式与意义是否正确;另一种是动态的,根据表达意图与语境分析其形式与意义是否正确。也就是说,不能仅仅以语言形式是否符合结构规则来判断,还要根据语言形式是否符合表达意图与语境来判断,如表达是否符合礼貌原则等。

3.2 中介语

"中介语(interlanguage)"是语言学家塞林格(Larry Selinker)(1972)首先提出的。中介语指的是"由于学习外语的人在学习过程中对于目的语的规律所做的不正确的归纳与推论而产生的一个语言系统"(鲁健骥,1999:6)。这是由学习者构建起来的介于母语与目的语之间的过渡性语言系统,既不同于学习者的母语,又区别于其所学的目的语。

中介语有语音、词汇和语法等规则,学习者能运用这套规则系统生成话语,并借此进行交际。中介语的水平不是一成不变的,它随着学习者第二语言水平的变化而变化,所以中介语系统是动态的,是不断接近目的语的语言系统。

中介语具有以下特点:

(1) 可渗透性

中介语的可渗透性主要体现在两个方面:一是母语规则对中介语系统的渗透,二是目的语规则的泛化。可渗透性既有消极作用,也有积极作用。消极作用在于,由于母语的负迁移(干扰或泛化等)而产生偏误;积极作用在于,母语的正迁移和目的语规则的正确类推使中介语系统逐渐接近目的语。

(2) 化石化现象

化石化(fossilization)概念是塞林格于1972年在其论文 *Interlanguage* 中首先提出的。化石化的特征是发展的停止,并且具有持久性,其表现就是语言运用的倒退和中介语形式的反复出现(崔淑燕、许晓华、魏鹏程,2018)。第二语言学习者在语言水平达到一定程度后会出现停滞不前的徘徊现象,这种现象就是中介语的化石化现象,正因如此,中介语只是随着语言输入的增加逐渐接近目的语。

(3) 反复性

中介语在逐步接近目的语的过程中,会出现已修正的错误又重新有规律地反复出现的现象,这种现象的产生可能是由于第二语言学习者所采用的学习策略。如要表达的形式过难或不熟练,学习者就会使用一个较为熟悉的表达形式,从而出现偏误。

英国语言学家科德(S. Pit Corder)按偏误性质提出不同阶段的划分标准,把偏误分为成系统前、已成系统和成系统后三个阶段。成系统前阶段,学习者对自己的偏误往往意识不到,而且即使知道有偏误,自己也不能纠正,不能用别的说法把意思讲清楚。已成系统阶段,学习者总是重复出现同样的偏误,这说明其第二语言已形成一定的规则系统,但仍不能纠正自己的偏误,不过,可以用其他的说法解释自己的意思。成系统后阶段,学习者的偏误明显减少,而且出现偏误时自己能纠正,也能做解释(转引自刘珣,2000:194)。

4. 关于记忆

对语言学习而言,记忆至关重要。记忆系统分布着很多活动型式(patterns of activity),语言输入使某些活动型式不断出现,这些活动型式得到激活后,就会建立起越来越强的联系,使记忆得到强化。因此没有好的记忆,语言的学习效果就会下降。

记忆系统是一个概念体系,首先分两种,一种叫短时记忆,另一种叫长时记忆。短时记忆的信息容量是用"组块"作为单位来测量的。所谓组块是指人们在过去经验中已熟悉的一个刺激独立体,是信息的一种意义单位。编码是指在记忆过程中,个体对外部刺激的物理信息进行转换,使之成为适合记忆系统储存和加工的代码形式。短时记忆的编码方式包括听觉编码、视觉编码和语义编码。长时记忆是一个真正的信息库,它的容量巨大,可以长期保持信息。记忆保持时间很长和记忆容量无限是长时记忆的主要特点(倪晓莉,2019)。认知心理语言学建立了一个记忆信息的三级模型(见图1-3[①]):

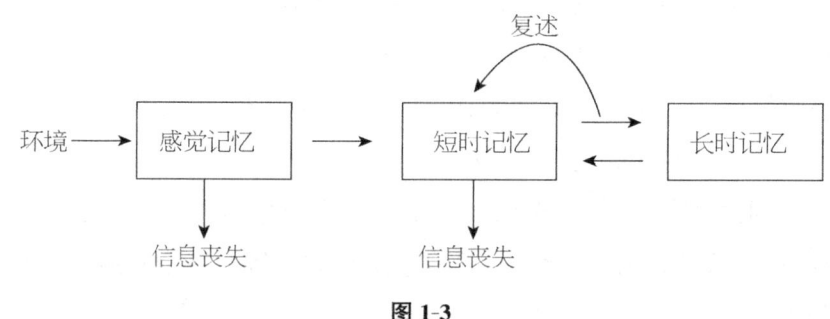

图 1-3

王甦、汪安圣(1992)认为,复述分为简单的复述和精细的复述。简单的复述指机械地复诵识记,精细的复述指把复述的材料加以重新组织,将它与其他信息联系起来,在更深的层次上进行加工。短时记忆转为长时记忆只有通过精细的复述才能实现。

长时记忆按储存的信息类型,可分为情景记忆和语义记忆。语义记忆具有抽象性和概括性,它是语言运用时所需的记忆。其编码的主要模型为:(1)层次网络模型,即有关概念按逻辑的上下级关系组织起来,构成一个有层次的网络系统;(2)激活扩散模型,即以语义联系或语义相似性将概念组织起来。激活扩散模型的信息提取机制相当复杂,

---

① 王甦,汪安圣. 认知心理学[M]. 北京:北京大学出版社,1992:127—128.

它跟层次网络模型不同,层次网络模型只包含搜索过程,而激活扩散模型则既包含搜索过程,又包含决策过程,即计算过程,信息的提取和实际应用主要依靠的是计算过程(王甦、汪安圣,1992:170—185)。

记忆加工水平说认为,记忆痕迹的持久性是加工深度的直接函数,加工的深度愈深,获得的认知加工和语义加工就愈多。加工深度依赖于刺激的性质、加工的时间和加工的任务等等。从加工深度出发,精细的复述就是对项目的深层加工,可使信息转入长时记忆。那些深入分析、参与精细联想的信息会产生较强的记忆痕迹,并可持续较长的时间;而那些浅层分析的信息则只会产生较弱的记忆痕迹,并持续较短的时间。实验证明,加工愈深,所需的时间也愈多,语义水平的加工需时最多,其相应的再认成绩也最好。这样,加工水平说就从信息加工的操作出发,用不同的加工水平来取代不同的记忆结构,这些对记忆的研究无疑是重要的、有价值的。

在 2010 年发表于《科学》(*Science*)杂志上的一项研究中,北京师范大学的研究人员使用 fMRI 和表征相似性分析,提出了与编码变异性相反的观点,认为成功的情景记忆编码需要相同的神经表征在多次学习之间精确地重复激活,而不是发生在激活模式不相似的时候,即神经激活模式越相似,越能建立好的记忆。这说明好的记忆需要对学习材料的有效编码和多次重复,神经激活重现可以在重复的学习过程中发生,或者由相似的学习材料引发。

也有研究人员将表层表征、命题表征和情景表征放在同一个实验中研究。结果表明,表层形式很快被忘记,具有语用特色的形式和通过推理获得的命题能长时间保存。该实验揭示了三种记忆的遗忘情况:情景位居第一(保持最久),命题位居第二,表层位居第三(最易遗忘)(陈开顺,2001:176)。

以上说明信息加工如果深入,就会得到很好的记忆效果。记忆是对输入信息进行加工、编码、储存和提取的过程,所以提高记忆的质量,会提高语言学习的质量。因此,以认知语言学理论为指导的、科学合理的教学方法与策略,会使学习者获得更好的记忆效果。

5. 认知论指导下的第二语言习得

认知论的理论基础是瑞士著名儿童心理学家皮亚杰(Jane piaget)的发生认识论(genetic epistemology)。该理论认为,认知结构的组成部分又称为图式(schema),人脑中储存着各种各样的图式,如开车的图式、做饭的图式等。图式是心理活动的组织结构,也是人类认识事物的基础,是人类向环境学习的产物。我们对新事物的理解则取决于头脑中已有的图式。皮亚杰认为,图式会随着儿童心理认知的发展而变化,认知的发展受同化、顺应、平衡三个基本过程的影响。儿童遇到新事物、新经验,总希望把它结合到原有的图式中,使其成为自身的一部分,这就是同化(assimilation)。如果同化成功,就会使认识与外界趋于一致,达到暂时的平衡(equilibrium);如果不能纳入原有的图式,就要调整原有的图式或创立新的图式以适应环境、同化新事物,即顺应(adaptation)。顺应的结果也使认识与外界趋于一致,达到新的平衡。平衡则总是动态的,由一种较低水平的平衡过渡到一种较高水平的平衡(桂诗春,2000:7—10)。

认知论对儿童第一语言习得的观点是:儿童头脑中没有神秘的语言习得机制,更不存在普遍语法,但人类有先天的认知机制和认知能力。儿童语言能力的发展是个体在与客观环境交互作用的过程中,通过同化、顺应达到暂时平衡,不断地从一个阶段发展到一个新的阶段。儿童总是运用他熟悉的结构(图式中已有的)去创造新的用法,用他熟悉的东西去理解他不熟悉的。幼儿把四条腿的都叫作狗,后来在环境中发现还有猫、羊、马,逐步丰富了他的认知结构。儿童正是用这种认知能力对他所接触到的语言材料进行假设和检验,在实践中总结出语言规则,这是一个归纳而不是演绎的过程。所以说,儿童的语言习得是建立在儿童认知能力发展基础上的,认知能力的发展决定语言能力的发展。如前所述,儿童认知能力还没有发展到用被动语态来表达复杂的思想时,就不可能接受被动语态的结构,勉强学了也不会使用,语言能力的发展不能先于认知能力的发展。成年人的第二语言习得原理与儿童的第一语言习得原理是相通的,即也会通过同化、顺应达到暂时平衡,不断地从一个阶段发展到一个新的阶段,只是成年人的知识、文化、认知能力等远远高于儿童,所以会对第二语言习得产生更大的影响和作用。

安德森(John R. Anderson)(1983)指出:"人的大脑具有统一的整体结构,语言习得机制实际上是整体认知体系的一部分。"任何一种语言都是由复杂的规则构成的,有组合、聚合关系,构成一个结构系统。表现在句结构层面,句的结构形式很多,任何一种结构形式均依靠规则来进行定义。人们要使用这些结构形式进行交际,就得知道这种语言的基本单位、基本单位的组合规则和组合语句后的语用条件等等。语言在使用时不是言语的静态编码,而是在特定语境下,带着表达意图的交际行为。这就需要说话人认知更广泛的知识,了解社会文化等因素在语言中的渗透及对交际的制约,即语用规则。而这并不意味着说话人在说话时能有意识地执行这些规则。这个过程往往是"自动化"的、不受意识控制的。语言信息输入时是如此,输出时也是如此,都得构建在具备最起码的知识的前提下,即无论是编码过程还是解码过程,都需要以该语言的基本知识为支撑。一个人语言能力的强弱与他对该语言知识的认知程度和掌握的熟练度有着紧密的关系。认知是一个动态平衡的过程,是多种心理过程交互作用的结果。

安德森的理论还区分了两种不同类型的知识:陈述性知识与程序性知识。陈述性知识是静态的,是关于事实本身的知识;程序性知识是动态的,是关于怎样进行认知活动的知识。陈述性知识也是被告知的,是一次性获得;程序性知识则是通过操练、练习而获得的,是一个渐进的过程。程序性知识分为两种:一种是型式识别程序,另一种是动作次序程序。前者表现为学会辨认,即概括与区别;后者表现为学会执行,即程序化与组合。语法的规则性要求语法的学习尽可能通过动态的概括与区别,对目的语进行程序化与组合,达到高频而有效的调用,实现自动化(Larsen-Freeman et al.,2000:64—66)。

因此,认知性的第二语言学习包括了语言知识的认知、语法规则的认知和语言能力的认知,简单地说主要反映在两个方面:一是学习者对定义、规则、适用条件等等的掌握,二是学习者会根据语境进行语言的提取和表达,并兼顾得体性。这些是第二语言认知性教学的目标。语法教学特别注重认知性教学,教师要把认知性教学理念贯穿在整个教学过程中,不断创设语言环境,激活学习者所学的语言知识,促进其编码和提取的自动化,这样才能真正地帮助学习者构建第二语言的语法系统。

总而言之,第二语言学习既要掌握语言的形式特征,又要理解其内在的认知理据;既要掌握语言知识,又要兼顾其语用条件。因此,汉语语法教学所采用的教学方法就要努力为学习者建立新旧知识之间的联系,让学习者具有更好的第二语言认知能力,实现对第二语言的主动构建。

邵瑞珍(1997:259)曾指出:"建立良好的认知结构以及掌握有效的认知策略并使之达到熟练化,是提高操作空间效率的有效途径。因此教师向学生传授有组织的、高度结构化的信息,并教给他们使用高效的认知策略均可间接地促进学生工作记忆能力乃至认知能力的发展。"因此,汉语语法教学的核心理念应是让学习者认知性地理解并掌握语法知识与规则,运用语法知识与规则去完成语言交际任务,即体现出认知性、情境性和任务性。教师则应在遵循第二语言教学规律的前提下,最大化地实现教学过程的科学化。

【分析思考题】

1. 简述理论语法与教学语法的异同及关系。

2. 汉语语法的教学体系主要包括哪些内容?

3. 顺应语言动态交际过程的汉语语法教学需要注重哪三个方面?

4. 第一语言与第二语言习得的根本不同主要表现在哪里?汉语教师怎样做可以更好地实现教学预期?

5. 举例说明语言的负迁移。语言的负迁移与偏误、中介语有什么区别与联系?

6. 长时记忆是怎样实现的?举例说明如何在汉语语法教学中帮助学习者实现长时记忆。

7. 记忆加工水平说指的是什么?记忆的工作原理是什么?

8. 认识论中的"图式"指的是什么?它是如何发展的?为什么说成年人的第二语言习得原理与儿童的第一语言习得原理是相通的?

9. 陈述性知识与程序性知识分别指的是什么知识?为什么说程序性知识在语法学习中更加重要?

10. 认知性的语言学习包括哪些方面的认知?为什么要包括这些方面?

第二章　汉语的基本特征及其认识

第一节　汉语的基本特征

1. 汉语句子的基本结构特征

在汉语作为第二语言教学中,教师可以给学习者提供一个汉语句子的基本结构,让他们对汉语句子的结构特征有个大致的了解。下面是汉语句子的基本结构(见图2-1):

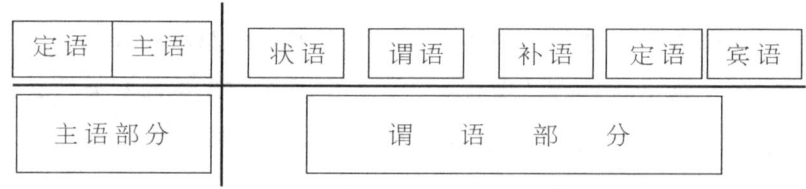

图 2-1

汉语句子成分的标记符号为:主语‖[状语]谓语<补语>(定语)宾语。

(1)(特别怕雷的)我‖[赶紧]捂<住>了(自己的)(两只)耳朵。

(2)(认真的)王师傅‖[又][跟我一起][仔细地]检查了<一遍>发动机。

(3)(密如瀑布的)雨‖[被风]吹得<如烟、如雾、如尘>。

从汉语句子的基本结构中,我们可以看到以下特征:

(1) 一般情况下,汉语句子的基本结构是 SVO 语序。

(2) 谓语部分在句子中表达核心意思。在汉语中,如果是表达需要,可以没有主语,但是不能没有谓语(不含上下文中的省略)。如"刮风了"这个句子就没有主语,只有谓语,是个无主句。

(3) 一般情况下,汉语句子中的修饰限制语位于中心语前。不论是谓词性中心语(谓语)还是体词性中心语(主语或宾语),它们的修饰限制语——状语或定语都位于中心语前。

(4) 因动作而产生的结果、状貌、数量、时地等的改变都位于谓语后,作为对动作、状态等的补充。所以汉语的补语不是由体词性成分充当的,一般由动词、形容词等充当。

2. 汉语语法的基本特征

2.1 语序是汉语最重要的语法表达手段之一

2.1.1 汉语用语序来表示语法范畴、功能意义,形成缜密的语法系统

凡采用 SVO 语序的语言,语法形式主要是分析性质的,依赖语序来表示语法范畴。汉语是 SVO 语序的语言,这在很大程度上决定了汉语语法系统的整体面貌。例如:

(1) 汉语会通过语序来表示格范畴的差别。

(4) 是我送她,还是她送我?

汉语充分利用语序来表示句子的主要语法成分——主语、宾语,(4)句中的"我"和"她"没有形态变化,看不出格范畴主格、宾格的不同,显示差别的就是其语序的改变——位于谓语前的是主语,位于谓语后的是宾语。

在所有格的表示上也同样可以看到汉语语序的作用。英语所有格有很多形式标记的方法,人称代词利用屈折变化来表示,普通名词会用

加标记's或介词of等手段来表示,而汉语则依靠语序来区分,如"我妹妹""学校大门",都是第一个成分表示领有者,第二个成分表示被领有者。

(2) 不同的语序对应于不同的语义结构。

(5) 这种行为不很好。/这种行为很不好。

否定词"不"位于程度副词"很"前或后,表示的程度意义有很大差别。

(6) 她很认真地听。/她听得很认真。

汉语的修饰限制语也同样受到语序的制约。在汉语中,所有的修饰限制语都位于中心语前,这是它的基本结构形式。因此,同样指动作的情状,位于谓语动词前,就是动作的伴随情状;而位于谓语动词后,则成为动作的结果情状。

汉语语序作为语法的重要表达手段之一,不同的语序一定具有不同的语法意义和功能。例如:

画儿在墙上挂着。　　≠　　墙上挂着画儿。

有定,是动态报道　　　　　无定,是静态存在

对于有定事物和无定事物,其他语言可能会采用某种语法形式加以标记,汉语则通过语序来实现,如上面的光杆儿名词"画儿",汉语往往给动词前的光杆儿名词赋予有定性,给动词后的光杆儿名词赋予无定性。语序不同,语法意义就不同,表达的语法功能也不同。

汉语还利用语序,对两种时间概念——时点、时段加以区分。同样是SVO语言,英语用at或in指示动作发生的时间——时点,用for指示动作持续的时间——时段,两种时间概念在语序上没有区别,都位于

谓语及其宾语后。汉语则不是靠介词来区分,而是利用了语序,通常情况下,时点位于谓语前,时段位于谓语后。例如:

(7) 他两点开始干,已经干了两个小时了。

因此,几乎可以说,语序不同,在汉语中表达的语义就有差别。汉语有时会利用这一特点,有意调整语序来表示微小的语义差别,取得诙谐的语用效果。例如:

不怕辣　辣不怕　怕不辣

2.1.2　汉语事件过程的时间顺序结构

汉语在表达事件过程时常常会按照事件发生、发展和结束的先后顺序来排列语序,形成以时间顺序排列语序的结构形式。例如:

(8) 昨天、今天、明天。——(依时间顺序排列。)

(9) 往香港寄信。——(确定寄往方向先于"寄"的动作。)
　　　信寄往香港。——("寄"的动作先于寄往处。)

(10) 下课以后来找我。——(先下课,后找我。)

(11) 她哭得很伤心。——(伤心的状态后于"哭"的动作。)

(12) 黑板上的字擦掉了。——("擦"的动作先于"掉"的结果。)

(13) 我看到树上绽开的花朵、从枝头飞过的小鸟和蓝天上白色的云朵。——(按"看"的顺序叙述。)

(14) 看到别人有困难,他总是热情帮助。/尽管他的错误是不可原谅的,你也不该发那么大的脾气。——(前面的情况总是先于后面的情况。)

戴浩一、黄河(1988)将汉语的这种时间顺序原则表述为"两个句法单位的相关次序决定于它们所表示的概念领域里的状态的时间顺序",

认为汉语在句法单位之间的语义关系主要靠语序,即把动词作为中心参照点,按照时间顺序来排列跟动词有语义联系的成分。从这个意义上说,汉语语序跟汉语的思维方式是一致的。

2.1.3 对汉语语序类型的基本认识

语言的意义与形式之间通常会有某种对应关系,这种对应关系可以揭示自然语言的某些规律。认知语言学理论中的象似性,就是强调了语言形式是体验、认知、语义、语用等多种外在和内在因素互动的结果。这种象似性既指语言对现实客观世界中客体的临摹,也指意义与形式对应关系的象似,由此证明语言符号是有理据的、有动因可循的,这种理据和动因就是象似性的基础。现实世界是通过人类的认知加工后才与语言符号发生联系的,由于不同人群的认知存在较大差异,所以会出现语言形式与所反映的现实世界之间的差别。汉语事件过程的时间顺序、修饰语与中心语的距离关系与其所表达的概念之间的距离关系,说到底,是由汉语的语义型语言属性所决定的。

(1) 事件的时间顺序象似性

汉语语序跟临摹性相关,尤其是汉语里表示连续动作的动补结构等,往往利用事件过程的时间顺序排列语序,这种按时间顺序排列的语序基本对应了客观世界中事件的发生过程。例如:

> 他走过去打开门　去银行取钱
> 搬到车上　打扮得很漂亮　吃饱了

时间顺序的象似性可以作为形成这种结构的基本理据,并以此进行解释。

(2) 概念之间的距离象似性

修饰语与中心语的距离关系与其所表达的概念之间的距离关系有相似之处。汉语定语标志"的"的使用,也在一定程度上显示出距离关系。相对远距离的关系,所居位置离中心语也远,通常需要用"的";相

对近距离的关系,距离越近,越表示事物的本质属性,越不用"的"。具有指称性质的定中关系一定不用"的"。例如:

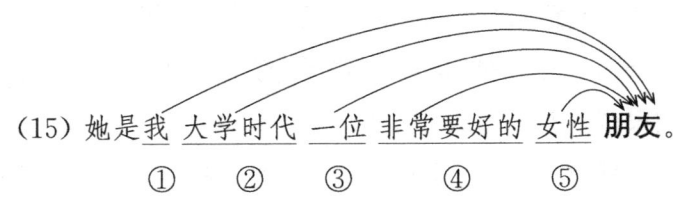

(15) 她是我 大学时代 一位 非常要好的 女性 **朋友**。
　　　　①　　②　　　③　　　④　　　　⑤

在这五项定语中,①领属②时间都是"朋友"的非本质属性,关系较远,所以距离"朋友"的位置也远,在(15)句中,它们共用了④的"的"(汉语表达的经济原则也导致"的"的隐现问题)。④表示怎样的,对"朋友"有描写性,关系近一些,所以距离"朋友"的位置也近。⑤则表示"朋友"的本质属性,是最直接的关系,因此最靠近"朋友",自然也不用"的"。可见,汉语的这种语序排列规律性很强,确实体现了距离象似的理据性。

2.2 借助虚词表达不同的语法意义也是汉语语法的表达手段之一

汉语中,虚词与实词组合所形成的关系主要是分析式的,虚词表示抽象的语法意义。

2.2.1 结构助词的不同或有无表示着不同的语法意义和功能

汉语的结构助词主要是三个"de"——"的、地、得"。"的"是定语的标志,也还有其他作用;"地"是状语的标志,"得"是补语的标志。

"的"的使用有时具有一定的灵活性。如"我的爸爸"也可以说成"我爸爸",要说有区别的话,前者凸显了领有者,一般可忽略不计,所以从汉语表达的经济原则出发,使用"我爸爸"的比例更高一些。再如"汉语语法灵活表达研究"这个结构,按语法的一般规律,至少两处需要加"的",即"汉语语法的灵活的表达研究",但作为标题,一要简洁,二要有书面语语感,因此,在不影响表达的前提下,尽量不用"的"或少用"的"。

但是,在大多数情况下,"的"的有无会生成不同性质、意义和功能的结构,起不同的作用。如"学习材料""学习的材料"和"吃饭""吃的饭",两组的性质、意义和功能都相去甚远:前者可做谓词性成分使用,"学习"和"吃"表动作,对"材料"和"饭"有支配性,两者之间是动宾关系;后者则只能做名词性成分使用,"学习""吃"是"材料""饭"的修饰语,两者之间是定中关系。再如"修车"与"修车的",除了前者是谓词性成分、后者是名词性成分的区别外,后者的名词性成分与具体指称事物的名词还有所不同,它将具有相同表征的事物聚合起来,具有类指性质。

"的"的有无还会表示描写与指称两种不同的功能。如"优秀的学生""优秀学生"和"漂亮的妈妈""漂亮妈妈",这两组的前者属于描写性定语,作用在于修饰中心语是怎样的;后者则从性质上进行定性,所以后者的关系更紧密,具有指称性。

当然,我们在汉语中选用三个不同的"de",必然表达出它们不同的语法意义和功能。例如:

①认真的态度　②认真地学　③学得认真

①选用的是"的",决定了短语的属性是名词性的;②选用的是"地",决定了短语的属性是谓词性的;③选用的是"得",又发生了语序的改变,决定了短语的属性是谓词性的动补关系。

2.2.2　时态助词的不同或有无表示着不同的语法意义和功能

汉语的时态助词主要有"了、着、过",选用不同的时态助词,就表示不同的动态过程。例如:

(16) a. 他一个人去了上海。

　　b. 他一个人去的上海。

选用了不同的助词,就表示了不同的动态过程和时间意义。这两个句子在时间上都可以表示过去,用"了"表示"去上海"这个事件从没发生到发生,出现了变化;用"的"表示"去上海"的方式是"一个人"。

由此可见,汉语的时态助词不同于英语的过去时,汉语里时态助词与实词组合所形成的关系是分析式的,它可以根据说话人要表达的情景和意图做出相对自由的选择。以"了"为例,它不单纯是过去时的标记,过去的事件可以用"了",但不是必须用"了",如(16)句,它可以用"了",也可以用"的",可用虚词表示,也可用实词或短语表示。再如:

(17) 你爸爸吃完饭就出去下棋去了。

(18) 他放下电话,迅速走到门口,抓起一件衣服就出去了。

汉语用"了"主要是抽象地表示一种过程或状态的变化意义,而用"完""下""到门口"等这种补语类型也能表示完成,只是这种完成是具有实际意义的完成。

2.2.3 语气助词丰富多样,可借以表达说话人复杂的情感态度

情感、评判、态度等语气在交际表达中具有非常重要的作用,杰弗里·利奇(Geoffrey N. Leech)和简·斯瓦特维克(Jan Svartvik)(1983)在《英语交际语法》一书中就认为,语气就是"言者的感情和态度",而且言者要以此"去影响闻者的态度和行为"。王力(1985)在《中国现代语法》中认为,中国语里"有些虚词帮着语调,使各种情绪更加明显"。胡明扬(1992)在《实用汉语语法·序》中认为,语气范畴应该是现代汉语语法范畴中的一种。种种研究表明,汉语的语气助词在交际语气表达中有着鲜明的特点,在汉语的语气范畴中具有不容忽视的地位和作用。

汉语普通话中的语气助词是个封闭的小类,常用的只有"吧、啊、吗、呢、嘛、呗、喽、的、了、罢了"等,可是它们功能强大,可以在不同的功能句中交叉使用,表示不同的情感态度。下面以动词"吃"后接语气助词为例。

吃吧。——(可以是请求,也可以是建议等。)

吃啊!——(可以是商量,也很可能是不耐烦地催促等。)

吃吗?——(表示疑问。)

吃呢。——(表示正在吃,有纠正语气,也有可能催他吃,而他已在吃。)

吃嘛。——(表示不必客气或找什么理由,吃就行。)

吃呗。——(表示对别人的吃不屑,或邀请一起做。)

吃喽!——(招呼别人来吃,或表示可以开始吃的高兴情绪。)

如果只有动词"吃",是表达不出这些情感态度的,可见汉语语气助词表达的情感态度可以既细腻,又微妙。

2.3 汉语的词类与句法成分之间不是简单的对应关系

汉语的词类主要是从功能上进行划分的,根据其所充当的句法成分、与其他词的搭配关系等等。汉语的词类与句法成分之间不是简单的一一对应关系,而是一对多的对应关系。这也是汉语语法的特点之一。如图2-2:

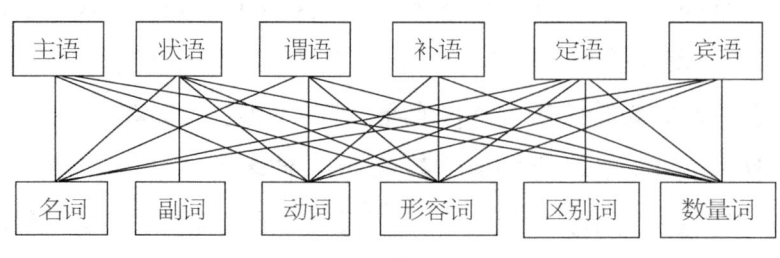

图 2-2

2.4 汉语中词、短语、句子的语法层级不同,主要结构却基本一致

在汉语的四级语法单位中,语素是最小的一级单位,由它构成词级单位。由于语素有意义,所以在构词中起到十分重要的作用。在复合式构词类型中,语素与语素的主要结构类型如下:

竹椅、细心、微笑、深入——（偏正型）

早晚、骨肉、大小、忘记——（联合型）

地震、心动、年幼、性急——（主谓型）

司机、投资、带头、悦耳——（动宾型）

打倒、提醒、说明、抓紧——（补充型）

短语这一级语法单位是词与词的组合，这是语言的备用单位。实词与实词组合的主要结构类型如下：

实木家具、清新的空气、很好、认真地写——（偏正短语）

同事和朋友、干净而美丽、讨论并通过——（联合短语）

我看见、花儿很美、什么都吃、今天星期天——（主谓短语）

做策划、去学校、服务顾客、买东西——（动宾短语）

听懂、讨论起来、洗得很干净、来自美国——（述补短语）

去吃饭、坐下歇会儿、有权申诉、买菜回来——（连动短语）

令人兴奋、派他去、让人难受、使大家深受鼓舞——（兼语短语）

三张、五瓶、每次、这个、哪两条、两遍——（数量短语）

祖孙三代、我们大家、鲁迅先生、春城昆明——（同位短语）

桌上、冰箱里、门旁、操场边——（方位短语）

句子这一级语法单位是由词、短语组合而成的具有一定语气、语调的语言使用单位。由于汉语短语的结构类型跟句子的结构类型基本一致，所以大多数的短语加上语气、语调后，在一定的交际语境中可以成为句子。例如：

花儿很美！——（主谓句）

我看见他走了。——（主谓句，主谓短语或小句做宾语。）

衣服洗得很干净。——（主谓句）

他什么都吃。——（主谓谓语句）

快坐下歇会儿。——(连动句)

他的讲话使大家深受鼓舞。——(兼语句)

可见,汉语的词、短语、句子虽然是不同层级的语法单位,但主要的结构类型基本一致,简约而规律,易于学习,这一特点有利于汉语语法教学。

2.5 多种重叠形式

汉语中有相当一部分的动词、形容词和数量词是可以重叠的,它们虽然属于不同的词类,但重叠后在表达上都与量度发生了关系。例如:

动词(表动作行为):单音节的重叠为"AA",双音节的重叠为"ABAB"。

形容词(表性质):单音节的重叠为"AA",双音节的重叠为"AABB"。

数量词:汉语的数和量通常搭配使用,重叠为"量量""数+量量""数量+数量"。

另外,汉语中的个别名词、方位词和副词也可以重叠,如"日日夜夜""山山水水""前前后后""里里外外""非常非常""特别特别",这些都有增量意义。

汉语中动词、形容词和数量词的重叠现象不是个别现象,而是带有一定普遍性,都有增量或减量的量度意义,这也是汉语的特点之一。

2.6 复杂的量词系统

汉语属于有量词的语言,"名词、动词、形容词都有数量范畴",尤其是名词,"几乎所有的名词都有'量'的范畴"(房玉清,1992:401)。要表达名词的数量,必须选用与之相搭配的量词。名量词与事物的选择关系有严格的制约,哪一类事物选用什么样的量词称量,是由其具代表性事物的特征所决定的,因此,这一点深刻反映了汉语量词的范畴化特征。下面以汉语名量词为例来谈谈它的范畴化特征。

汉语的名量词有对名词分类的作用,之所以会这样,是因为说汉语者会从事物的差异中找出相似点,并在此基础上进行范畴化,建立语义范畴。范畴化会直接反映一种语言的类型特征,以及说这种语言的人的认知方式和思维方式。下面我们以汉语名量词"副"与"双"为例。

"副"与"双"都内含"2"这一语义。那么,它们的不同之处是什么呢?"副"字来源于🈳,由用刀的剖分🈳会意而来。后从刀畐声,成为形声字,表示用刀剖分的意思。正因为"副"字来源于🈳,作为量词的"副"就把这一基本义作为该类属事物的基本特征——由二物相配构成整体。所以,眼镜、对联都可以进入"副"的范畴。眼镜的两个镜片为二物,这两个镜片相互配合,并与镜框一起构成一个整体。对联亦如此,由上联、下联构成一个完整的结构。跟"2"相关的量,汉语里还有一个量词"双"。"双"的繁体字是雙,一手捉二鸟的意思。简化时删掉了上面复杂的部分,又将保留的部分"又"重复了一下,重新会意,造出了"双"这个新字。重造的这个汉字会意得特别好,既简单,又在表达上好于原字:一只手加上另一只手,故为二。最重要的是这二物是事物本身所具有的二物,是相同样子的二物,有极高的象似性。汉语将有相似特征的事物都纳入了"双"的名量范畴:一双鞋、一双筷子、一双漂亮的大眼睛等。

其实,英语中的"a pair of"也有接近于汉语量词"副""双""对"的范畴特点。

This pair of glasses is nice.
(这副眼镜很好看。)
This is a pair of piano hands.
(这是一双弹钢琴的手。)
There are a pair of birds in the tree.
(树上有一对小鸟。)

只是"a pair of"的范畴没有其他象似性的具象特征。只看与2这一数字的组合关系,"眼镜、手套、鞋、筷子、裤子"都可以进入"a pair of"的范畴,就连人为形成的配对关系,也可以进入"a pair of"的范畴。如:

a pair of cups
(一对杯子)
a pair of lovers
(一对情侣)

当然英语的这种量的方式不具有普遍性,这反映出不同类型的语言认知世界的角度是有差异的。思维方式的差异反映到语言里,所构建的范畴、语言结构关系和所归纳的语义类属就会相应地有所不同。

第二节　对汉语特征的认识

1. 对语言类型与语言特征的内在关系的认识

语言是人类认识客观世界的产物,体现了人类的思维方式,因此,人类对世界的认知会直接反映到语言结构及其语法关系中。因语言类型的不同,人类对客观世界的认知既有共性,又有差异,在语言结构中就表现出不同的形式。如汉语的具象性特征使说汉语者对空间趋向的认识更加具体,同时也将这种具体的认识延伸至所有有相似特征的现象及领域里(刘丹青、曹瑞炯,2017:301)。如"转过身来",具体反映的是动作"转身"从空间的某一个方向转向另一个方向的运动过程;"苏醒过来"表示的是从昏迷状态转变成苏醒状态,这一转变过程与"转过身来"中改变方向的转变相似,所以汉语里就把这种具体认识延伸至思想、情感或心理状态的相似领域中。这种语言现象也是说汉语者对客观世界的认知在汉语的语言结构中的反映。客观世界的事物有什么特征、相互之间有哪些关系,实际上都是事物本身所具有的,它不因人们认识的不同而改变,只是因为语言类型不同,说不同类型语言的人们的认识角度会有差异,从而在其语言结构上表现出不同的形式。

2. 语言类型对语言的语法面貌起着决定作用

一种语言的基本语序类型可以决定其语法系统的基本面貌。汉语的基本语序是 SVO 型,由此也就决定了现代汉语语法系统的基本面貌。从共时角度看,SVO 型的语言往往没有丰富的形态标记系统,主要依靠分析式手段来表示各种语法范畴(石毓智,2010)。

语言反映了人类对客观世界的认知,因此不同类型的语言,语法范畴就会有差异,这一点又会反过来制约说该种语言的人对客观世界的认知。汉语是一种具象反映客观事物及其关系的语言,这是汉语的典型特征之一。汉语对客观事物的具象认知,也会反映在汉语语法系统中。汉语名量词范畴就是基于象似性原理来建立的。事件过程的发展趋向也直接折射在汉语语序的排列上。汉语名词性、谓词性的修饰限制语一律位于中心语前,且按距离中心语之远近关系进行语序排列。时点、时段在动作前后的分布位置,也与动作过程的起始与结束状况相对应。汉语大量的谓补结构也是事物发展到某一阶段的具象表现。汉语动词、形容词和数量词的重叠形式则与客观世界的量度发生着关系。汉语丰富的语气词表达着人们复杂的情感态度。还有汉语话题在先、信息由已知到未知的排列顺序,也反映了人们传信表达的实际过程。可见,说汉语者的具象思维方式都在汉语中得到了体现。因此,研究汉语立足于汉语本身的特点非常重要,只有这样,才能把汉语不同于其他语言的部分挖掘出来,才能更加充分地认识汉语的特征、功能及其意义,也才能更好地把握汉语语法教学(卢福波,2021)。

第三节 利用汉语特征,实现易学、易懂的语法教学

在汉语教学中,尤其是语法教学中,常常听到学习者说汉语难学,甚至有人认为汉语是世界上最难学的语言之一,其实只要能充分利用汉语特征去进行语法教学,汉语应该是可以做到易学、易懂的。汉语具有如下特征:

(1) 汉语不依赖形态变化

这一点是易还是难,需辩证地去看,思维方式不同,对此的认知和掌握也就不同。

(2) 汉语具有一致的"修饰语+中心语"的语序规律

汉语的动宾结构后基本上不允许其他成分出现,所有的修饰限制

语一律位于中心语前。因此,对于汉语学习者而言,只要他们能确定中心语成分,就可以掌握汉语的这一基本结构。

(3) 汉语中事件过程的时间顺序与汉语语序基本吻合

汉语多种句型的基本结构符合这一时间顺序原则。教师如果利用这一特点进行汉语教学,不但可以更好地帮助学习者掌握汉语句子的基本结构,还能让学习者理解形成这种汉语语序的深层动因,使教学更有效、更具可操作性。

(4) 汉语的表数系统简明有序

在大多数情况下,无论是基数还是序数,教师帮助学习者掌握两套基本规则即可。基数首先掌握1到9和0,然后掌握位数,将基数、位数按以下规则排列就可以读数了。例如:

```
2    3    4    5    6    7    8    9    0
↓    ↓    ↓    ↓    ↓    ↓    ↓    ↓    ↓
万   千   百   十   万   千   百   十   (个)
(亿)
```

读数的要点如下:个位的位数不读,到"万"再以"万"做基本单位,重复"十、百、千"位。上面的数读为:两亿三千四百五十六万七千八百九十。因为汉语用十进位,所以十位的读为:10、20、30……120、130、140……计数很清晰简单。掌握1到9和0的基数后,再加上表序数的词缀或名词,就可读为"第一、第二……"。

表时间的月、星期、号等名词可读为:

  1月 2月 星期一 星期二 25号 30号

在表达中,话题、述题、焦点的排列顺序也象似于思维过程。汉语在实际交际中语序的排列顺序与信息的已知、未知有关,通常总是话题在先,信息由已知到未知依次排列,话题象似于思维的起点,述题象似于思维的过程和结果(王寅,2007:510)。这一过程恰与人们传信表达的实际过程相吻合,了解了这一点,也就可以了解为什么汉语在实际交际中会对语序进行调整。例如:

　　他寄走了一封信。——(一般语序)

如果在实际交际中,这封信是我让他寄的,那这封信就成为已知信息,对话就会如下:

　　我:信寄走了吗?
　　他:寄走了。

"信"是已知信息,成为话题,排列在先,是否寄走是未知的信息,也是传信焦点,排列在后,这一语序与我们交际时的思维过程非常相似,所以掌握了这一点,我们在交际中调整语序也就容易理解了。再如"把"字句,有人认为"把"字句很特殊,跟汉语的SVO基本语序不一致,是教学难点,学习者较难掌握。其实,"把"字句是因语境中的信息改变而导致的语序调整。例如:

　　我拿来了一份报纸。——(一般语序)

在交际中,听说双方谈到要看的那份具体报纸,而"我"又拿来了这份报纸,语序就应调整为:

　　我把报纸拿来了。

此时的"报纸"成为前置的已知信息,"拿来了"成为传信焦点,居于句末部分。

　　交际中的语言表达是动态的,随着语境的改变,前一句话可能成为后一句话的语境条件,从而决定了后一句话的信息排列。像汉语这种不依赖形态标记、以语序为主要语法手段的语言,了解它传信表达的语序生成动因,是学好这种语言的关键之处。教师在汉语教学中应加强这方面的讲解和训练。

综上所述,在教学时,教师不仅仅要关注具体语句的外在形式,还要引导学习者关注具体语句的汉语特征,理解说汉语者的认知方式,培养学习者的汉语思维方式。这样,汉语语法就可以实现易学、易懂的教学了。

教师了解汉语的基本特征,了解对汉语语法起重要作用的语序特点等,就能更有针对性地进行汉语教学,事半功倍。同时,教师把图式等认知理论应用到汉语语法教学中,也会更有利于学习者理解汉语语法系统的内在理据。

【分析思考题】

1. 汉语的基本语序属于哪种语言类型?举例说明。
2. 分析下列句子的句子成分(用文中的符号标记各成分)
    (1) 喜欢运动的小伟每天下午都在运动场打网球。
    (2) 你听懂他说的话了吗?
    (3) 我们为了一个共同的理想来到这里。
    (4) 按照当地的习俗,你必须喝下这杯酒。
    (5) 大家表演得十分精彩。
    (6) 苦干了十年的他们终于等到了这一天。
    (7) 妈妈跟那位医生谈了整整一上午的话。
    (8) 他的思想比我们活跃得多。
3. 分析下列语句中画线的部分,说明其差异及原因。
    (1) 谁不希望漂亮和聪明?/漂亮和聪明一样,都是美好的事物。
    (2) 他今年25岁。/他今年25岁了。
    (3) 我们班是先进集体。/先进的集体总会有这样一些特点。

(4) 墙上<u>挂着</u>一张地图。/墙上<u>挂了</u>一张地图。

(5) <u>李老师说了</u>,……/<u>李老师说的</u>。

4. 汉语语法有哪些基本特征?

5. 说说下列句子中画线部分的语序有什么不同,以及为什么会发生这种语序改变。

    a. 我昨天下午<u>传给你一份文件</u>,看到了吗?

    b. 看到了。<u>文件已经提交了</u>。

6. 如何使汉语语法实现易学、易懂的教学,请举例说明。

第三章 汉语语法教学的误区及基本原则

第一节 汉语语法教学的误区

汉语语法教学中常常存在一些误区,这些误区对汉语语法教学产生了一定的影响。下面我们选择五种有代表性的误区来具体讨论一下。

1. 中国人不懂语法也能说汉语,所以外国人不必学语法也可以学会汉语。

既然中国人不懂语法也能说汉语,那么外国人就不必学语法,只要多听多说,也可以学会汉语。语言交际就是语言的运用,直接用语言进行交际就可以了,无须学什么语法。那么,不学语法,能不能学会汉语?也许可以,但它不是科学的和系统的。对于中国人而言,汉语是母语,是第一语言。在汉语作为第一语言的条件与环境下,从咿呀学语开始,汉语的习得是在反反复复的语言使用中完成的,是不受意识控制的"自动化"行为。而第二语言的习得不是这样的。第二语言学习者在学习汉语之前就已经掌握了一种语言(第一语言)的语法系统,他们会主动利用这些已有的结构规则来构建新的语言及其规则。他们有较高的认知能力,也有语言学习的经验,对语言信息的接收过程不仅仅是语言知识的积累过程,还是再分析、再创造的认知过程。语法教学就是帮助学习者认识汉语语法规则的教学。学习者通过汉语语法学习,能够获得事半功倍的学习效果。

2. 讲语法就是讲语法知识,就是讲语法理论。

在汉语作为第二语言语法教学中,一些教师认为讲语法就是讲语法知识,就是讲语法理论,这是对语法教学的误解。严格来说,汉语语法教学在大多数情况下不是讲,而是"导",是"点"。所谓"导",指的是教师通过针对性强的汉语实例,引导学生总结规律、认识规则;所谓"点",指的是点拨学生对语法要点进行认知,并进行归纳概括,化疑难为通则。如教学生汉语量词"双"与"对"时,可先列出"双"与"对"的"数量名"组合,再引导学生找出其"数量名"组合的异同,进而归纳出"双"与"对"所搭配的事物的类别特点,因为学生是成年人,有对事物的认知能力,可以概括出事物的特征。在此基础上,教师再给予一定的指导:"双"跟事物本身所具有的两个相同的搭配事物有关,"对"跟男女等两个相对的搭配事物有关。在汉语语法学习中,学习者不是被动地听与记,而是积极地参与,充分调动自己的认知能力。这样的学习者不但不易忘记所学的知识,还能知其然亦知其所以然,并在真实的交际语境中灵活运用,达到我们的教学预期。

可见,有效的语法教学是针对学习者汉语学习的问题,做深入浅出的引导,以具体见一般,让学习者掌握汉语语法的规则。

3. 汉语的搭配组合无规律可循,要一个一个地去记。

在汉语语法教学中,学习者常常会提出一些汉语母语者习而不察的问题,弄得老师措手不及。有的老师干脆告诉学生这是汉语的习惯用法,要一个一个地去记。这是汉语语法教学的大忌。

词语的搭配组合等都是有规律可循的。语法教学就是从理据上点拨、引导学习者掌握人们已经认知了的语法规则。语言的使用是对这些语法规则的创造性运用,因此,第二语言的学习过程不是死记硬背的过程。

4. 两种形式意思差不多，用哪一种都可以。

汉语教学中常常遇到这种情况：学生不清楚"他比我说得更好"与"他比我说得还好"，以及"他一个人去了上海"与"他一个人去的上海"的区别。有些老师会告诉学生，它们表达的意思差不多，用哪一种形式都可以。然而，语言的事实一定不是这样的，尤其是汉语。我们在第二章中谈到，汉语是以语序、虚词等为主要语法手段的语言。如甲从来都是跑第一，今天乙跑了第一，甲很惊奇，对乙说："不错啊，比我跑得更快。"这种说法就不合乎语用规则，应说成"比我跑得还快"。单独看，"比我跑得更快"与"比我跑得还快"都是合乎汉语语法规则的正确的句子，只是适用于不同的语境。但在语言的实际运用中，语境会制约话语形式的选择。

意义相近的不同语言形式在表达上或多或少地都有差异，可能表现在意义上，也可能表现在功能上或语用上。在学习者还未达到一定的接受水平的情况下，老师在教学中可以不必解说，但是不解说不等于这些语言形式没有差异。例如：初级汉语水平的学习者常常会问"他今天去北京"跟"今天他去北京"的区别。老师可以通过下面的例子引导学习者理解：

   他今天去北京吗？
   ——是的。
   你呢？
   ——我不去。
   小张呢？
   ——小张可能也去。

$\left\{\begin{array}{l}\text{今天你打算干什么？}\\\text{——（今天）我打算去参观天坛。}\\\text{明天呢？}\\\text{——明天我想去商场转转。}\end{array}\right.$

这种方式是将讲解寓于提问中，老师并未讲解，但是，这种提问会让学生体会到要把想说的内容放到句首，同时也让学生了解汉语实际应用中的语序问题。不同的语境和话题要酌情选用不同的语序。教学中教师可用符号标示出它们的不同，指导学习者比较。总之，教师应在教学中尽可能地利用可感知的语境来引导学生认知不同的语言表达方式，从而培养学生的汉语思维方式。

5. 只把偏误句改成正确的句子，不做讲解说明。

汉语语法教学的目的之一就是使学习者在掌握语言结构时能触类旁通，因此教师在教学时应尽量通过实例让学习者理解、认知语言的结构规则和功能特点。学习者对于结构规则和功能特点的误解大多体现在他们的偏误中，教师应像医生一样，通过偏误分析，找出学习者的问题所在，然后有针对性地进行指导。但是，在实际教学中，有的老师对偏误分析的重要性认识不够，把这个重要的语法教学环节忽略掉了，纠错时，只把正确的句子说一下，不做讲解说明。例如：

*他今天见面了中国朋友。——（不对，应该说"跟中国朋友见面了"。）

*她被她的男朋友很喜欢。——（不对，应该说"她的男朋友很喜欢她"。）

学习者不知道为什么要这样说，在什么条件下这样说。可见，汉语作为第二语言语法教学跟汉语母语语法教学在教学方法上是完全不同的。从事汉语语法教学的教师要针对学习者的偏误，制订相应的教学方案,并借助适当的教学方法,实现教学目的。

第二节 汉语语法教学的基本原则

汉语语法教学要根据学习对象、汉语的语言特点和第二语言习得的一般规律,确定教学内容和方法策略。一般来说,我们可遵循以下基本原则。

1. 实用性原则

实用性原则最直接地体现在语法项的选择上,它是统领性原则,贯穿于汉语语法教学的整个过程。

对于第二语言学习者来说,实用性体现在选择有教学价值的语法内容上。那么什么是有教学价值的语法内容呢? 从学习者角度来说,以下三个方面应该是首要考虑的:

(1) 基本、常用的语法内容;

(2) 容易发生偏误的语法内容;

(3) 语法项的语用条件和限制条件。

对学习者而言,汉语语法教学体系并不是大而全就好。基本、常用的语法内容主要体现在数量、范围、时间、规范性和典型性等方面。

数量指的是语法内容在语言交际中的使用率高。常用性要以常用比率为依据。如在"把"字句的教学中:

(1) 主＋把＋宾＋动(加以类)＋宾(双音节动词)

有的文章在结尾时把全文加以总结。

(2) 主＋状＋把＋宾＋双音节动词(动宾结构)

先把代表正法。

(3) 主＋把＋宾＋动＋着＋宾

她把那面镜子对着自己。

这种使用率低的句型可以不作为基本的教学内容。

范围指的是可同时在书面语语体、口语语体和社会各阶层人群等中使用的语法内容。仅在书面语语体、口语语体或某个阶层人群等中使用的语法内容不纳入基本的教学内容。

时间指的是语法内容的现代性。偶见的从古代汉语遗留至今的语法现象只可作为补充的语法知识点进行解释说明。

规范性指的是语法内容的规范性。一些带有方言性的语法现象,虽然由于电视剧等媒体传播的原因,有部分人在使用,但大多不作为基本的教学内容,可以作为语法知识点进行解释。一些临时性的语言形式(如广告语)可能有一定的使用率,但是这些形式没有被认定为规范的汉语时,也不宜作为教学的基本内容,如"Adv.＋N."形式"很老板"这种程度副词修饰名词的形式。

基本的语法内容还应具有概括性和典型性,是一个有代表性的结构形式,学习者掌握了这样的结构形式,就能推衍其他。

教基本、常用的语法内容时,教师可针对学习者习得该语法内容的偏误做具体的细化教学,指出其使用时的语用条件和限制条件。实用性的教学还体现在操练模式上,即创设情境,进行语法内容的交际操练。

2. 针对性原则

针对性原则主要体现在以下三个方面:针对不同母语背景的学习者、针对不同阶段的学习者、针对不同的语法要点。

2.1 针对不同母语背景的学习者

针对不同母语背景的学习者,通常是指以某一母语背景的学习者为教学对象的情况。包含两方面的内容:一是语言特征的差异,二是文化在语言中的渗透。

一种语言与另一种语言表现出来的差异,往往与说该种语言者认识世界的角度有关,这种差异也会反映在语言的结构及语义上。这就需要教师在进行语法教学时充分利用汉语的特点,让学习者知道如何与自己的母语进行比较。以"把"的量词教学为例,先要让学习者了解汉语所使用的名量词是对事物进行了类别归属,那么"把"是从哪个角度来归属类别的呢? 老师可用这个问题来导入,激发学生思考。然后从汉字的表意特点切入来引导学习者。"把"跟手的抓/拿有关。用"扌"提示"把"字的义类,这样学习者就能把"伞、刀"等事物跟"把"联系起来。还可用手抓/拿的动作做引导,让学习者清楚"把"还可以用于数量多的事物,如"一把糖、一把筷子"等。这样的一个教学过程,不但可以帮助学习者了解汉语名量词的用法,还可以让学习者学会用汉语的思维方式对事物进行类别归属。

日语也是使用量词的语言,但是日语与汉语认识事物的角度不同,名量搭配也不同。如日语中表现流了"一地水"用"一めん(面)の水",这是着眼于人与水的相对关系;汉语中用"一地水"来表达,着眼于承载水的处所和水在空间流淌的现象。教日本学生时,教师可以做这样的对比,让日本学生从更深的层次了解两种语言之间的差异。

语言是文化的载体,这不仅体现在词义的内涵上,也体现在语法关系上。如日语中第二人称的使用率远低于第一人称和第三人称,这是因为日语中有敬语的语法系统,第二人称的使用受到语用的限制。如对老师、对领导等都不宜使用第二人称。而汉语则不同,例如:

(1) 老师,您能帮我看看这个句子吗?

(1)句中用了"老师"的尊称,还需要"您"这个敬称。"能……吗?"的句型还表达出对听话人主观选择的尊重。动词用重叠形式"看看"也是一种舒缓的请求表达。这种对老师的尊重和请求是文化因素渗透在语法结构中的体现。可见,不同母语背景的学习者对目的语语法的认知会有所不同,这也要求教师在语法内容的教学角度和教学要点等方面做相应的调整。

2.2 针对不同阶段的学习者

初级阶段的语法教学,适合采用化整为零的教学模式,即以具体的语法项为着眼点,不做全面、系统的教学。一般不对语法知识做过多讲解,而是以点练形式为主,即用简洁易懂的话点拨,再以练的方式让学生理解并掌握语法点。以结果补语的教学为例,除了告诉学生结果补语是"动作+结果"的形式外,还要通过练习让他们明白"动作的结果"是什么、动作与结果是什么关系。在教学中尽量让学生用可以体验的方式演练。如教师拿一张纸做撕的动作,问"我现在的动作是什么?",答"撕"。再问"纸怎么样了?",答"开了"。教师进行点拨:用动补形式来表达就是"撕开了"。再用同样的方法来说"扫地":教师将纸屑放到地上,然后扫干净,点拨学生说"扫干净了"。还可问"老师讲的时候,你们在干什么?",答"听"。接着问"老师说的大家都懂了吗?",答"懂了"。然后教师点拨学生说出结果补语"老师说的同学们都听懂了"。这就是针对初级阶段的汉语语法教学方法与策略。

针对中级阶段的语法教学,教师可以对具体的语法知识做一定的整合,即把相关的语法知识整合到一起,同时进行必要的讲解,让学习者能知其所以然。通过对比,使学习者的语法知识深化,教师还是以练习为主,引导学习者掌握语法知识。

高级阶段则应以提高性、综合性的语法教学为主,学习者需要学习一些跟语境关系密切的句式、用法,如话语预设、篇章衔接、关联词语的运用等等。

赵金铭先生(1996)就三个阶段的汉语语法教学做过总结性的表述:初级阶段,应以掌握语法形式为主,注重整个形式的意义,而不过多掺进内部语义分析,主要目的是让习得者明了句法上词语间结合得妥当不妥当。中级阶段,在掌握了大部分的语言形式的基础上,进一步掌握句式内部的语义构成,主要目的是使习得者明了在语义上词语搭配得合理不合理。高级阶段,除了注重语用上词语安排得合适不合适外,还要使习得者了解如何在句子之间和段落之间正确地使用一个句式等等。总之,教师应针对不同阶段的学习者语言水平的可接受度,采用相应的教学方法与策略,这样才能使语法教学循序渐进、渐入佳境。

2.3 针对不同的语法要点

针对不同的语法要点体现在两个方面:一是教学时要对语法项进行阶段性处理,在不同的阶段体现不同的教学要点;二是针对不同阶段的教学要点,做出有针对性的具体教学方案,包括核心问题、偏误分析、方法策略、操练模式等等。

首先要做偏误预测,偏误预测至少可以帮助我们解决三方面的问题:(1)学习者学习该语法项时可能会出现的问题;(2)分析学习者出现问题的原因及其习得方式;(3)考虑采取怎样的教学和操练模式可以最大可能地避免学习者出现类似问题。这样,我们就能有效地解决具体语法项中的问题了。

赵金铭先生(1994)指出"语法的理只有一条,语法的用却有多种"。汉语语法教学应针对具体的用法进行教学。以学习者学习动作量的表示方式为例,如果学习者出现的偏误是"*我想问问一下老师问题",那么教学重点就应放在动词重叠式所表示的短时意义及其限制条件上。如果偏误是"*休息一点儿吧",那么教学重点就应放在表示数量的"一点儿"与表示时量的"一会儿"的差异上。可见,针对不同的语法要点的教学,其内容与形式的设计都应有明确的重点,这一点跟针对汉语母语者的语法教学完全不同。

3. 复式递升原则

吕文华先生(1999)指出:"语法分布应与划分等级水平相适应,在同一层次循序渐进的同时,更要做到不同层次的循环递进、逐层深化。"

"复式递升"就是指语法难度循环性上升、重复性递增教学的问题。"复式"是指一个语法项在不同教学阶段的重复,"递升"指的是该语法项的重复教学,这种教学不是原地踏步,而是在难度上有所递增的循环阶梯性教学。如学习趋向动词,我们可以把它分成几个教学阶段,每个阶段都是在前一个阶段的基础上攀升一定难度、实现一定整合的教学。具体做法如下:

第一阶段,学习"来""去"以外的其他单纯趋向动词——上、下、进、出、回、过等做谓语动词的用法,如"他上山了""我回家了"。这是因为从实用角度上看,这些是基本、常用的词;从接受程度上看,很多种语言中都有类似的动词,该类词跟学习者的母语相似度较高;从意义上看,该类词表示的是人类最基本的与空间相关的动作,可以演示,理解难度较低;从构成的句式上看,谓语结构也是学过的结构,相对简单,易于掌握。

第二阶段,学习"来""去"做谓语动词的用法。"来""去"虽然也是单纯趋向动词,但是比其他单纯趋向动词所表示的意义关系要复杂一点儿,它们所表示的趋向要与听者、说者的空间位置及远近关系产生联系,学习者需要判断听者、说者的空间位置及远近关系才能掌握"来""去"的用法。

第三阶段,学习"来、去、下、回"等单纯趋向补语的用法。补语是汉语中较为特殊的句子成分,它与动词构成的是"动+单趋"结构,学习者需要理解动作与"来""去"等之间的动趋关系。"来""去"等单纯趋向动词与做谓语的趋向意义很接近,只是有趋向与动作关系的配合,难度有所增加,但仍易于理解并掌握。

第四阶段,学习"来北京旅游"之类表示目的关系的连动句用法。汉语连动句是指句中连续使用两个或两个以上动词谓语的单句,属于特殊句式。因为句式特殊,感觉似乎较难,但是从第二语言习得的情况看,这一句型的难度不高,日语、英语等语言中都有接近于该句型的用法。该句型的语序也符合典型的时间顺序,如果引导得法,学生不难掌握。

第五阶段,学习复合趋向动词做补语的用法。复合趋向动词与"来""去"等单纯趋向动词的用法不同,它表示的是双重趋向,因此可突出两个重点:一是双重趋向的理解,即空间趋向+说者位置;二是具体动作与动作趋向的配合与关系。如动词"降"只能与"下来""下去"组合,不能相反,因为它们都具有共同的向下义。虽然复合趋向动词具有双重空间方向义,但因为学习者之前学过单纯趋向动词,容易受影响。

第六阶段,学习单纯趋向动词和复合趋向动词的各种引申用法。汉语趋向动词是个封闭的小类,虽然不多,但是意思容易混淆,在教学方式上,可采用对比教学,不宜采取集中的教学方式。个别性地学习应是本阶段的主要形式。此外,还需注意难度问题,引申义浅的先学,引申义深的后学。到高级阶段时,教师可让学习者对引申义有整体的认知。

第七阶段,趋向动词还有些特殊用法,如"看来""看起来""看上去"等等,有其特定用法和语用含义,需要进行专项教学。

复式递升的教学还需注意相关度高的语法项的教学问题。如学习者学习了表完成或实现的"了",接下来再学习表过去时间、处所、方式等的"的",就容易发生混淆。例如:

(2) *我8月25号来了天津。

(3) 你怎么去的?

—— *我坐飞机去了。

为了避免两者混淆,可在"了"的学习稍加巩固后,或学完"了"就学习"的",将两者做对比教学。

总之,复式递升原则把看上去分散的、孤立的、单一的语法项有机地整合起来,使学习既有层次又有关联,既稳扎稳打又层层递进,既有单一语法项的细化教学又有相关语法知识的整合。

4. 细化原则

陆俭明先生(2005)指出:"对外汉语教学的实际需要和学习者提出的或出现的种种问题迫使汉语本体研究要进一步细化。"细化是针对本体研究一般仅提出宏观、抽象的理论而言。汉语语法教学不细化的话,学习者的类比和推衍就会出问题。以汉语本体研究者就宾语的类型、动词的类型、动宾之间搭配关系的研究为例。李临定先生(1990:171)按语义关系把宾语分为十种:受事、对象、处所、结果、工具、目的、原因、方式、致使、角色;又按结构把宾语分为三种:名词宾、动词宾、小句宾。但汉语的动宾关系比较复杂,汉语语法教学如按这个体系教的话就会出现很多问题。只说动词可以带处所宾语,如"吃食堂",学习者可能就类推成"＊吃面馆""＊坐食堂""＊学教室";说"走＋大路/小树林/山路",学习者可能又类推成"＊走院子""＊走商店""＊走广场"。说动词可以带工具宾语,如"吃大盘子""写毛笔",学习者又会类推成"＊吃锅""＊写笔""＊钉锤子"等。

卢福波(2005:68—75)对非常规"动＋处所宾语"做过尝试性的认知解释,认为这种现象可看成一种弱固化现象,即选择的搭配成分受到严格的小类类属限制,选择搭配的自由度很低。"走小胡同"中的"小胡同"不同于"在院子里走"的"院子里",是特指"路"的类型;"走"也不是"两脚前移"这种方式的动作,而是"在路上通过"的泛指。这里的"走"也可能是"跑""骑(车)""开(车)"等等。所以"走＋处所词语"推衍时就会受到限制,与路的形式有关的可说"走＋人行道/小树林/山洞/河边/山路/大路/小路/马路";不可说"＊走颐和园""＊走院子""＊走商店""＊走广场"。"吃食堂""住旅馆"也是同样的道理,"吃食堂"的搭配组合可以指代一种生活方式,跟中国的"食堂"一般是为解决本单位人员吃饭问题而开设的有关。所以"吃食堂""吃饭店"可以推衍,"＊吃餐厅""＊吃面馆"等则不行。"吃＋麦当劳/肯德基/全聚德"可以说,因为它们是以饭店名指代食物类型或特色,这里的"麦当劳""肯德基""全聚德"不是处所义,而是食物类型或特色的意义。"住旅馆"类的推衍一般又有两种情况:一种指"住"的地方,如"住＋娘家/办公室/旅馆/北京";另一种指住的房屋类型,如"住＋平房/楼房/别墅/帐篷"。后者跟"吃麦当劳"类似,不是处所义,而是指代该处所的类型或风格等。以上研究就是为汉语语法教学所做的细化研究,细化到具体语法项的限制条件及意合关系上。

5. 简化原则

简化原则是指将抽象的、复杂的语法规则做简洁明了的演示和教学。具体可采取以下方式:

5.1 语法知识具象化

戴浩一、黄河(1988)指出汉语具有具象化、外显化的特点。教学时教师可以尽量让学习者去具体感知,然后再把感知到的东西概括出来,由浅入深地去理解。如"趟"的动量词教学,可以先让学习者通过字形感知"趟"的义旁是"走",明确这个字跟"走"的意义有关。"走"的动作具移动性,所以"趟"要与表移动的动词组合,如"走/跑/搬/运＋一趟"。再如动补结构的教学,首先要让学习者了解动补关系的语法意义,即动作之后使动作或事物的结果、情状、数量、位置等发生了改变,所以语序结构是"动＋补"。

5.2 语法知识公式化、图示化

给学习者做语法解释或说明,需要教师内化和提炼语法要点,再简明扼要地表达出来。在可能的情况下,可用高度概括的公式或示意图来表现。如学习副词"正""在""正在"的进行义时,教师可在黑板上画一条表示时间进行的横线,把"正""在""正在"都放在横线上(如图3-1):

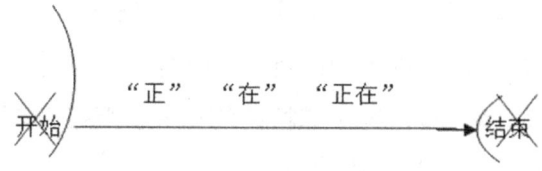

图 3-1

告诉学习者"正""在""正在"只表示动作进行过程中,不包含开始和结束。

(1) "正""在""正在"不能跟表示起始意义的"起来"同现。

* 他正看起书来。

* 孩子们正在讨论起问题来。

* 公鸡在叫起来。

(2) "正""在""正在"不能跟表示已经完成或变化的"了""过"或动作结果同现。

* 张山正起床了。

* 小朋友们在做游戏了。

* 他正在写过论文。

* 妈妈正做好饭。

* 她在擦干净桌子。

* 同学们正在听懂老师讲课。

(3) "正""在""正在"后的动词不能带表示时段和动量的词语。

* 我正看一会儿电视。

* 他在做一个月工。

* 他正在听两遍录音。

(4) "正""在""正在"可以跟表示状态持续义的"着"和"呢"同现。

(照相机啊)我正修着呢。

他在看书呢。

他正在帮大娘擦着玻璃呢。

以上四点可用公式概括为:

正/在/正在＋动词(持续)＋着/呢——(可以同现)

＊正/在/正在＋动词＋起来/了/过/结果/时段——(不可同现)

(卢福波,2002:53—54)

5.3 建立语法知识的内在关联

教师进行相关性教学就是建立新知识与原有知识的内在关联,让学习者形成新的认知结构,实现语言要素的主动构建,即角色分配、理解、归类等,从而更有效地掌握知识。如时点与时段教学,通常我们先学时点,后学时段。学习时段时,可以关联时点的概念。学生容易将时点与时段的角色关系混淆。所以,在学习这一语法知识时,可以向学生明确汉语时点与时段的概念共性——时间顺序的动因。时点是伴随动作发生的,所以它位于动词前;时段是动作发生后对动作本身的时间计量,所以它位于动词后。即:

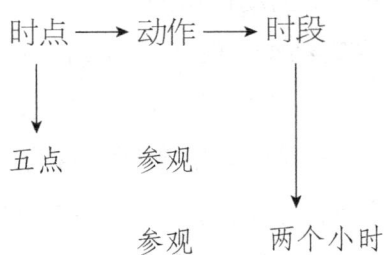

总之,汉语语法教学要尽量少用或不用术语概念,教师少讲理论,多用具体实例对语法要点的规则进行讲解和操练。

6. 对比原则

由于不同语言对客观世界的编码方式不同,所以在汉语语法教学中可以遵循对比原则。

6.1 汉语中易混淆的语言现象的对比

如"把"字句,中国人一般不会混淆"把"字句和一般叙述句,可是外国学习者却经常混淆。因此,教师在讲解"把"字句时,不仅要讲清楚"把"字句的结构特点和语用条件,还要将它跟一般叙述句做对比,厘清二者在语境、语用条件和表达上的差异。再如,上文讲到"正""在""正在"的使用,学习者也会出现混用三个词的问题,所以在教学中要通过对比来区别这三个词的用法。目的语中易混淆的语言现象是偏误形成的主要原因之一。

6.2 汉语与学习者母语的对比

教师在零起点或初级阶段的汉语教学中,可适当对比汉语与学习者母语,有时会起到事半功倍的作用。但在学习者母语背景复杂的教学环境里要慎用。

说英语或日语的学习者,在学习汉语判断句结构时,常常会把"be""～です"与"是"画等号;在学习汉语形容词时,又常常会衍生出"是+形"结构。对此教师可对比并强化汉语形容词的构句特点,减少英语或日语的负迁移。再如日本学习者受日语动词借助"～で"表方式、过去或过去完成时(含结果)的影响,在表动作结果时,只用动词而不用动结方式(卢福波,1995)。即把"打开窗户了""宿舍盖好了""刮倒了一棵小树"说成"开窗了""宿舍盖了""倒了一棵小树"。针对这种情况,教师在教学时可罗列出句子进行对比,说明汉语动词本身无形态变化,不含动作结果义,描述具体结果时需要用别的词来说明。这样,母语为日语的学习者不但容易记住,还能举一反三。

汉外对比教学不等于用学习者母语进行教学,汉语是目的语,原则上排斥使用学习者母语教学,因为学习者应摆脱对母语的依赖,尽快提高汉语的思维能力和交际能力。

6.3 汉语学习者偏误的对比分析

学习者在语法习得过程中出现偏误是正常的,偏误是学习者中介语系统的反映,偏误研究有助于确定语法教学的切入点和着眼点。所以教学中教师针对偏误讲解语法要点的规则,有助于学习者防患于未然。

教师可以先让学习者造句,再讲语法规则,讲后让学习者自查所造的句子。教师可给学习者提供一些典型例句,启发学习者运用语法规则判别正误,分析偏误类型及形成原因。如讲"正""在""正在"时,用以下句子让学习者辨析:

＊学生正在听懂老师讲课。

＊我正看一会儿电视。

＊你说吧,我在听着呢。

学习者判别正误后再引导他们讲出理据,之后教师可改正例句,与学习者一起把语法规则归纳出来,这样的学习效果就会比较理想。

7. 解释原则

语言学习是一种有意义的控制性的学习过程,也是一种有意识的、创造性的运用过程。在语法教学中,我们提倡解释原则,是要杜绝教学过程仅仅是机械的训练,但是也不等于完全用语法讲解来教学。我们主张"渗透认知理念"的语法教学模式。

(1) 整个教学过程中语法讲解所占的比例要控制,不能一味地讲解认知原理,而要以引导、点拨的方式,将语法项的认知要点与规则进行整合。

(2) 学习者可以语法的结构特征为切入点主动探究,找出语法知识之间内在的深层联系。

(3) 强化操练,但不为操练而操练,练习形式与语言认知紧密结合,培养学习者运用汉语思维的实际应用能力。

"渗透认知理念"的语法教学模式既是一种教学思想,也是一种教学方法,它跟机械操练式的语法教学的最大区别在于:首先知其"所以然"——知道为什么,其次达到"习惯性"——形成惯性,达到自动化程度,在"习惯性"中渗入"所以然",用"所以然"控制"习惯性"。

8. 操练原则

操练原则是指在语法教学过程中,学习者在句法形式、意义关系等方面的训练。该原则可以看作是对语法教学的直接检验。对于作为第二语言的汉语语法教学来说,教师的作用是引导和帮助学习者理解汉语的一些语法现象,让他们从使用的角度建立起汉语语法的认知系统来。因此,讲与练是相辅相成的,讲要提纲挈领、抓关键要点,练要紧密配合讲。操练最重要的是要有明确的针对性。操练的针对性包括以下方面:

$$
针对\begin{cases}学习对象和学习目的\\存在的偏误和认知偏差\\语法项的教学角度\\结构与使用的关系\end{cases}
$$

根据不同类型的语法项及其教学要点和教学目的,操练的基本模式如下:

$$
操练的基本模式\begin{cases}针对讲解要点——要点分解的操练\\针对句型或语法项——局部整合的操练\\针对句型或语法项应用——结合情景(实际生活)的操练\end{cases}
$$

以上模式有侧重格式、搭配和语序等的理解训练,也有侧重语法规则、限制条件的应用训练。操练中最重要的是应用性练习:利用图片、情景等,进行适合情境的交际表达(详见第十三章)。

操练是语法教学的重要环节。认知心理学认为,信息从短时记忆转为长时记忆是通过精细复述,将复述材料加以组织、联系和深层次加工整合才得以实现的(王甦、汪安圣,1992:127-128)。

操练还是重要的信息反馈环节。学习者往往有这样的体会:听得很明白,可是实际一操练,就会发现不少问题。教师也可以通过学习者在操练环节中出现的问题发现自己教学中的不足,及时调整教学内容、方法与策略,改正问题,同时也加强对问题的研究,进而不断提高教学质量。

就汉语作为第二语言语法教学而言,实用性原则、针对性原则、复式递升原则、细化原则、简化原则、对比原则、解释原则和操练原则都是应遵循的基本原则。这八项原则在语法教学过程中不是割裂的、孤立的关系,而是互相配合的关系。受汉语教学语法研究不足所囿,在语法教学中能够遵循这八项原则来实施教学不是一件容易的事情。汉语语法教学研究还有待进一步提高。

【分析思考题】

1. 为什么说实用性原则是贯穿语法教学整个过程的原则?这里所说的"实用"主要指的是什么?

2. 复式递升原则是怎样的原则?请以"把"字句为例,谈谈如何用复式递升原则来教学。

3. 简化原则是怎样的原则?请以一个语法项为例,谈谈如何用简化原则来教学。

4. "渗透认知理念"的语法教学模式是怎样的?为什么要采用这样的模式?它与机械操练式的语法教学有什么不同?

5. 汉语语法教学中讲与练的关系是怎样的?

6. 汉语语法教学有哪八项基本原则?请用这八项基本原则做一个语法要点的教学设计。

第四章　汉语语法教学的模式、方法与策略

第一节　汉语语法教学的形式、环节与模式

1. 切入点制约着汉语语法教学

语法教学可以有不同的切入点,教学方法也会受到相应的制约。从形式到意义的教学看重语法的结构框架及构成结构框架的性质、功能、语法关系及其意义、范畴等等,从表层结构挖掘其深层的结构关系,并做出相应的语义、语用或功能上的解释。这种教学的特点是使学生对汉语语法知识有全面、深入和系统的了解。另一个是从意义到形式的教学,这是话语形成的路径(卢福波,2000:43—47)。这种教学注重根据语法意义、语法结构的制约条件选择合适的表达形式,即注重功能和语义对句法的制约作用,因此在教学中注重语法形式背后的动因分析。显然,这种教学更适合汉语语法教学,因为它更符合外国学生学习汉语语法的目的。

如用从意义到形式的切入点来分析"'请/麻烦'等＋您＋动词性结构/动词变体"结构:其表达意图是说话人要求听话人为自己做某事,表达的形式为"表尊敬的敬辞＋请求对象＋请求事项"。教师还可以对"动词性结构/动词变体"做扩展性解释:由于请求对方为自己做事,所以说话人从言语上要尽量表现出少给对方添麻烦,所以"请求事项"的部分很少用光杆儿动词,通常使用"动词性结构"或"动词变体",即"动

词+一下"或动词重叠式等。

2. 分散式与集中式的汉语语法教学

汉语作为第二语言的语法教学在教学形式上可以分为两种:分散式和集中式。

分散式语法教学就是把语法项分散到精读、口语、听力、写作等各课型中,在不同的课型中讲解语法项,通过课文、练习等创设语法项的语境,帮助学习者掌握和运用。这种学习的好处是语法项出现在一个具体的语境中,有助于学生理解。但是这种教学的缺点是不能系统地整合学生所学的语法规则,尤其在学生学到一定阶段后。

集中式语法教学就是相对集中地学习汉语的语法规则。这种教学一般不宜在初级汉语学习阶段进行,最好在中高级汉语学习阶段进行。集中式语法教学一定要与对汉语母语者的语法教学有所区别。这种教学更多是汉语语法结构规则、语用条件等的教学,从学习者汉语学习的问题角度出发。

3. 汉语语法教学的环节与模式

教学环节 ｛
① 预测某语法项学生习得的偏误情况 ｝备课中完成
② 针对偏误确立教学策略(知识切入角度、方法设计)
③ 有针对性地简明、具体地点拨讲解 ｝授课中完成
④ 有针对性地多角度操练
⑤ 检测与反馈——授课中或授课后完成

精讲和操练是课堂教学中的两个基本环节,可通过以下教学模式实现:

精讲环节的教学模式
①具象化——利用可视、可感的教学方式切入
②图示化——把抽象的内容用图片、示意图等具象展示
③规则化——把讲解要点概括为简明易记的规则
④公式化——把要点或规则格式化成一目了然的公式或表格
⑤相关性——把与问题相关的内容联系起来
⑥对比性——对比学生易混淆的汉语现象、汉外对比等
⑦互动性——引导学生自主学习，并进行师生互动

前六项指的是知识教授方面，第七项指的是教师课堂组织方面。

操练环节的教学模式
①针对讲解要点——要点分解的操练
②针对句型或语法项——局部整合的操练
③针对句型或语法项应用——结合情景（实际生活）的操练

第二节　初、中、高不同层级的汉语语法教学

1. 关于层级界定问题

汉语语法教学尤其需要一个从易到难、由简到繁的渐进过程，这跟第二语言的学习是在与母语的比较中、在实际的语言运用中自主构建语言学习的性质有关。关于难易程度等级，Stockwell 等人在 1965 年曾提出一个难度等级框架，认为难度最大的是"分化"，即母语中的一种语言形式分化为目的语中的两种语言形式，并与之对应。如英语、日语的"借"分别有借出、借入两个词，而汉语却只有一个"借"与之对应。难度列为第二和第三的分别是"新项"和"缺项"，即目的语中具有的某种语言形式母语中没有，或母语中具有的某种语言形式目的语中没有。

如日语中表示授受关系有人称等对应形式,第一人称分别用"くれる"和"くださる",第二、三人称分别用"やる""あげる""さしあげる",而汉语则没有,所以对于学习日语的中国学生来说,这是"新项";对于学习汉语的日本学生来说,这是"缺项"。难度列为第四的是与"分化"相反的语言现象——"合并"。对于学习汉语的日本学生来说,"借"就是"合并"。列为最低难度的是"对应",即两种语言中的语言形式基本上可对应,如汉语和英语的基本语序(Larsen-Freeman et al., 2000)。

这部分研究虽然被认为没有充分的依据,但是它使我们从经验中获得的难易感觉有了一定的理据。当然我们也没有认为这样的难易程度排序是可靠的,有比"分化"更难的程度等级——"杂糅"。如汉语的"他把杯子打碎了"和"他打碎了(一只)杯子",都可以用英语表述为"He broke the (a) cup into pieces."。这里就杂糅了几种情况:(1)英语的一种句式可以分化为汉语的两种句式,它们的分化条件是什么?(2)汉语的"把杯子"的"杯子"和"一只杯子"的"杯子"在某种程度上能与英语的"the cup"或"a cup"对应,尽管"the/a"在汉语中是缺项,但是"the cup"或"a cup"并不完全等同于"把杯子"的"杯子"和"一只杯子"的"杯子",它们还有其他用法。(3)汉语句中的"打碎"直接构成动补形式,但是汉语中也可以有"打成碎片"的表述或通过介词引出补语的情况,如"夹在书中",这两种情况不太好跟英语对应。

2. 初、中、高三个层级语法教学的宏观策略

初级阶段的语法教学适合以具体项为着眼点。如讲"你、我、他",不用讲人称代词的系统知识,只需说明分别是第几人称即可。又如汉语表判断的"是"字句的基本常用形式,因跟英语用"be"的判断句的对应程度高,可以先学。再如表空间的方位词,学生可以先学最基本的"上、下、里、外、前、后"等。至于抽象的空间义,可选择汉语中的常用用法,如"上"表示"……方面",这跟英语、日语中的某些介词有对应。而

"在……下"表示前提条件的用法就不宜在初级阶段学了。总之,初级阶段以学难度偏低的语法项为好,学习者在学习中积累语感,打下坚实的基础,就可以为下一阶段的学习做准备了。

经过初级阶段的学习,学习者有了一定的基础,教师就可有意识地联系初级阶段的知识进行教学,即突出有关联性的语法项。如初级阶段学习动补结构"看完""写好",学生了解了"完"和"好"是用来说明"看"和"写"的结果的。到中级阶段,教师就应让学生了解在动补结构的关系中语序与事件的逻辑联系、为什么补语只用动词不行等。教师此时应给学生一种系统的学习,分阶段完成,使学生能掌握动补结构的基本规则。

高级阶段应以提高性、综合性的语法教学为主,如语篇衔接的逻辑关系问题。总之,这一阶段的汉语语法教学,不应只关注语言结构的关系,还要关注其内在的意义关系。

第三节 具体语法项的教学策略

1. 语言类型的差异决定着不同的教学策略

英语的被动范畴是严式语法范畴,汉语的被动范畴是宽式语法范畴。区分严式和宽式的标准在于标记选择的强制性和非强制性(陈保亚,1996)。汉语被动范畴可以用"被"做标记,但却常用改变语序的方式表达被动语态。另外,"被"并不是单纯的被动标记,它还有"遭受"义等表不如意的附加意义。

印欧语系中有"性、数、格"等语法范畴,而汉语则没有。因此,汉语母语者和英语母语者之间必然会出现两种不同的理解模式或范式——内部结构理解模式和上下文理解模式(陈保亚,1996)。如省略这种语言现象在汉语中较多,英语中却较少。

汉语还是话题优先的语言,主要表现在:

(1) 汉语没有跟主语有关的格(case)标记,却有话题标记,如句中语气助词等;

(2) 汉语不是以主谓关系为句子的基本结构关系(主语和动词之间没有词汇上的选择关系),而是以话题—述题关系为句子的基本结构关系,话题和述题之间不一定有词汇上的选择关系;

(3) 汉语的被动句(尤其在口语中)多数不需要明确的形式标记,有时使用了还会带有一定的附加意义,如"遭受、不如意"等意义(徐烈炯、刘丹青,1998:35—36)。

在汉语教学中,英语母语背景的汉语学习者较关注主语、属格、宾格等,对于主谓谓语句等感到难以理解,尤其在实际使用上有一定困难。但日本学生却较容易理解主谓谓语句,这是因为日语里有类似的话题句,不同的是日语里这种类型的话题句有话题标记,汉语里没有强制性的话题标记。不过,日本学生往往容易忽略汉语中"您"等表尊敬义的附加形式,这是因为日语里有敬语系统。因此,教不同母语背景的学生可根据其母语的特点来凸显汉语的特点。

2. 思维方式的差异决定着不同的教学策略

第二语言学习的复杂性还表现在学习者思维方式的差异上。上面我们提到严式范畴和宽式范畴,这种不同也将引起思维方式的不同。严式范畴的语言,其语义的理解过程更多地依赖内在结构,从而形成从局部到整体的思维方式。宽式范畴的语言,其语法形式可以省略,语义的理解可通过上下文,从而形成从整体到局部的思维方式(陈保亚,1996)。

汉语这种不具有丰富的形态标记而依赖语境的语言,注重的是词语之间的语义搭配,以及由此形成的相对固定的位置,即语序。因此,重意合、重语序、重词语之间的选择搭配关系、重语境的适宜性、重话语的使用限制条件等都是汉语语法教学的重点和难点。

3. 汉语语法的特点决定着不同的教学策略

3.1 汉语名量词的认知教学

汉语的名量词有对事物分类的作用,如量词"张"的类属范畴。这种类属范畴反映了说该语言者的认知方式。因此,在汉语名量词教学中,可采取类属范畴的认知教学策略。

以量词"张""片"的教学为例:

(1) 从学习者的疑惑切入教学:"张""片"都跟平面有关,为什么三张邮票用"张",两片面包用"片"?

(2) 从认知方式角度,解释"张""片"类事物所属范畴的特征依据。

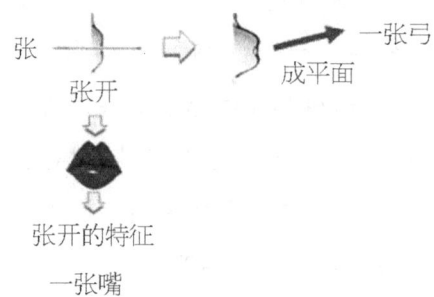

图 4-1

例如:

图 4-2　三张邮票　　图 4-3　一张报纸　　图 4-4　一张桌子

第四章　汉语语法教学的模式、方法与策略

"片"的本义是"剖木成扁而薄的东西"，因此它可以用来称量剖分成薄片的东西。"成薄片"即该事物的类属特征。[1]

图 4-5

例如：

  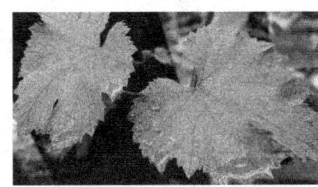

图 4-6　两片面包　　图 4-7　三片西红柿　　图 4-8　两片叶子

(3) 教师给出符合汉语特点的认知解释，使学习者在学习中能用汉语的思维方式知其所以然。

3.2　汉语重叠、重复的认知教学

汉语经常出现重叠和重复的语言现象。汉语的重叠和重复，从形式到意义，临摹性都很强。

(1) 汉字

汉字在字形上重复使用同一组成部件，如众、森、晶、淼、鑫等。以"木""林""森"为例，随着部件个数的增加，量的意义也在增加：一棵树、树成林、树成森(林)。

(2) 词

词的重叠，如(绿)油油、(傻)乎乎、悠悠(然)、孜孜(不倦)、远远(不如)、悄悄(走)、(硕果)累累、跃跃(欲试)等，表示描写的程度增强，或者

---

[1] 李乐毅.汉字演变五百例续编[M].北京:北京语言大学出版社,2000:265.

表示数量的增多。

(3) 词语或句中成分的重复使用

"磨啊磨啊,手都磨破了。""每天忙啊忙啊,总也忙不完。""我说什么了我?"等,都是人与事物、动作、程度、语气等量的增加。

这种"量"的递增是汉语重叠或重复的语义核心所在(卢福波,2000:7—8)。汉语教学中,教师可以抓住汉语的这一语法现象,讲解其增量意义。

3.3 汉语处所方位的教学方法

汉语表示处所方位与英语不一样,英语用"介词+名词"就可引介处所,汉语则不可以。例如:

英语:on the table/falls in ground/the rain drop falls on my face
汉语: *在桌子/ *落到地/ *雨点落到脸

这是因为汉语的介名组合有其自身的结构意义,介词只是引介,没有方位意义,而上例中名词在汉语中又只表事物,不含处所义,所以"介词+普通事物名词"表处所是错误用法。汉语在表示空间时,要求空间清楚明确,所以汉语中专门表示空间的词除了处所名词外,还有方位词、趋向动词等。汉语用普通事物名词表示处所时,需要在名词后加上具体的方位词,构成"(介词+)普通事物名词+方位词"的结构。

教学时教师可以引导学习者认知"名+方位"结构的处所意义。如老师指着桌子问"这是什么?",学生回答"桌子"。老师指着桌子上的词典问"词典在哪里?",有的学生可能回答"*词典在桌子"。

教师在指出不对的同时,要马上进行方位演示:桌子的表面就是桌子上,再告诉学生"上""下""前""后"等方位。

然后,教师可以指着桌子里问"这是哪儿?",让学生从"桌子上"推衍到"桌子里"。

教师指着黑板问"这是哪儿?"或指着门后问"那是哪儿?"。

教师多次演示后,学生就可以进行造句练习了。如:

  老师往杯子里倒水,让学生表达"把水倒在杯子里"。
  老师在黑板上写字,让学生表达"字写在黑板上"。
  老师在椅子上坐下,让学生表达"老师坐在椅子上"。
  老师从门外进入教室,让学生表达"老师走进教室里"。

教师还可以引导学习者使用"窗前""身旁"等其他几个使用频率高的方位短语。

3.4 汉语定语语序的教学方法

这一语法项的教学应在学过多种定语类型后进行。

教师可以首先复现已学过的定中结构:汉语修饰语一律位于中心语之前。如:

  (修饰语) 中心语
  晴朗的   天空

汉语的定语类型较多,需要分阶段复式递升地来完成教学。如:

  (星期五)(学校礼堂里)的会
  (时间＜处所)中心语

  (厚厚的)(汉语)词典/(干干净净的)(小)屋子
  (加"的"的形容词＜不加"的"的名词)中心语

具体的教学过程如下:

老师手里拿一个苹果,问学生:

  这是什么?
  ——苹果。

谁的苹果?

——老师的苹果。

几个苹果?

——一个苹果。

苹果是什么样的?

——大的/红的。

好,我们用一句话把这些内容说出来,应该怎么说?

学生可能有多种说法,有的正确,有的不正确,老师可以一边说,一边写在黑板上,把语序整理出来:

(老师的＜一个＜大＜红）苹果

然后引导学习者概括出一般规律:

谁的→数量(限定/描写)→怎样的(形状/颜色/质料/功能)＋中心语

教师再根据所学的定语类型,给学习者提供大量语料进行强化。例如:

女儿——八岁、一个、她、可爱

玫瑰——红、美丽、一束

词典——2000页左右、汉语、一本

教师也可以提供图片,让学习者运用规则来造句。例如:

图4-9

图4-10

图4-11

教师最后总结多项定语的基本排序。即：

领属＜时地＜数量＜动词或各类谓词性短语＜情状形容词复杂式＜双音节形容词＜区别词＜单音节形容词＜名词＋中心语

教师用易于学生理解的语言可表述为：

（谁的＜时间处所＜数量＜怎样的＜什么）中心语

当然教师要让学习者明白这种语序是一般的、主要的，即"优选语序"。

教学有法，但无定法。汉语本身的特点是汉语作为第二语言语法教学要抓住的根本，因此，汉语语法的认知教学是培养学习者汉语思维能力和实际使用能力的方法之一。

第四节 不同层级语法项的教学案例

本节我们选择初级和中高级的两个语法项作为教学案例。

1. 初级——目的连动句教学

1.1 偏误预测

教师做好偏误预测，教学就成功了一半。在目的连动句的习得中，学习者的常见偏误是：

（1）＊她发了信去邮局。

（2）＊我们看长城了北京。

（3）＊我们下午去商店了，我们买食品了。

根据以上偏误，教师可以判断学习者的主要问题发生在语序上，其次在目的连动句的结构上。教师可以基于此来确定教学目的和教学策略。

1.2 教学目的和教学策略

1.2.1 教学目的

(1) 让学生了解并掌握目的连动句的结构形式:$S+V_1(+NP_{处所})+V_2(+NP)$

(2) 让学生了解并掌握目的连动句的语序及语序成因 $\begin{cases} V_1 和 V_2 分别是什么 \\ V_1 和 V_2 的关系 \\ V_1 和 V_2 的时间顺序原理 \end{cases}$

(3) 让学生能够在实际语境中准确运用该句式。

1.2.2 教学策略

(1) 利用图片结合情景入手,从简单句问答切入,引导出目的连动句;

(2) 重点讲 V_1 的动词类型及与 V_2 的关系;

(3) 引导学生体会两个动作的时间先后顺序,总结该语序形成的原理;

(4) 针对问题进行支架式的结构练习和综合性的应用练习。

1.3 教学步骤

1.3.1 导入

看图 4-12 引导提问:

图 4-12

小女孩跟妈妈去哪里了?

——去公园了。

她们去公园干什么了?

——玩了。

用一句话应该怎么说呢?

——小女孩跟妈妈去公园玩了。(板书)

图 4-13

看图 4-13 引导提问:

这是什么车?

——救护车。

救护车来干什么呢?

——救护车来救病人。(板书)

大家看这两个句子,句子里有几个动作?

——两个。

第一个动词是哪一类的?

——"来""去"类的。

第一个动词后边如果有名词的话,应该是什么样的名词?

——表示地方的。

"来"或"去"某个地方做什么?哪个部分回答了这个问题?

——后边的动作。

是的,所以后边的动作是"来"或"去"某个地方的目的。

教师每问一个问题,都要注意凸显该部分,用颜色笔或符号等引起学生的注意。教师边引导问答,边整理出该句的结构形式:

$S + V_1 (+NP_{处所}) + V_2 (+NP)$

然后教师可以自己举例,也可以让学生说。例如:

他去图书馆查资料(了)。

我上商店买点儿东西。

教师还可以举反例,让学生判别正误:

我买东西上商店。

之后教师可点拨学生:你们看看,这两个动作哪个先做,哪个后做?先做的先说,后做的后说。然后图示如下(见图 4-14):

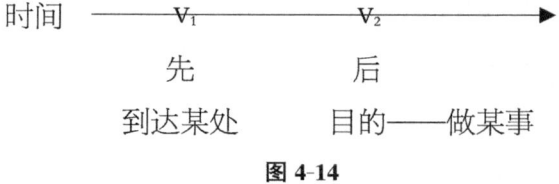

图 4-14

1.3.2 针对教学要点的操练

结构练习:

(1) 造句:邮局、寄信/北京、游览长城/回宿舍、取书

(2) 判别正误:*他踢球了操场。/*我们工厂参观来。

(3) 用所给的词造目的连动句:网吧/外面/银行/参观/看望

结构练习要发挥学习者运用规则造句的能力,难度要逐渐提高,形式要多样。但是不管如何变换形式,都要紧紧围绕该课所确定的教学目的进行。

应用练习:

(1) 利用图片、影像资料创设语境,让学习者运用目的连动句;

(2) 师生之间或生生之间互相用目的连动句询问情况,进行实际交际。例如:

你昨天下午/上周日去哪里干什么了?

2. 中高级——介词"随着"的教学

2.1 偏误预测

学习者介词"随着"的常见偏误有:

(4) *随着学期,他的学习快结束了。

(5) *随着多说汉语,汉语水平提高了。

(6) *新鲜感随着消失,他不学习。

(7) *我随着你的说明白。

根据常见偏误,教师可以把学习者的习得问题总结如下:

(1) 不用动态性词语做"随着"引介部分的中心语;

(2) 不在动态性词语前加"的"使之名词化,从而成为条件;

(3) 主句部分没有动态性质;

(4) 语序问题(不能确定中心语、条件与事件的动态关系);

(5) "随着"引介部分的中心语的音节问题。

2.2 教学目的和教学策略

2.2.1 教学目的

针对学习者的常见偏误和问题,我们可以确定以下教学重点、难点:

(1) 了解介词"随着"的基本结构功能——主要连接名词性词语和"随着"所引介的动态性词语,但是其基本功能不变,所以动态性中心语前要加"的";

(2)"随着"带有一定的书面语色彩,要与其引介的中心语色彩协调一致,通常连接具有书面语色彩的双音节及以上音节的词语(一般不连接单音节中心语);

(3)"随着"决定了与主句的伴随关系,所以要强化主句的动态性质;

(4)学习者能够准确地用"随着"组成完整的句子并应用于真实语境中。

2.2.2 教学策略

(1)讲解"随着"的构句原理,突出条件与事件的动态关系;

(2)突出"随着"所引介的中心语的动态性和"的"的限制条件;

(3)用公式和文字概括归纳"随着"句的结构特征;

(4)针对问题进行结构练习和应用练习,并利用图片等进行强化训练。

2.3 教学步骤

2.3.1 讲解要点:从理解"随着"的动态性切入教学

首先从"随"的动词用法入手:"随"这个动作表示跟着、跟从(可演示)。

"随着"作为介词不表动作,起引介动态条件的作用,为发展性动作引入一个动态条件。

"随着"与事件的动态关系如图4-15:

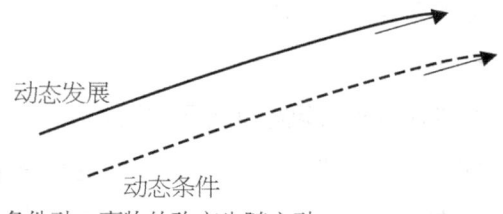

条件动,事物的改变也随之动。

图4-15

$$\text{结构形式}\begin{cases}\text{条件部分——随着……的＋表动态的词语(发展、改善等)}\\ \text{谓语部分——动态性}\begin{cases}\text{有(了)＋动态性组合}\\ \text{"出现/加大"等动态性组合}\\ \text{越来越＋谓词性词语(了)}\end{cases}\end{cases}$$

例如：

(8) 随着国家经济的发展，老百姓的生活水平有了很大的提高。

(9) 随着生活水平的提高，人们对生活质量也提出了更高的要求。

(10) 随着时间的推移，我越来越习惯这里的生活了。

2.3.2 针对讲解要点的练习设计

2.3.2.1 要点分解练习

角度之一——针对不用动态性词语的偏误(专项练习说动态性词语)。

例如：

(11) 随着第一场大雪的_____，真正的冬天也已经_____。

(12) 随着对中国了解的_____，她也_____喜欢中国_____。

角度之二——针对不用动态性词语做中心语的偏误(让学生根据提供的词语造句)。

例如：

(13) 消失 随着 新鲜感的，她也由兴奋变成了沮丧。

也可用改正错误的练习形式：

(14) *随着秋天到来，天气也越来越冷了。

(15) *随着经济发展，人们的生活水平越来越高了。

2.3.2.2 成句练习

角度之三——针对"随着"制约条件的偏误。

例如:给出情况,用"随着"完成句子:

(16) 快要考试了,她心里很紧张。→随着考试日期的临近,她心里也越来越紧张了。

(17) 他大了,懂事了。→随着年龄的增长,他比以前懂事多了。

2.3.2.3 应用练习

(1) 列表——让学生根据列表用"随着"表述。

例如:

小王的汉语水平	3级	4级	5级
	2月份	7月份	12月份

该练习不给学生提供词语,由学生自己来选词组句,进行表达。

(2) 提供图片或影像——让学生根据图片或影像用"随着"表达。

例如:

图 4-16

图 4-17

图 4-18

(3) 利用谈话,引导学生根据实际情况使用"随着"。

例如:你觉得汉语难学吗?

——一开始觉得很难,随着汉语水平的提高,现在觉得越来越容易了。

(4) 让学生根据自己的实际情况或看到的情况,用"随着"说一说。

可以引导学生:来中国多长时间了?/刚来的时候有认识的人吗?/现在呢?/刚来的时候习惯吗?/现在呢?

总之,教师既要突出教学目的,完成教学任务,又要尽量少讲解,引导学习者自己去体验、认知并表达。

教学中我们采取的策略是:润物细无声地把规则融入教学过程,让学生在轻松自然的状态下理解汉语的思维方式,并在此基础上进行练习。

教师对汉语语法本体研究得越深入,对学习者偏误分析得越准确,就越有利于学习者的汉语语法学习。因此,语法教学要以语法本体研究和语法教学研究为基础,才能进一步推动汉语语法教学的发展。

【分析思考题】

1. 汉语属于什么类型的语言?它适合从哪些角度切入语法教学?
2. 简要概括初、中、高三个层级的汉语语法教学策略。

3. 试针对初级汉语水平学习者设计一个方位词"上"的语法教学PPT课件。

4. 参考语法教学的基本环节与模式,自选一个语法项做教学设计。

第五章 汉语名词、量词及其短语的教学要点与策略

第一节 名词及其短语的常见偏误、教学要点与策略

在汉语第二语言习得中,多数普通名词的意义单一,与其他语言的对应性较强。但是,汉语将方位词归入名词小类,方位词的用法跟其他语言相比差别较大,说不同语言的人对方位的认知也有差异,这就造成方位词的习得困难。另外,日韩语母语背景的学习者受母语中汉语词的影响,望文生义,也会出现偏误。下面我们以学习者习得名词的常见偏误为例。

1. 学习者习得汉语名词的常见偏误

1.1 普通名词的偏误

(1) *他身上很有日本人的气氛。——("气氛"应改为"气质"。)

(2) *这对国家经济有不好的关系。——("关系"应改为"影响"。)

(3) *学习太忙了,我连找一个临时工作的时候都没有。——("时候"应改为"时间"。)

(4) *要是我有很多钱,我就买家。/ *因为没有钱,我们周末只能在房子里吃饭。——("房子"与"家"混用。)

(5) *出租车司机的人常常生气。——("司机"已指具体的人,无须再用"人"。)

(6) *他的说很有意思。/*听了祖父的说以后,……——(把动词"说"用作名词"话"。)

(7) *只要我们爱情,他是哪国人都没关系。——(将名词"爱情"用成动词"相爱"。)

(8) *他躺在床子上。——(用名词词缀"子"类推造词"床子"出错。)

1.2 复数"们"的使用偏误

(9) *除了阿里以外,别的同学们都去旅行了。

(10) *我还有几个朋友们要来这儿学习。

(11) *展览馆里人们真多,差不多有好几百人们。

1.3 日韩学习者母语汉语词的误用

(12) *马路两旁有很大的木,马路好像木的走廊,很凉爽。——("木"应改为"树"。)

(13) *超市的野菜品种很多,有白菜、油菜、黄瓜、西红柿什么的。——("野菜"应改为"蔬菜"。)

(14) *我来中国生活有一段时间了,已经很熟悉中国的情报了。——("情报"应改为"情况"。)

(15) *安阳川是一条比较大的川,川边有很高的堤。——("川"应改为"河。")

1.4 词语色彩(褒贬、口语、书面语等)的搭配问题

(16) *中国人认为多孩多福。——("孩"应改为"子"。)

(17) *我爸爸经营加油站,我母亲帮助他。/*上个星期我收

到了爸母的来信。——(风格色彩不一致,"爸爸"应改为"父亲","爸母"应改为"父母"。)

1.5 方位词的偏误

(18) *她总是躺在床里看书。/ *我从报纸里找到这条招聘广告。——("床里"应改为"床上","报纸里"应改为"报纸上"。)

(19) *街里骑自行车的人很多。——("街里"应改为"街上"。)

(20) *历史里有很多这样感人的故事。/ *他在古代小说研究里很有名。——("历史里"应改为"历史上","研究里"应改为"研究上"。)

方位词的其他偏误详见下文"汉语方位词教学"部分。

1.6 时间词语的偏误

(21) *政府刚才执行的农业政策——("刚才"应改为"最近"。)

(22) *从费城到纽约你需要两点。——("两点"应改为"两个小时"。)

(23) *几个点钟学中文以后,我觉得很累。——("几个点钟学中文以后"应改为"学了几个小时中文以后"。)

2. 名词的教学要点

2.1 针对日韩学习者的汉语名词教学

日语和韩语中有很多汉语词,尤其是日语,汉语词大多就是用汉字记录的。日本学习者在接触到汉语词语时,不可避免地会将日语中的意思"条件反射"到脑海中来,形成汉语、日语模糊的"重影",干扰他们对汉语的正确理解与认识。所以日本学生的偏误跟母语是字母语言的学习者的偏误不同,前者大多因汉字的使用产生偏误,后者则多在对译过程中产生偏误。所以,教学中教师需要对日韩学习者进行专项教学,以消除其母语的消极影响。

2.1.1　明确汉语与其母语同形但不同义的词

例如:

(24) *我给朋友写了很多手纸。——("手纸"应改为"信"。)

(25) *在日本,我从家里到学校需要1时间20分钟。——("时间"应改为"小时"。)

(26) *对不起,我的主人不在家。——("我的主人"应改为"我先生/我爱人/我丈夫"。)

(27) *下课以后我去超市买了很多野菜,有油菜、西红柿什么的。——("野菜"应改为"蔬菜"。)

2.1.2　对易混淆同形词做出解释

例如:

(28) *在日本很多工薪阶层东拼西凑才买上自己的家。——("家"应改为"房子"。)

(29) *女人应该待在房子里。——("房子"应改为"家"。)

日语的"家"除了与汉语一样的"家庭"及"家庭所在地"等概念外,还含有住房的意思,所以可以有"买家"的搭配;汉语的"家"没有"住房"的意思,可以说"回家""搬家",但不能说"买家"。

"家"和"房子"在汉语中的差异还是比较明显的。"房子"是指有墙、顶、门、窗等完整的建筑物或指大的建筑内成套的部分,所以"房子"可以从外观上或整体上进行描述、评价,与"买"搭配,如"我买房子了"。"家"指由家庭成员构成的家庭,或家庭成员生活的地方,所以可以说

"我的家很温馨"(指家庭和睦),也可以对生活的地方进行描述、评价,如"她家布置得很漂亮"。所以"母亲待在家里"可以指母亲不工作,在家操持家务。待在房子里,则仅仅表示所待的处所。

(30) *现在呢,我要毕业了,需要想想就职的事。——("就职"应改为"就业"或"找工作"。)

"就职"在汉语中指正式到任,多指较高的职位,所以会有"就职演说""就职典礼"等搭配,是个书面用语;在日语中却可以指就业、找工作、参加一般性工作,是个口语词。

(31) *我来中国生活有一段时间了,已经很熟悉中国的情报了。——("情报"应改为"情况"。)

"情报"在日语中可指一般性的生活、工作等信息,使用范围很大,使用频率较高,有"成绩情报""讲座情报""表演情报"等。而在汉语中,"情报"多指带有机密性质的消息和报告,所以有"情报工作""技术/经济情报""机密情报"等。可见二者的差别很大,使用的语境也有很大不同。

汉语中有的事物没有专用词,而日语有,这就会造成日本学生直接搬用日语中的汉语词现象。例如:

(32) *他是我的先辈。——("先辈"应改为"高年级同学"。)
(33) *我觉得在战士们心中都是家族或爱人,他们怀念家族或爱人。——("家族"应改为"家里人"。)

汉语中也有"先辈"和"家族"这两个词,但所指完全不同。"先辈"泛指行辈在先的人或指已去世的令人钦佩、值得学习的人。指辈分在先的人更多地用"前辈",但"先辈"和"前辈"都不能用来指普通的同辈人。汉语中指学校同辈人中高年级的,常用"学兄""学长""师兄"或"学姐""师姐"等,没有统称的专用词,日本学生却常将"先辈"用于普通的同辈人。

"家族"这个词在汉语中指以婚姻和血统关系为基础而形成的社会组织。日语却用"家族"指称家里人,所以日本学生常常直接搬用,出现偏误。

另外,汉日还有些词的词根语素相同,但语素位序不同。例如:

(34) *我再说一说关于这部电影里的兵士们。

(35) *他们每天在湖畔骑着驴放羊、放牦牛,生活不算裕富。

(36) *过了很长时间,战争停止了,进入了平和时代。

这些词有的只是语素位序跟汉语不同,颠倒过来的基本意思与汉语的一样,如(34)句的"兵士"与汉语的"士兵"、(35)句的"裕富"与汉语的"富裕";有的则与汉语的意思不一样,如(36)句的"平和"。汉语中的"和平"指的是没有战争的情况,汉语中的"平和"则指性情、态度等。

可见,对日韩学习者进行汉语教学,教师最好有一定的日韩语知识。

2.2 表复数的"们"

汉语中的"们"不能单用,除了在第一、二、三单数人称代词后表复数外,主要在表人的名词后表示复数,所以汉语语法学界大多把它看作词缀,表示复数的语法意义。但是数范畴语言的学生常常容易把它与母语中的数标记等同看待。例如,以英语为母语的学生,常会根据名词前的数量成分在名词后加"们",导致三种类型的偏误:

(1) 非表人的名词后接"们"。如"*树们""*杯子们"等。

(2) 表人的名词前有具体数量限定的,名词后加"们"。如"*三位老师们""*几个朋友们"。

(3) 类指或泛指名词和其他代词等后面加"们"表复数。

例如:

(37) ＊除了阿里以外,别的同学们都去旅行了。

(38) ＊展览馆里人们真多,差不多有好几百人们。

数范畴语言里,数和数的标记及其关系是相互制约的,它们要保持一致,如"He is…""They are…""three students…"等。汉语则不是,汉语用短语表达单数和复数的观念,如"三个孩子""几只小鸟""许多人""一些吃的"。此外单用名词还可以表示类指、泛指。如"人都走了",从"都"给我们的信息看,"人"一定是复数,泛指这里所有的人。表人的复数也可以不用"们","们"表复数不是强制性的。如"球员都回去休息了"。这里的"球员"显然是复数,但是并没有用"们"。

汉语的"们"表示的是一个模糊的概数,有了它,就不能再搭配其他确数或概数意义的词语。上例中的"别的""展览馆里"就是这种限定。可见,汉语中的数名关系与数范畴语言不同,数范畴语言讲求一致,相互制约,汉语则只能单用一种表数方式。教学中,教师可以通过实例,为学生构建汉语的表数观念。

2.3 汉语方位词及其短语的教学

目前学界大多仍把方位词归入名词小类,所以本书也按此处理。方位词属于一个封闭的小类,但在汉语教学中它的问题却不少,是教学难点之一。

2.3.1 方位词习得中存在的主要问题

2.3.1.1 对方位的认知有误

(39) ＊自行车、行人都在草地下走。

(40) ＊教室的房顶下挂着好几个大吊扇。

学习者显然对上、下方位的认知有误,他们是以可视物体为参照物,在其上的为上,在其下的为下。而汉语中,上、下虽然是两个方向相反的方位,但是它们在指称方位上并不对称。"上"的指称范围大,物体之上为上,物体表面也为上;而表空间意义的"下",则仅限于物体之下有空间的部分。所以,"在草地下"就变成"草地"的下面有空间,这显然不符合说话人的意思。(40)句的吊扇不是放在屋顶与地面之间,而是直接与屋顶相连,在屋顶的表面,所以方位词应选用"上"。

(41) ＊我父母不主张以前结婚住在一起。

(42) ＊以后吃饭结束,我坐公共汽车回到公寓。

(43) ＊以北长城不如以南长城发展得快。

(41)到(43)句反映出学习者对"以……"的方位词的理解和使用有误。他们没有理解"以"的划界作用,只注意了其后表示方位的部分。实际上"以"具有划界作用,从哪儿开始划界呢? 恰恰就是它前面的那个词。"结婚以前"以结婚为界,"吃饭结束以后"以吃饭结束为界,"长城以北"以长城为界,如果单用"以前"或"以后",则以现在为界。教师在教学时应突出"以"的意义和作用,讲清结构关系,用实例和练习让学生理解并掌握。

2.3.1.2 不清楚单双音节方位词的差异,选用有误

(44) ＊她从外来。／＊第一排最中那位男老师就是我们班的老师。

(45) ＊广场中有一个喷水池。

(46) ＊他身上面没带钱。／＊树上面还有几片黄了的树叶。

汉语单音节方位词和双音节方位词的使用比较复杂,有很多限制条件。如现代汉语中单音节方位词的黏着性较强,一般要构成名词性短语才能自如使用,如"屋里、墙上、手中、放假前"等等。少数单用时会受到强制性条件的制约,如"上有天堂,下有苏杭"对举、"一前一后"格式等等。(44)的两个错句就属于单音节方位词没有与名词等组合的单用情况。

汉语双音节方位词大多可以独立使用,但有的单音节方位词与双音节方位词的意义差别很小,这也是产生偏误的原因之一。(45)(46)的句子均属这种情况。教师在教学中针对这种情况要做单音节方位词与双音节方位词的对比分析,如"中"与"中间/中央"的对比、"上"与"上面"的对比。这样学生才能厘清区别,不出错。

2.3.1.3 表处所、范围等的名词是否加方位词的问题

(47) *我把箱子放在床。/*她把蛋糕放在桌子。

(48) *在生活人际往来很重要。

(49) *中国的产品在国际的销路不错。

(50) 你去哪儿?

——*我去火车站里。

(51) *在房间里太小了,住不开五个人。

这一部分的偏误能看到受母语影响的痕迹。详细分析见下面有关方位词与处所名词的部分。

2.3.1.4 时间名词后误加方位词或其他表时间的词语后误加方位词的问题

(52) *代沟无论在过去里还是现在里都是大问题。

(53) *麦克昨晚儿在歌厅玩儿到很晚,今天在上课里睡着了。

汉语中的时间名词可以直接用来表示某一时间,不用加方位词,学习者加方位词可能是受到其母语里介词的负迁移影响。(52)句中的"过去""现在"都是时间名词,可以直接用来表示时间。(53)句中"上课"类动词表示时间时,后面加上"～时/～的时候"就可以了。方位词"前""后"可以用来表示时点,放在时间名词或动作性词语的后面。例如:

春节前没有休息日了。/下班后我们去卡拉 OK 好吗?

2.3.1.5 意义相近的方位词混用

(54) *报里介绍过那里的情况。——("里"应改为"上"。)

(55) *他在朋友里很有人缘儿。——("里"与"中"混淆。)

汉语中有一部分方位词的意义很接近,学习者选用困难,所以汉语教学中要注意易混淆方位词的辨析。

2.3.1.6 误加方位词

(56) *没关系,你的病一会儿以后就会治好的。

(57) *我家有五口人,可是他们都在韩国里。

(58) *回国以后,我一定把中国里的事,讲给家里人听。

"一会儿"是用来表示短时段的,常与动作搭配,不用加方位词。但是,表时间单位的词,如果是表示某时间范围的,则需加方位词来确定其时间点或时间段,如"几分钟以前""一个星期以后""几年后"等等。

汉语中有行政划界的地域专名,不能再与方位词相结合。像"上海里""天津里""中国里"等,都是不正确的。

2.3.2 方位词与处所名词的关系

有的语言只要有介词引导就可连接普通名词来表处所。汉语则要根据情况,如果名词为普通事物名词(下面简称"普名"),那么通常不能仅用介词"在"引导,还要搭配方位词或"这儿""那儿"等表处所义的词语。另一方面,有的动词本身有安置、摆放等意思,如果说话人不是凸显存在处所,而是说明处所的区别,则无须介词引导,仅用"普名+方位词"就可以表示处所。这样的话,汉语在表示处所时,就可能出现两种情况:一种是"介+普名+方位词"的方式,另一种是"普名+方位词"的方式。还有一种情况是直接使用处所名词或"在+处所名词"。

2.3.2.1 "普名+方位词"

汉语中相当一部分表示处所的方式是"普名+方位词"。因为汉语的普通名词仅指称普通事物,不表示处所,要想表示处所,就需要构成表处所义的短语。方位词是表示方向、位置的词,它们跟"普名"组合后,就可以表示处所的具体方向或位置。如"沙发上""相册里"等。

汉语中表存在的"在"主要用作介词,当然也有动词用法。它表示存在于(某处)的意思时,被引介的词语应含有处所义。而普通事物名词仅表事物本身,只有后接方位词,才能表示处所,并跟"在"组合。

上文(47)(48)(49)三例都用了介词"在",意在引介放箱子和蛋糕的处所,而"床"和"桌子"均属普通名词,不能表示处所,所以需要在后面加上适当的方位词构成方位短语,才可与"在"组合。(49)例表示的是在某个方面,普通名词无法表示,需要构成方位短语才行。这是学生常见的偏误类型,又如"*通知已经贴在黑板了""*把糖放在嘴含着""*眼泪含在眼"等等。因此这部分是教学的重点和难点。

2.3.2.2 处所名词或"在+处所名词"

汉语中有少数名词可以直接表示处所,有的书把这些名词单列出来,叫作"处所名词"。如"附近""周围""远处""工厂""火车站""餐厅""中国""天津""南开大学"等。这些词因为已含处所义,所以可以直接与动词或介词"在"组合。如"在附近""在中国""在火车站""住在附近""留在中国""睡在卧室"等。

处所名词可以单用表处所,也可以与方位词组合表处所,只是意义有所不同。单用表处所,所表处所通常没有具体位置的界定,而加方位词后,则有相对具体的位置。如"在火车站"和"在火车站里"。

处所名词在什么情况下要连接方位词,什么情况下无须连接是一个难点,需进行专项教学。

2.3.3 方位词的对比教学

有一部分方位词的意义比较接近,学习者受母语影响,容易造成混淆。教学时需对这样的方位词进行辨析,重点讲解其容易理解错误的地方。下面辨析一下"里""上"与"里""中"这两对方位词。

2.3.3.1 "里"和"上"

方位词"里"表示在一定的显性界域空间之内,"上"则不限定界限,也没有明显的界域,表示的是物体的表面(上、下、侧均可)。齐沪扬先生(1998:44,46)指出,汉语在表达"点、线、表面"等非三维空间范围时大多要用方位词"上"。在表示"体"空间范围时,包括面积范围,大多要用方位词"里"。例如:

(59) 他站在门里跟我说话。——(门作为界限,形成一个显性界域空间。)

(60) 门上贴了很多有意思的画儿。——(这里的"门上"指的只是门的表面。)

(61) 他住在山里。——(有一定界限的空间内,即周围有山环抱。)

(62) 他住在山上。——(山上与山下相对。)

因此,汉语用"里"还是"上",常常受到其前面的动词或名词意义的制约。例如:

攥在手里	放在手上
夹在书里	摆在书上
陷到沙发里	坐在沙发上
装到信封里	贴在信封上
*坐到沙发里	*装到信封上

要完成"攥""夹""陷""装"这些动作,周围必须带有一定范围的显性界域空间。"攥"指手握型的界域空间、"夹"指书本类所形成的夹的界域空间、"陷"指进入某物凹陷内的空间等等。而"放""摆""坐""贴"等只是相关部位与相关处所表面的接触,不要求具备周围的界域空间。

此外,齐沪扬(1998)还认为,在空间范围的表达上,"上"型空间常无对称用法,"里"型空间常有对称用法。例如:

边境线上——*边境线下　　　脸上——*脸下
书包里——书包外　　　　　门里——门外

"大桥上""大桥下"与"桌子上""桌子下"的所指并不相同。用"上"型空间无论是"线"的空间范围,还是"面"的空间范围,都有一种"表面"的意思,而"下"则表示"体"的空间范围(从大桥的下面到水面之间的空间范围)。所以,有些仅限于表面的事物不能用"里"。

例如:

世界上——*世界里　脸上——*脸里

也正因为如此,在引申或虚化后,"上"还可以用来表示范围、方面、时间等,而"里"却不可以,所以"上"的适用面比"里"广。例如:

(63) 世界上有多少动物濒临灭绝。——(*世界里)

(64) 报上介绍过那里的情况。——(*报里)

(65) 大家要从思想上认清这一点。——(*思想里)

(66) 实际上,他给了我不少的帮助。——(*实际里)

(67) 没想到,他七十岁上竟得了个儿子。——(*七十岁里)

2.3.3.2 "里"和"中"

方位词"里"和"中"都属于"体"的空间范围,所以它们在表示有界域的空间范围内的意思时,有时可以通用。例如:

手里/中　眼里/中　心里/中　水里/中　家里/中

同样语境下,一般来说,用"里"相对口语化,用"中"偏书面语。例如:

(68) 你手里拿的什么?

(69) 他把帽子紧紧地攥在手中。

(70) 家里都好吗？

(71) 家中一切可好？

但"里"与"中"在更多情况下不能通用,这是因为"里"与"外"相对,界域分明,"中"只是一定范围内的中心点或任意点,位置并不明确。这就给了"中"相对抽象或虚化的空间。因此,空间性强的倾向于用"里",空间性越弱,抽象性越强,越倾向于用"中"。例如:

大厅里　教室里　箱子里　肚子里　杯子里　嘴里
想象中　记忆中　思想中　思念中　胸中　心中

具体使用时,以下情况需注意:

(1) 名词表示行政单位、机关等,用"里"不用"中"。

(72) 县里发下来一个通知。——(＊县中)

(73) 厂里已经决定采纳他的方案了。——(＊厂中)

(2) 难以确定空间界限的通常用"中"不用"里"。

空中——＊空里　途中——＊途里

(3) 具体的时间、空间用"里",不用"中"。

夜里——＊夜中　房间里——＊房间中

(4) 表示动作进行中或处于某种状态中,常用在动词、形容词后,用"中"不用"里"。

手术中　研究中　实验中　进行中　休息中
＊手术里　＊研究里　＊实验里　＊进行里　＊休息里
调查中　痛苦中　焦急中　混乱中　甜蜜中
＊调查里　＊痛苦里　＊焦急里　＊混乱里　＊甜蜜里

(5) 表示人与人之间虚的空间范围,通常用"中"。

　　　朋友中　　群众中　　人民中　　战士中　　教师中

　　　*朋友里　*群众里　*人民里　*战士里　*教师里

2.3.3.3 "左右"和"前后"

"左右"和"前后"均可在词后表示概数,但"左右"一般只放在数量词后表概数,表时间时,可用于时点,也可用于时段。"前后"则只用于表示时点,表示时点时,既可用于数量词后,也可用于其他词后。例如:

　　左右:　五斤左右　　二十人左右　八点左右　一个星期左右

　　　　*春节左右　*放假左右　*周末左右

　　前后:　八点前后　　春节前后　　放假前后　周末前后

　　　　*五斤前后　*二十人前后　*一个星期前后

2.4　汉语时间名词的特殊功能

汉语的时间名词跟普通名词一样,可以充当主语、宾语、定语等,但跟一般普通名词不同的是:它可直接充当状语,也可以做谓语,无须介词引介。例如:

　　早上醒来,心情极好。

　　最近很忙。

　　今天星期六,不上班。

汉语学习者受母语负迁移影响,有时会加上介词、方位词或其他词。如上述三句学生会表达为:

　　*在早上醒来,心情极好。

　　*最近里很忙。

　　今天是星期六,不上班。——(此句虽不是错句,但通常不属最简表达。)

第二节　量词及其短语的常见偏误、教学要点与策略

调查显示,母语为印欧语系的学习者学习汉语时,掌握量词比掌握介词要慢得多。究其原因,可能主要是因为印欧语系中没有量词,名词和数词之间不需要量词,大多直接组合即可。而汉语的量词有严格的搭配要求,一类事物有这类事物相对应的量词。教师要让学习者找到量词与所搭配事物之间的联系。另外,汉语的量词在符合搭配类型的范畴下,又具有一定的灵活性。因此,汉语的量词教学一直是汉语教学中的重点和难点,也是汉语教学需要重点研究的课题之一。

受篇幅所限,本部分主要讨论以下问题:(1)汉语量词及其短语的基本知识;(2)学习者学习汉语量词的常见偏误;(3)量词的认知教学;(4)易混淆名量词的对比教学;(5)动量词教学;(6)借用量词借用规律的教学;(7)量词和数量重叠的主要意义和作用。

1. 汉语量词及其短语的基本知识

1.1　汉语量词的一般分类

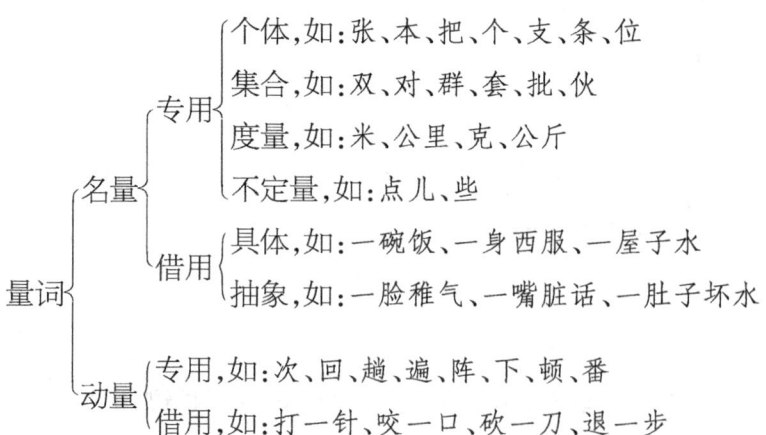

另外,还有一类量词——时量词,一些书把它看作准量词,由于它是从意义出发概括出的词类,很难进入这个分类系统,所以,我们会在后面进行专门讨论。

1.2 汉语量词短语的主要结构特点、功能意义

1.2.1 主要结构特点

汉语的量词一般不单用,常与数词或"这、那、哪"等代词组合成短语。例如:

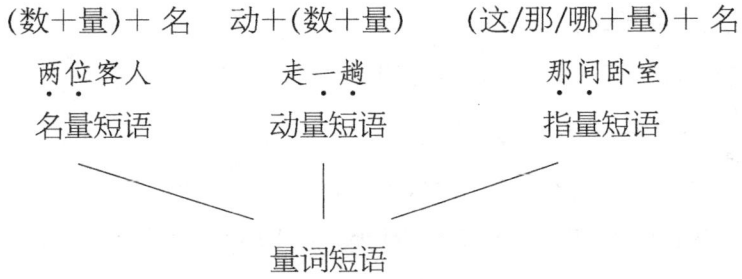

1.2.2 功能意义

```
       ┌限制、┌位于名词前,做定语。即:名量/指量短语→名词。
       │补充 │如:两桌客人、这间屋子
       │说明 │位于动词后,补充说明数量,做补语。即:动词←动量短语。
 功     │    └如:走一趟、查一遍
 能    │陈述、说明、描写→名量、动量短语做谓语。
 意    │如:女生宿舍三间、男生宿舍五间、北风阵阵
 义    │   ┌"名量短语/一+量重叠"做定语。
       │描写│如:一米九的大个子、一批批救援物资
       └   │"一+量重叠/名量或动量重叠"做状语。
           └如:一遍遍说、一个一个考、一勺一勺喂、一次一次去
```

1.2.3 数量重叠的主要用法

数量重叠 {
① 量词重叠做主语、状语，表"每一"或"逐一"。
　如：个个红光满面、天天练长跑、顿顿吃好的
② "一＋量重叠"做定语、状语，表"多"。
　如：一座座楼房、一遍遍嘱咐
③ "名量/动量短语重叠"做状语，表动作方式、样态。
　如：四辆四辆通过、一遍一遍地练着
}

1.2.4 关于时量

时量主要表现为时点与时段，即：

时量 {
时点——～点（点钟）、～分、～秒
时段——～小时、～天、～周、～年
}

另外还有"数＋时间名词"临时表示时段的用法，如"一下午""一夜"等用法。

关于时段，教师还需要注意一种比较复杂的现象，例如：

　　他整整一下午都在实验室里。／我两天看完一本书。

它们用的是时段的单位，但表示的是一个单位段落内的时间意义，具有时点的属性，所以其分布与时点一致。

汉语学习者关于时点与时段存在的主要问题：

(1) 时点、时段混淆。如：

　　＊学习了一点钟／＊八小时开始学习

(2) 时点、时段杂糅。如：

　　＊三个小时听了／＊上课八点

教学时，教师要让学习者明确汉语时间顺序的思维方式：先确定一个时间再做动作，时点在动作前，做动作了才会有多长时间，时段在动

作后。时点、时段的分布如下:

  时点 ——→ 动作 ——→ 时段

  五点   学习

       学习(了) 两个小时

1.2.5 数量组合时需注意的问题

(1) "二"与"两"

除度量词外,一般量词前的数目为"2"时,要用"两"。

  例如:两套西装/两碗汤——(名量)

     看两遍/打两拳——(动量)

在大多数情况下,传统的度量单位前多用"二",引进的度量单位前多用"两"。

  例如:二斤/二两/二尺——(传统的度量单位)

     两公斤/两米——(引进的度量单位)

(2) "们"可附于表人名的代词后,表示模糊的复数意义,所以不与其他表数的词语同现。

  例如:＊五个孩子们、＊二百多名工人们

(3) 动量与宾语的主要分布情况

  读了一遍课文——(动作＋动量＋事物宾语)

  批评了他一顿——(动作＋表人宾语＋动量)

  跑了一趟出版社——(动作＋动量＋处所宾语)

  下午来我家一趟——(动作＋处所宾语＋动量)

后两种类型即处所与动量的语法分布比较灵活,两种位置均有可能,区别在于表达意图,即说话人把哪一个看作是更重要的传递信息,越是重要的信息越位于句末。

2. 学习者习得汉语量词的常见偏误

2.1 专用名量词的常见偏误

2.1.1 个体量词与事物的匹配偏误

个——＊一个脸/课/水/衣服/条子/事情/自行车/力量

张——＊一张灯/书/湖/信/衣服/被子/短文

条——＊一条衣服/＊写五条句子/＊唱了几条歌/＊排了三条队伍/＊有两条火车

封——＊一封条子/＊送给我一封图片/＊转交一封材料

其他——＊买了一件灯/＊草原上有一家房子/＊洗了一块衣服/＊一本报/＊一纸报纸/＊一支牛肉/＊一堂实验/＊一座列车/＊一把手包

2.1.2 集合量词与事物的匹配偏误

＊一双手套/＊一双眼镜/＊一双夫妻

2.1.3 误加量词

＊三个双黑鞋/＊这四个篇小说/＊书架有五个层/＊两个种语言/＊这种支钢笔多少钱？/＊这个封信是你的/＊这里有六千八百个户人家

2.1.4 缺少量词

＊每天写三十汉字/＊全市有二十几高层建筑/＊一年有四季节/＊吃了三龙虾

2.1.5 其他偏误

＊我认识那位人/＊宿舍间屋子住两个人/＊个个人都喜欢

2.2 专用动量词的常见偏误

(1) *经过两个讨论,大家的意见一致了。——("两个"应改为"两次"。)

(2) *谁再说这句话一次?——("一次"应改为"一遍",并将"一遍"置于动词"说"后。)

(3) *我想再去北京一遍。——("一遍"应改为"一趟",并将"一趟"置于动词"去"后。)

(4) *今天下午他已经两次来过了。——(将"两次"置于"来过"后。)

(5) *你等我一点儿,我马上就来。——("一点儿"应改为"一下"或"一会儿"。)

(6) *让他们来这里避雨一点儿。——("避雨一点儿"应改为"避一下雨/避一会儿雨"。)

(7) *她一点儿也没迟到过。——("一点儿"应改为"一次"。)

(8) *我看完电影,时间还早,于是又看了电影。——("电影"前均缺少数量短语,应改为"我看完了一场电影,一看时间还早,于是又看了一场"。)

(9) *突然刮起一回大风。——("一回"应改为"一阵"。)

(10) *老师把我的作业认真地检查了一下。——("一下"应改为"一遍"。)

(11) *在北京我们吃了一下北京烤鸭。——("一下"应改为"一次"。)

2.3 借用量词的常见偏误

*一杯汤/*一个杯咖啡/*三个碗汤/*一个瓶啤酒/*喝六件咖啡

＊坐了一辆车人／＊他看了我一眼睛／＊打他一手／＊吐了一嘴

2.4 时量用法的常见偏误

＊在中国住了十月／＊比我早学三个年／＊这两个年我实习／＊那个天我很高兴／＊三个多天再整理屋子吧／＊来这里二月以后／＊那个四天里，得到你们的关照，很感谢／＊写了一点钟头／＊晚到他家去一点钟／＊已经一年学习了汉语

量词教学时，教师要根据学习者的偏误类型，有针对性、有重点、有理据地进行教学。

3. 量词的认知教学

事物选择哪个名量词、动作匹配哪个动量词都与说汉语者认知世界的思维方式相关，所以汉语的名量、动量搭配都是有理据的。但是，在汉语发展的历史进程中，这种搭配的内在联系可能不是一目了然的了。所以，教师在汉语教学中应抓住事物、动作的具象特征，进行汉语名量、动量搭配的认知教学，例如：

把/张——（跟动作有关系）

根/顶——（跟根部、头部等部位有关系）

片/块/条/朵——（跟形状有关系）

动量亦如此。如"遍"指有始有终的运行过程、"趟"指跟脚步移动有关的过程等。

认知教学理念是量词教学中的重要方法与策略。下面以量词"把"为例：

（1）"把"的教学首先可从可感知的偏旁入手，"把"的偏旁"扌"说明其跟手有关。见图5-1：

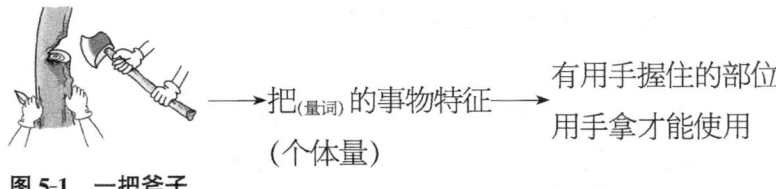

图 5-1　一把斧子

→ 把(量词)的事物特征 → 有用手握住的部位　用手拿才能使用

（个体量）

然后借助图片认知,教师可演示用手抓/拿事物,并突出用手抓/拿的部位。即：

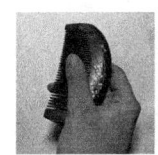   

图 5-2　一把梳子　　图 5-3　一把菜刀　　图 5-4　一把勺子　　图 5-5　一把钥匙

(2) 教师还可根据学生水平的逐步提高,引导学生学习"把"所表示的其他量。例如：

a. 用手做称量事物的器物——把(集合量)

图 5-6

→ 事物特征 → 小一些的可抓起数个的

看图认知：

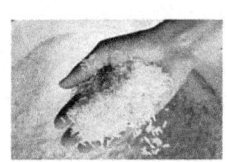 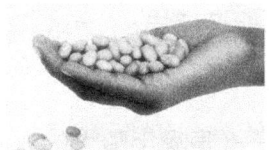 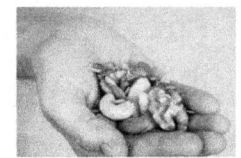

图 5-7　一把米　　　　图 5-8　一把豆　　　　图 5-9　一把坚果

＊一把苹果/＊一把篮球——(不符合事物特征)

b. 用手掐合的量——把(集合量)

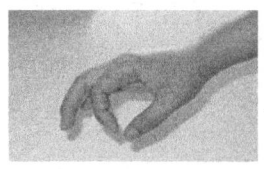

→事物特征→ 拇指跟其他手指对接的量
　　　　　　细长的
　　　　　　可抓起数个的

图 5-10

看图认知：

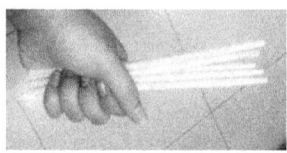 

图 5-11　一把筷子　　　图 5-12　一把蒜苗

＊一把本／＊一把礼品——(不符合事物特征)

c. 扩展引导

 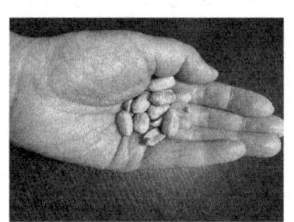

图 5-13　手张得很大地抓/拿　　图 5-14　手张得很小地抓/拿
　　　（抓了）一大把(花生)　　　　　（抓了）一小把(花生)

注意专用个体量词不能这样用：＊一大把剪子／＊一小把伞

d. 引申引导

　　一把年纪的人——(隐喻年龄大的人)

量词教学还需注意事物的发展变化可能对学习者认知事物所带来的影响。例如：现在的锅大多有把手，但不用量词"把"，可能跟早先的锅没有把手有关。

教师可以给学生设计练习,让学生根据事物特征来判断下列事物哪些可以用量词"把":

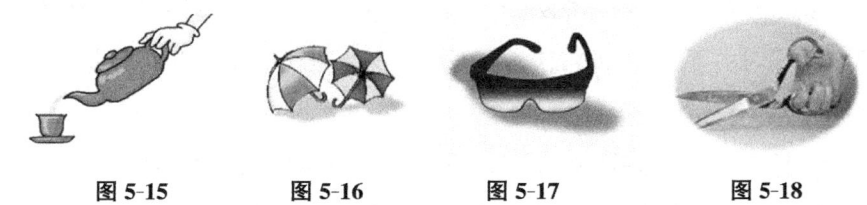

图 5-15　　　图 5-16　　　图 5-17　　　图 5-18

总之,量词的认知教学可强化学习者对名量组合关系的理解。教学中运用的图片、实物等可成为唤起记忆的线索。这种深加工的学习既有助于形成长时记忆,又有利于在应用时准确提取。

4. 易混淆名量词的对比教学

成年人学习第二语言,靠对事物的认知、对规则的理解,可能会出现目的语规则泛化或对某一相同特征认识混淆等问题。因此对比易混淆的量词是量词教学中的重要内容。下面以"双、对、副""条、支、根"为例。

4.1 "双""对""副"的对比教学

首先,我们可采用师生互动方式,让学生罗列出他们知道的用"双"和"对"的人或事物,罗列得越多,学生就越容易从中发现规律。即:

一双筷子　　　　　一对夫妻/恋人

一双手/脚/眼睛　　一对鸳鸯

两双鞋/袜子　　　　两对花瓶

然后让学生比较并总结各自的特征。学生一般可以发现"双"跟原有的两个事物有关,"对"跟男女等相配对的事物有关。教师可在此基础上引导:

"双"跟原有的两个个体有关,而且这两个个体一般来说是相同的,这两个个体构成一个整体。如"一双筷子"是两根筷子放在一起配合使用。"一双手、一双脚"都是人体原有的两个个体。

"对"跟相互配对的两个个体有关。我们说"双"和"对"这一对词，而不说"一双词"。我们说两个朋友时，不说"对"，也不说"双"，因为他们没有配对关系。在新郎新娘结婚时，送去"一对花瓶"，也是因为"一对花瓶"具有夫妻的象征义。

教师再让学生来认知"副"。同样先罗列用"副"称量的事物，然后将其跟"双""对"比较。"副"的语义特征是由两个具有内在关联性的个体构成的一个整体。

例如：一副眼镜——（由眼镜框将两个镜片联系在一起。）

一副拐杖——（用人的双手将两根拐杖一起用起来。）

一副象棋——（由棋盘将双方的棋子归拢起来。）

教师可以用实物或图片帮助学生具体认知这些事物的特征。如：

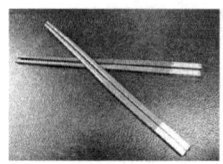  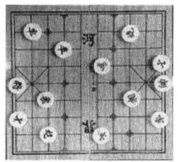

图 5-19　两双筷子　　　图 5-20　一对鸳鸯　　　图 5-21　一副象棋

通常"一双袜子/鞋"与"一副手套"是学生最不能理解的名量搭配，因为手与脚除了上下部位外，均属肢体，特征一样，按理应选用同样的量词。但是，手套与鞋袜有一个关键的不同，那就是手套可用带子将两只连在一起，而鞋袜则不能，这是"副"的整体性特征。这一点可以有效地帮助学生认知"副"与"双"的区别。

4.2　"条""支""根"的对比教学

"条""支""根"原本都跟植物的细长部分有关，相对的细长状是"条""支""根"的共有特征。因为它们意义相近，所以汉语学习者容易将其混淆。教师在教学中既要讲它们的共性,又要讲清楚它们的不同。下面从字源角度帮助学习者认知"条""支""根"。

"条"原指树的小枝——细长的枝条,所以量词"条"也具有细长、柔软、动感等特点,这一特点成为与"条"搭配的事物特征。

"支"为"从手持半竹"(《说文·支部》),本义是去枝的竹子。故"支"做量词多用于条状物,但与"条"不同的是:它具有去枝之竹细长而不弯的特点。

"根"原指植物的根部,所以其量词特征与根的细长状或植物类根部等有关。"根"与"条""支"相比,有根部或类似根部的特征,也有可弯的特点。

这样,我们就可以把量词"条""支""根"称量事物的特征概括如下:

"条":长形、柔软、可弯,如:两条领带、这条毛巾、一条鱼、那条马路、一条河。

"支":细长、直、不可弯,如:两支笔、一支烟、打三支(针)。

"根":细长、可弯、有根部特征,如:两根葱、一根草、一根黄瓜、几根白发。

头发不能用"条"和"支",因为其有根部特征;"消息""新闻""法律"等用"条"而不用"支"和"根",因为字链是线性的,有动感特征;笔、烟(卷)用"支"而不用"条",因为它们有不可弯的特征(卢福波,2000:262—265)。教师还可提供实物或图片让学生认知:

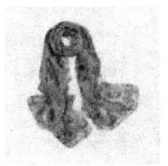

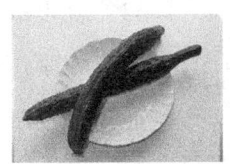

图 5-22　一条围巾　　图 5-23　一支毛笔　　图 5-24　两根黄瓜

教师在教学中抓住这些量词的区别性特征,能够更好地帮助学习者理解、记忆,并准确选用量词。

5. 动量词教学

动量词教学与名量词教学有所不同,名量词教学是凸显事物特征,帮助学习者认知并理解其匹配关系。动量词则不同,动作与动量的选择关系是动作量在动作过程中的语义特征,所以理解动作量在动作过程中的语义特征是掌握动量词的关键。从数量上看,常用的动量词并不多,但学习难度较大。

动量词教学的重点、难点在于让学习者理解动量词的语用条件。让学习者准确地选择动量词是动量词教学的核心。教师要在教学中指导学习者理解动量词的语法意义。

5.1 几个常用动量词的语法意义

(1) 次

"次"指一个动作反复的量,可以不顾及动作的完整性和时间长度。例如:

> 那个展览我去看过三次了,但有的部分还是没看到。

(2) 遍

"遍"指一个动作从开始到结束的完整过程。例如:

> 这个电影我已经看过两遍了。

(3) 下

"下"有两个意思:

a. 指一次性动作,时间短,也相对轻微,不受数的限制。例如:

> 才打了她一下,她就不得了了。/钟摆了几下就停了。

b. 时间短,轻松,缓和语气,仅限用"一"数。例如:

> 帮一下忙吧。/我们商量一下再给你答复。

(4) 趟

"趟"指有来有往的动作量,大多跟具体的脚走、车船等有关。对动词的类属也有一定限制,一般为表移动义的动词,如来、去、走、跑、送、进、搬、运等。例如:

我去送一趟吧。/搬了好几趟才搬完。

(5) 顿

"顿"有两个意思:

a. 主要用于"吃/喝"类动词,要有一定的过程量。例如:

吃了一顿大餐/美美地喝了一顿/饱餐一顿

*尝了一顿——("尝"的量和"顿"的量相矛盾,不能匹配。)

b. 转指一定的量等,主要用于"打/骂/斥责/批评"类动词。例如:

被老师批评了一顿/挨了一顿臭骂/发了一顿脾气

(6) 阵

"阵"有两个意思:

a. 用于延续时间短的动作,一般读作"阵儿"。例如:

哭一阵,笑一阵/玩了一阵游戏

b. 用于阵发的或骤发的动作,时间持续不长。例如:

刮了一阵大风/下了一阵大雨/响起一阵掌声

(7) 场

"场(chǎng)"用于有场次或有场地的文娱体育活动。例如:

赛了三场足球/表演了十来场

(8) 番

"番"用于计量有反复过程的动作,一般所做的动作需经过努力,所以"番"有一定长度的时间过程。例如：

研究了一番/劝说了一番

5.2 动量与动作的关系

可见，有的动量词对动作时间、过程、方式等有限制，只能用于限制条件内的动词。例如：

"次"的限制性不强，它可以较广泛地跟不同类的动词组合。例如：

看/写/说/唱一次　　来/走/跳/运一次
织/炒/切一次　　　爱/尊敬/担心/想一次
研究/调查/组织一次　宣传/介绍/解释一次
联合/互助/商量一次　丢/摔/病一次

"遍"受到一定限制，跟动作过程完整性无关的动词不能与之组合。如"来/爱/丢(丢失)/病"等类动词就不太能与之组合。

"趟"内含移动方式，对动词的限制就更加明显，一般来说，不具备显性或隐性移动条件的都不能跟"趟"组合。如"买一趟"可以组合，有隐性移动的可能，因为既然是买，就要去买的地方。如果是"坐一趟"，就是把"坐"的意义限定在"乘坐"的义项上，而不是"坐在椅子上"的"坐"。其他像"炒/想/研究/介绍/病"等动词都不太可能跟"趟"组合。

再如时间量。学习者学习了多种量词后，就容易混淆意义相近的量词。如动词后接的"一会儿"或"一点儿"都表示少量或微量，学习者经常不能区分。

其实，从意义上看，这两个短语表示的是两种不同的量：

"V＋一会儿"指的是时量(时段)，少量的时间长度。

"V＋一点儿"指的是物量，少量的(东西)。

因此，凡不能带受事宾语的动词，其后只能接"一会儿"；凡可带受事宾语的动词，其后可接"一会儿"和"一点儿"。即：

非带受事宾语动词＋一会儿

带受事宾语动词＋一会儿/一点儿

原因很简单,不能带受事宾语的动词不与受事发生关系,所以也就不存在物量"一点儿"的问题。例如:

休息/等/躺/坐/站/工作＋一会儿

＊休息/等/躺/坐/站/工作＋一点儿

因为动词可能与事物发生关系——带受事宾语,其后"一会儿"和"一点儿"都可能出现,区分二者就要由说话人或语境表示时量还是物量来决定。例如:

吃一会儿/吃一点儿　看会儿书/看点儿书

玩一会儿/玩一点儿游戏

它们的关系应该这样来划定:

看 会儿书/看 点儿 书　　玩 一会儿/玩 一点儿 游戏

5.3　教学时注意突出侧重点

(1) 理解动量词的语法意义;

(2) 强化动作与动量词之间的选择限制;

(3) 突出动量词在句中的分布位置及宾语的分布位置;

(4) 加强在语境中根据实际情况选择合适量词的教学指导。

例如:

根据内容,填上合适的动量短语:

(1) 这家饭店的菜可好吃啦!今天咱们可以美美地_____了。

(2) 今天的足球赛,我们的成绩不错啊!赢_____,输_____。

(3) 这歌我已经_____,还没听够。

(4)老板狠狠地_____,让他感到很委屈。

教师可利用图片、实物等让学习者对动量进行选择和组合。如：

根据图片提供的信息，选择合适的动量词进行表达：

图 5-25　　　　　　图 5-26　　　　　图 5-27

这里只是讲解几个常用动量词。学习者需要注意掌握其动作过程的长短、状态、涉及对象等等，比起名量搭配来，这显然要难一些。所以动量词教学，教师除了清楚准确地讲解外，还要设计大量练习。学习者通过练习来理解并掌握动量的意义。

6. 借用量词的借用规律教学

在一些具体语境中，汉语还会发生临时借用一些名词表示某种量的现象，汉语语法把这种借词称量的用法称为"借用量词"（也有其他称谓）。借用量词与其他量词相比，突出的特点就是它的临时性。它要根据具体的情境、事物选词，既可用于称量事物，也可用来表示动作的量。借用量词有很强的灵活性，对于母语为非汉语的学习者来说，有一定的难度。汉语的语言系统有它严密的内在逻辑关系。汉语教学中，教师如果能揭示借用量词的规律，并引导学习者认知，就会使借用量词的教学不那么难了。

6.1　借用名量词的基本规律

借用名量词是指借用其他词做临时量词，称量名词性词语。例如：

　　　三瓶水　两锅汤　一身西服　一屋子客人　一头汗　一地水

其中用来临时称量的"瓶""锅""身""头""屋子"原本是名词，在此成为用来称量事物的量词。那么它们由名词临时变为借用量词有什么规律呢?

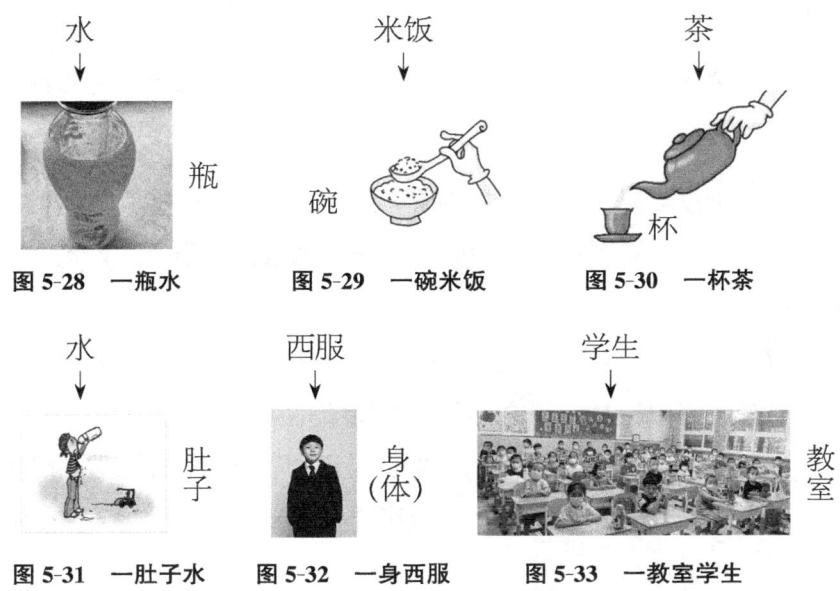

图 5-28　一瓶水　　图 5-29　一碗米饭　　图 5-30　一杯茶

图 5-31　一肚子水　　图 5-32　一身西服　　图 5-33　一教室学生

可见,名量词借用的理据是把装载物体看作被修饰限制名词的临时称量单位,也就是说,"两锅汤"借用"锅"这个盛汤的器皿作为借用量,"一头汗"借用"头"这个汗的载体作为借用量。

与此组合的数词一般会有两种情况:

一种是理论上可用任意数,如"买了三十瓶水""做了五锅汤""定做了三身礼服";一种是数词只能用"一",只是此时的"一"表示的是"全""满""遍"等意思,所以不能换成其他数字。如"一头汗""一地水"不能说成"两头汗""三地水",因为它们表示的是满头大汗和遍地水的意思。

使用借用名量词表达,有时可以是一种概数表达。如果说话人不想或不能准确说出一个确数,那就可以用借用名量词来表达。例如:

今天学校去参观的学生多吗?
——不少,去了五大车学生。

6.2 借用动量词的基本规律

借用动量词是指借用其他词做临时量词,补充说明动作的量。例如:

看两眼　尝一口　打一针　切一刀　喊两嗓子　走几步
转一圈

其中用以临时称量的"眼""口""针""刀""嗓子""步""圈"均为名词。下面我们来看看动量词的借用规律。动量词的借用一般有以下几种类型:

(1) 看一眼、尝两口、喊几嗓子——"眼""口""嗓子"是动作"看""尝""喊"所使用的身体部位,具有"工具"的性质;

(2) 打一针、切一刀——"针""刀"是动作"打""切"所使用的工具;

(3) 走几步、转一圈——"步""圈"是随着动作"走""转"而产生的必然结果。

(1)(2)两类是借用动量词的主要类型,也就是说,借用动量词的借用规律是将做动作所凭借的工具借用来作为临时量词。可用下图帮助学生认知:

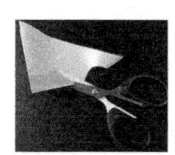 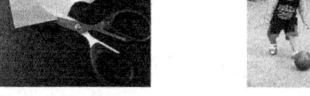   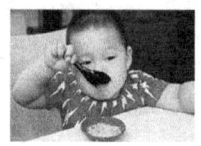

图 5-34　剪一剪子　　图 5-35　踢一脚　　图 5-36　画一笔　　图 5-37　吃一口

借用动量词教学,要特别注意临时量词的选择。如"眼睛"选"眼","拳头"选"拳"。这种选择有一定的约定俗成的因素。有些选择有部位差异,这是需要特别注意的。如"吃了一口"和"吃了一嘴"都能说,但表义有所不同。"吃了一嘴"指食物将嘴填满,这跟"吃进去一口"是不一样的。学生还常常将"打一巴掌""踢一脚"说成"打一手""踢一腿",这也跟搞不清所用的部位有关。"打一巴掌"的"打"使用的是掌部,"踢一脚"的"踢"使用的是脚部,不是腿部。教师在教学时应让学生厘清这些区别,以免误用。

以往的汉语教学常忽略借用量词的教学,事实上,借用量词突出体现了汉语的具象性特征。只是由于它不是一个专门的词类,所以就容易被忽略。

7. 量词和数量重叠的主要意义和作用

数量组合的非重叠式,其主要作用是称量——确切的和大概的数量,在句中起限制、补充、陈述、说明等作用。例如:

　　摆了五台电脑　　打了三场(比赛)
　　三人住一间　　　看了三小时了

而量词或数量一旦重叠,它们的意义和作用就会改变。量词重叠后表示多数和多的意义。例如:

　　个个喜笑颜开——(多个人,表示每一个。)
　　步步紧逼——(走了多步,表示逐一。)
　　一批批救护人员——(有多批,表示多批。)
　　一遍遍嘱咐——(嘱咐多次,表示多遍。)
　　一个一个地考——(多个人考,表示逐一考的方式。)

量词或数量重叠后的句法功能也由以限制、补充、说明为主变为以凸显数量、方式的描写为主。

刘丹青先生(1995)注意到汉语量词重叠的语用优先作用。他认为量词重叠的认知语义是周遍,量词重叠式更明显的特点是只能用在谓语核心前,不能用在谓语核心后,这与周遍义无关,因为"每(一)"等有周遍义的词可以用在谓语核心后。比较:

每一瓶酒他都尝了。　　他尝遍了每一瓶酒。

＊他尝遍了瓶瓶酒。

从"人人都去、件件事他都操心、他样样都好、样样他都要、他回回迟到"等中可见,虽然重叠式分别处于主语、定语、状语等句法位置,但无一例外地前置于谓语核心前,这种现象很难从句法上找到解释,但在语用上却可以解释。量词重叠式有话题性语用特征,这一点决定了量词重叠只能用在话题或次级话题的位置上,因此,只能置于谓语核心前。这就从语用角度解释了量词重叠式的语法分布,对汉语作为第二语言习得有很好的指导作用。

实践证明,虽然汉语的量词较多,但如果从认知角度去教学的话,不仅有助于学生的高效学习,还可以激活学生的学习兴趣。

【分析思考题】

1. 汉语的"们"与英语中的复数标记相比有什么不同？汉语教学时应注意哪些方面？

2. 请分析说明汉语中单纯方位词与复合方位词在使用上的不同。

3. 汉语习得中,学习者会出现"我把箱子放在床/在生活人际往来很重要"这样的偏误,请分析其原因,并指出教学时应注意的地方。

4. 举例分析方位词"里"和"上"的不同。

5. 汉语量词一般是如何分类的？它们的主要功能是什么？

6. 举例说明借用名量词的借用规律。

7. 动量词重叠后在意义和功能上发生了哪些变化？

8. 试以一个常用量词(名量、动量、借用量均可)为例,设计其认知教学方案(做PPT课件)。

第六章 汉语动词、形容词及其短语的教学要点与策略

第一节 动词及其短语的常见偏误、教学要点与策略

任何语言中的动词都是谓语核心的主要承担者,在与相关词语搭配时,必然受到强烈的语义制约(石毓智,2010)。所以,在第二语言习得中,动词的意义与所制约的搭配词语,必然体现说汉语者的认知规律、思维方式及特点,这是汉语教学中的重点与难点。

在汉语教学中,学习者习得动词的主要问题有:不了解汉语的动词与其母语中相对应的动词在表义上是否一致、是否可以规则性地类推使用、存在哪些差异、具有哪些制约条件、使用时受到哪些限制等等。下面我们以一些学习者常见的偏误为例,重点讲解几个动词小类及动词变式的教学方法与策略。

1. 学习者习得汉语动词时的常见偏误

(1) ＊我们参观了故官、长城、天安门广场等,我最感动故官。——(动词"感动"内含致使义,与受事者的搭配组合有问题。)

(2) ＊你要是想看见我,就事先给我来个电话。——(混淆近义动词"看"和"看见"。)

(3) *在你的家人中,你最爱好的人是谁呀?——(动词"爱好"与其所带的宾语"人"不搭配。)

(4) *我们不能未免这件事。——(把副词"未免"当作动词使用,与"避免"混淆。)

(5) *他现在已经很累了,你帮忙他吧。——(未能弄懂"帮忙"的结构及句法功能,与"帮"混淆。)

(6) *飞机着陆在首都国际机场。——(动词"着陆"应在介宾短语后。)

(7) *下午,我们出发校门口。——(不及物动词"出发"不能带宾语。)

(8) *你放心吧,我已经商量他了。——(动词"商量"与后面所带的成分不搭配。)

(9) *这次北京旅游让我宝贵的体验。——(使令动词"让"对兼语结构的制约有问题。)

(10) *再次检查才发现上次的邮件没发出去,希望受到老师的谅解。——(动词结构"受到"与主体、受事者的关系问题。)

(11) *他的说很有意思。/*马克打断他的说,问:"多少钱?"——(指称事物的"话"与相关动词"说"混淆。)

(12) *我衷心希望以后能机会再见。——(能愿动词"能"使用的制约问题。)

(13) *他们打算一次上海的旅游。——("打算"类动词对其所带成分的制约问题。)

(14) *这个周末,我们要进行一个舞会。——("进行"类动词对其所带成分的制约问题。)

(15) *我还不太知道中国,我想多多知道它。——("知道"类动词对其所带成分的制约问题。)

(16) *他给我通知周一老板见面。——("通知""见面"类动词对其所带成分的制约问题。)

(17) *听说今天夜里有下雨。/*天很热,我有很多出汗。——(动词"有"对其后名词性成分的制约问题。)

(18) *屋里一个人也没在。——(混淆"有"字句、"在"字句。)

(19) *我写了他一封长信。——(非授受类动词"写"不能带双宾语。)

(20) *小王很病了,我想去看看他。——("病"类动词不受程度副词修饰。)

(21) *我去中国带了三本书。(说话人现在就在中国)——(选用趋向动词"去"时对趋向等的理解问题。)

(22) *我们一进去公园,就看见一些老人在打太极拳。/*三月份我进去了补习班。——(复合趋向动词"进去"与处所宾语的组合问题。)

(23) *我出车站,看见同学们向我迎来。——(动作与动作趋向的关系及动词选用问题。)

(24) *以后我生活得很好,你们放心吧。——(此句遗漏了表预估的能愿动词"会"。)

(25) *那个人是修自行车。——(动词"是"对判断性构句成分的制约问题。)

(26) *我被长城的壮阔压倒了。——(动词"压"选择不当。)

(27) *父亲常常说我:"男子汉不能流泪。"——("说"的不同义项对句结构的制约问题。)

(28) *他去朋友家骑自行车。——(动作目的与动作方式的语序问题。)

(29) *她一边指指图片,一边给我讲解讲解。——(重叠动词的意义及使用制约问题。)

(30) *你随时我家吧。/*长城景色很好,但是陡坡。/*我们班的学生都女的。——(词类或短语误用,把副词"随时"、名词"陡坡"当作动词;把名词功能的"的"字短语当作谓词性成分使用。)

2. 汉语动词小类的细化教学

由上述例句可见,学习者偏误的形成主要涉及汉语动词小类的具体使用、制约条件等问题,另外,汉语动词、名词的词类分界没有标记,这也是造成词类混用的原因之一。因此,汉语教学只讲解动词的一般用法,很难解决学生的实际问题,需要更多动词小类具体用法的细化教学。如"切开","切"在汉语中是具体操作类动词,内含工具、方式特征,这跟一些语言的差别较大,学习者受母语影响,会出现一些冗余或缺失的表达。例如:?他用刀切西瓜,分给了大家。这句话更合适的表达应为:他切开西瓜,一人一块分给了大家。

下面我们按动词特征分出以下动词小类(见表6-1):

表 6-1 动词的小类

序 号	类 别	特征分类	例 词	教学指要
1	一般动作行为类动词	动作类动词	说、听、看、吃、喊	一般动作行为类动词需注意与具体事物、抽象事物的搭配。
		行为类动词	学习、研究、宣传、考察	
2	心理类动词	喜爱心理	喜欢、爱、羡慕、敬佩	心理类动词需注意积极、消极等感情色彩的表达。
		怨恨心理	恨、讨厌、厌恶、嫉妒	
3	移动类动词	自身移动	跑、走、爬、飞、游	移动类动词需注意与移动性动量、移动的相关处所等的搭配。
		物体移动	运、搬、移、迁、拖	

续表

序号	类别	特征分类		例词	教学指要
4	状态类动词	身体状态		坐、躺、蹲、跪、站	状态类动词需注意与状态存在处所、时态等的搭配。
		物体放置状态		贴、晾、摆、存、陈列	
		生长状态		栽、种、长、生、开	
5	操作类动词	工具类操作		切、砍、锯、剪、割	操作类动词需注意操作的具体制约条件及其后所带成分的构成类型。
		处所类操作		戴、镶、别、描、画	
		束缚类操作		捆、绑、扎、糊、封	
		加工类操作		炒、煎、搅、铸、车	
6	言告类动词			宣传、介绍、说明、解释、保证、道歉、表示	言告类动词常与"向"组成介词短语来引介对象。
7	存现类动词	存在类		有、在	存现类动词需注意处所性话题类型及其描述功能。
		隐现类		增加、减少、出现、消失	
8	趋向动词	单纯	空间处所	下、进、出、回、起	趋向动词需注意对其本义、引申义的理解，以及动作与趋向关系和宾语类型。
			说者位置	来、去	
		复合趋向		上来、过去、离开、起来	
9	能愿动词	可能类		能、能够、可以、会	能愿动词需注意对其所表达的各种意愿的理解及其后所带成分的功能。
		意愿类		要、想、情愿、肯、敢	
		必要类		应该、应当、该、得	
10	复指类动词	互复指		互助、对话、相约、相差	复指类动词需注意主语所含的数的意义，以及构词类型。
		共复指		商量、讨论、协商、联欢	
11	方向性动词	给予类		给、送、还、赠、教	方向性动词需注意授受方向与施者、受者的语序。
		夺取类		偷、买、问、抢、罚	
		双向类		借、分、租、调	
12	使令动词			使、叫、派、命令、强迫	使令动词需注意施受关系、致使对象、动作的先后等。

续表

序号	类别	特征分类			例词	教学指要
13	判断动词				是、姓、等于、属于	判断动词需注意属性等同关系、构句类型、时态和意义等制约条件。
14	形式动词				进行、加以、予以	形式动词需注意与实际动作的关系。
15	称认类动词				称、认、选、封、算	称认类动词需注意构句类型和时态等制约条件。
16	认知类动词				认识、知道、以为、懂	认知类动词需注意时态、动量等制约条件。
17	感觉类动词				感觉、觉得、感到	感觉类动词需注意时态、动量、宾语及宾语类型等制约条件。
18	遭受类动词				遭、受、挨	遭受类动词需注意其所含的被动和不如意的意思。
19	是否可及物	不及物动词			休息、生活、出发、劳动	不及物动词与及物动词需注意其后是否带宾语及所带宾语的类型，尤其需注意只能带名词性词语或带谓词性、小句类的宾语类型。
		及物动词	体宾类		喝、写、树立、修理	
			谓宾类		打算、主张、建议、开始	
			体谓宾类		学、看见、喜欢、相信	
20	是否可持续	可持续			读、开、继续、奋斗	可持续动词和不可持续动词需注意与时态、时量补语的搭配。
		不可持续			掉、死、离开、成立	

续表

序 号	类 别	特征分类	例 词	教学指要
21	是否自主	自主类	拉、打、帮助、经营	自主类动词与非自主类动词需注意其主体能否控制动作状态。
		非自主类	忘、懂、听见、着迷	
22	离合动词	动宾式	毕业、散步、考试、生气	离合动词需注意构词成分离与合的不同使用条件和可插入成分等。
		动补式	看见、打倒、完成、推翻	

以上分类没有采用完全一致的角度或标准,是从汉语教学的角度做的分类。汉语教学主要梳理的是动词的语义、语法、语用特征。例如:从句法制约条件上看,移动类动词大多可与动量词"趟"或处所词语组合,构成"V$_{移动}$+(一)趟"或"V$_{移动}$+介词结构$_{处所}$"的结构;可持续类动词可以构成"正/在/正在+V+着(呢)"结构;从句法功能上看,自主类动词能构成"来/去+V"或者"V+来/去"的表祈使、意愿或目的等的句子。总之,动词小类的细化教学可以更有针对性地帮助学习者掌握动词的用法。

3. 动词小类的教学要点与策略

3.1 "切、砍、别、贴、剪、削、扔、投"等操作类动词的教学要点

这类动词在教学中需要突出的是动词内含的具体动作方式。汉语属于重意义的语言类型,具体操作类动词的一个动作与另一个动作的区别往往因不同的工具、方向、力度、人与事物的关系等而有所不同。动作的具体模式不同,所带的事物也会不同,对动作的修饰、补充成分也会有差异,因此就出现了动词与其所带成分、与修饰补充成分之间的选择搭配问题。如"切""砍""剪""削"都有采用工具使物体分离的意思,但它们所采用的工具、使用工具时的力量和动作方向都不同。

"切"需要用刀类工具,动作方向一般是向下,无须用太大的劲儿就可使物体分开。因此,搭配的受事是不太坚硬的东西,如菜、肉、苹果、面包等。石头、木桩、金属一般不与"切"搭配,如果搭配的话,就要受到其他条件的制约,如使用电锯这类不需要人使出很大力气的工具等。

"砍"则是需要使用力气的动作,工具可以是大一些的、重一些的刀、斧一类的。或者说,动作是勇猛的或凶狠的。

"剪""削"不仅使用不同的工具,同时还改变了动作的力度和方向——轻而非向下。

"扔""投"都有事物离开主体之义,但"扔"无目标性,动作主体做动作时较随意;"投"则不同,动作主体做动作是有目标的,所以,"扔"的事物多为舍弃物,"投"的事物多为非舍弃物。从目标点来说,"扔"可以是无目标点的,也可以是有目标点的,如专门放置废弃物的地方;"投"则有明确的目标点,如"投"手榴弹、铅球、标枪等,"＊扔弹/＊投废纸"等则不能说。同时,"扔"一般不与含目标义的补语构成如"＊扔中了"的组合;"投"一般也不与无目标义的补语构成如"投掉了"的组合。

动作"切""砍"与"别""贴",其具体动作方向正好相反。"切""砍"是远离主体的方向,"别""贴"是趋近主体的方向,所以该类动词带有方向性补语时,有不同的选择关系或表示不同的组合意义。例如:

切/砍 $\begin{cases} *\sim住——(*切住\quad *砍住) \\ \sim下/开——(切下/开\quad 砍下/开) \\ \sim下来/下去——(可表分离意义,也可表时间意义。) \end{cases}$

别/贴 $\begin{cases} \sim上/住——(别上/住\quad 贴上/住) \\ *\sim下/开——(*别下/开\quad *贴下/开) \\ \sim下来/下去——(不表分离意义,可表时间意义。) \end{cases}$

3.2 "见面、互助、交谈、合作、联欢"等复指动词的教学要点

复指动词如:

  见面 交谈 合作 联欢 对话 相隔 互助

  商量 谈话 搭伴 结伴 讨论 协商 共享

这些动词的最大特点是:隐含复数的意义,因此限定了陈述主体应为复数,即通常与含[＋复数]语义特征的词语或短语搭配。例如:

  A①我们见面了。 B①＊我见面(他)了。

  ②你们交谈过吗? ②＊你交谈过吗?

  ③大家共享快乐。 ③＊一个人共享快乐。

  ④两校相距很远。 ④＊学校相距很远。

  ⑤我跟她搭伴走。 ⑤＊我搭伴走。

该类动词内含不同的"数"的情况,有的只含双数的意义,有的则含多数(2以上的数)的意义,这也会对搭配成分和句式结构产生影响。

3.2.1 对主语的制约

(1) 主语可直接由含复数意义的词充当。例如:

  你们、咱们、大家、群众、学生们

(2) 主语由两个或两个以上表示单数意义的名词性词语借助"和""跟"等构成"N_1＋和/跟＋N_2"结构。例如:

  你和朋友、中国跟美国

(3) 从组合的选择关系上看,只含有双数意义的复指动词,一般不与表多数意义的名词性成分组合。例如:

  (31)＊群众结婚了。

  (32)＊大家两便吧。

反过来,只表示多数意义的复指动词也不能与由"俩"构成的名词性成分或"单数名词+单数名词""单数名词+跟+单数名词"的结构形式组合。例如:

(33) *他们俩正在会演。

(34) *我和小王汇集在老师身旁。

(35) *我正在跟王刚联欢。

(4) 有限复指动词(数是可数尽的)的主语能够接受"数"的修饰限制,无限复指动词(数是不可数尽的)一般不接受"数"的修饰限制。例如:

(36) 十几个红领巾轮流照顾老人。

(37) 几个派别的工人终于联合起来了。

(38) *成千上万的英雄辈出。

3.2.2 对谓词修饰语的制约

有限复指动词根据内含的数可分为两类:互复指动词内含双数意义,共复指动词内含多数意义。

(1) 互复指动词突出的是集体中的个体之间、一方与另一方之间的相互关系,并把原有的个体合成集体,所以一般不能与"一起""共同"等建立组合关系。如:

(39) *中美两国领导人将于年内一起进行互访。

(40) *我和他共同对调。/ *小王和小孙共同对调。

而共复指动词则通常可以接受"一起""共同"的修饰。例如:

(41) 我们一起搭伴去北京,好吗?

(2) 复指动词与"都"

关于副词"都",王还先生曾在《再谈谈"都"》(1988)一文中指出:

"'都'是不是指事物的全体,结论是不是,而是指事物的每一个。"能够有力地证明"都"具有遍指全体中个体的典型句型,是带有任指性的"每"和任指疑问词构成的句子。例如:

(42) { 小明、小亮、小刚都长得很结实。
每个孩子都长得很结实。/哪个孩子都结实。

正因为"都"突出集体中的每一个个体,所以如果指的是双方内部,就不能与"都"组合了。例如:

(43) *他和小王都交谈过。/ *两个楼都相隔20米。

(44) *我们都包围了敌人。/ *我们三个队都联合了。

*我们班今天晚上都联欢了。

3.3 "拾、取、记、送、付、忘、借"等方向性动词的教学要点

汉语中某些动词会涉及得到者、失去者等要素,这意味着该类动作会使某物发生位移。我们把动词中使某物离开施动者、向外位移的语义特征称为"外向义",把使某物向内位移于施动者的语义特征称为"内向义",把内移、外移兼而有之的特征称为"双向义"。例如:

"外向义"特征:扔、卖、交、送、退、献、捐、付、发、嫁、赔、输、赠、教、忘、推荐

"内向义"特征:拾、买、收、偷、抢、骗、夺、取、娶、扣、得、罚、赢、占、记

"双向义"特征:借、租、换、调、分

由于语义直接影响着语法的组合搭配规律,因此,含有内向义、外向义、双向义等不同语义特征的动词,在语法结构规律上也会呈现出不同特点。

3.3.1 内向义、外向义动词与"给 NP"

内向义动词后一般不直接与"给 NP"组合,"给 NP"可以出现在内向义动词之前,以引介动作所涉及的对象。例如:

(45) 我给你要书去。　＊我要给你书去。

(46) 他给我取了包裹。＊他取给我包裹。

外向义动词动作的方向是向外,含有"给予"的语义特征,与"给 NP"连接动词后所具有的外向性是一致的,因此一般可以与"给 NP"组合。例如:

(47) 我踢给他一个球。

(48) 他把那辆自行车处理给我了。

3.3.2 "着(zháo)"和"住"

"着(zháo)"和"住"作为结果补语都含有与施事者相接触的特点,因此可与某些内向义动词组合,一般不与外向义动词发生动补组合关系。例如:

拾着了　＊送着了　买着了　＊卖着了
抓住了　＊推住了　记住了　＊忘住了

3.3.3 "掉"和"丢"

"掉"和"丢"作为结果补语,都含有"失落"或"遗失"等外向义的语义特征,因此它们常常附在某些外向义动词后,补充说明外向动作产生的结果,一般不与内向义动词搭配。例如:

输掉　　＊赢掉　　忘掉　　＊记掉
送丢了　＊得丢了　寄丢了　＊收丢了

3.3.4 双向义动词

双向义动词具有双重方向,可以通过添加方向性成分来确定移动方向,从而避免歧义。例如:"学校租给我一套房子",通过添加"给我"确定其往"我"的方向外移,如果只说"学校租了一套房子"就会产生歧义。

3.3.5 注意理解深层语义特征及其内在关系

教学中,教师让学生了解此类动词所涉及的位移方向不仅有助于探究其语法结构规律,还有助于深入理解句子成分之间的深层语义特征及其内在关系。如"裁"可以说"裁给他一块布",却不能说"裁给他一件衣服",这是为什么呢? 学生会感到疑惑,而利用方向性特征就可以解释这一组合现象。"裁给他一块布"的"裁"是从一块布料上剪下来一块布的意思,该义项含外向义,故能构成"V 给 NP"结构。而"裁衣服"的"裁"着重于照样子剪的过程,凸显的是剪的方式,不具有外向义,故不能构成"V 给 NP 结构"(卢福波,1994:83)。

再如"买到""送到"。从表层结构看,它们都是由"V＋到$_{结果}$"构成,似乎具有相同的组合、聚合关系。但是,深入分析则发现,其深层语义关系并不相同。"买"是内向义动词,"到"作为结果补语补充内向义的"买",只是"到手"的意思,因此"买到"的"到"可理解为"得到"。"送"是外向义动词,表示的是向外移动离开的意义,"到"作为它的结果补语,不可能是"得到"的意思,而只能是离开后到达目的地的意思。因此,"送到"后边可连接表示处所义的名词性成分,如"送到家""送到火车站"。"买到"后边连接的对象一般为所得到的事物类名词性成分,如"买到书""买到汽车"。

3.4 "跑、爬、运、搬"等移动性动词的教学要点

移动性动词如:

  跑、走、爬、飞、游、来、去——(表自身移动。)

  运、搬、移、迁、拖——(表物体移动。)

该类动词均具有自身或通过动作使物体发生位移的特点,即做该

类动作一定会发生位置的改变——自身或物体由甲位到乙位,由此决定了该类词与其他类词在搭配组合上的差异。例如:

她走出车站——("她"因自身移动引起自身位置的改变,从车站里到车站外。)

拖到门外——(一定有实施"拖"的主体和被拖的人或物,被拖的人或物位置发生改变,从门里到门外。)

3.4.1 与处所词语发生组合关系

该类词表示位移后,首先会有到达处所问题,因此从结构上,常会连接处所性介词短语,而且为了表示位移的动态性,其介词常用"到"引介。一般情况下,不用表静态处所的"在"引介。例如:

跑到操场上　　爬到外面　　运到广西　　拖到车上
＊跑在操场上　＊爬在外面　＊运在广西　＊拖在车上

反之,如果动词不是表示位移,而是表示一种静止状态,那么选用介词"在"引介的可能性就很大。例如:

坐在主席台上　躺在沙发上　摆在窗台上　存在银行里

3.4.2 与移动性动量相联系

汉语中动量词"趟"的义旁就是"走"字,说明其成字时就凸显了移动的意义。它的这一意义特征与移动性动词的位移性一致,因此移动性动词一般都能与表示动量的"趟"组合。例如:

跑/爬/运/搬十一趟

而非移动性动词在连接动量"趟"时就会受到很大限制,甚至根本不能组合。例如:

＊切/投/吃/睡/研究/交谈十一趟

"买"本身不表示移动性,但与"一趟"组合后,就间接表示了移动性,因为要实施"买"的动作就要到买的地方,含有事实上的移动,所以能够组合。

3.5 关于离合动词的教学

3.5.1 关于离合动词

汉语中有一部分词比较特殊,它可以有限制地扩展,与可插入成分组合。例如:

(49)我们昨天下午见面了。/我们下午见了一面。

(50)领导要跟我谈话。/领导要跟我谈一次话。

这种现象使该类词的语法单位归属一直处于两难境地——词还是短语?在汉语教学中,对此也一直存在着一些不同的处理方式。这里还是采取学界较有共识的一个概念——离合词。离合词的形成既受汉语词汇发展演变过程中双音节化的影响,又受汉语动宾、动补结构关系的影响,是词义上的凝聚性与语法联系上的松散性相矛盾的体现。

动宾之间的成分存在着两种不同的关系:一种是与"动"的关系,一种是与"宾"的关系。由于各自的功能不同,与之相组合的成分也不同。"动"必然与动态、动量组合,所以"动"后可能出现"了/着/过""动量/时量"等成分;"宾"可能与名量、代词等限制成分发生关系,所以"宾"前可能出现"名量/代词"等修饰限制成分。这样就使动宾式结构关系的动词插入相应成分时,动宾分离。这一现象也反映了汉语语法系统中的一种特有现象:词的结构、短语的结构、句子的结构基本一致。动宾关系是离合词中的主流,动补结构只占极小的比例,所表示的关系也相对单一——与可能式有关。下面主要谈谈动宾式离合词的教学问题。

3.5.2 离合词的教学要点与策略

3.5.2.1 学习离合词的主要问题

(1) 学习者分不清哪些是离合词,多数情况下把离合词当作普通动词使用。例如:

(51) *我的朋友今天回国,我去机场送行他了。

(52) *你们玩吧,我想睡觉一会儿。

(2) 学习者不了解离合词离合的原理,就不能触类旁通,得不到理想的学习效果。

(3) 学习者错误地认为离合词就应该分开使用,所以不管什么情况,一概分开使用。例如:

(53) *妈妈总是把我当成孩子,为吃穿用操我的心。——(妈妈总是把我当成孩子,为我的吃穿用操心。)

3.5.2.2 离合词教学应突出的方面

(1) 教师从原理上帮助学习者分辨哪些是离合词,哪些不是,讲清动宾式结构关系。

离合词的动宾结构关系较之临时组合的短语要更紧密些,而且充当"宾"的语素也多为非自由语素,所以可以让学习者对比动宾短语来理解。例如:

a. 吃什么?——吃苹果。写什么?——写作业。

b. 吃什么?——吃饭。 写什么?——写字。

c. 见什么?——见面。 行什么?——行礼。

d. 送什么?——送行。 帮什么?——帮忙。

a组是意义非常实在的短语,容易理解其动宾关系;b组情况不一定,本体研究中对此争议较大,通常认为是短语,主要理由是动宾之间可扩展的自由度比较大,甚至"饭""字"都可以较为自由地独立充当句子成分。在汉语教学中,学习者也相对容易理解其动宾关系。但是,因为学习者学习的目的不是研究汉语,而是应用汉语,归属于词还是短语对他们而言并不重要,重要的是理解其动宾关系。b组相对于a组在意义上要抽象一些,这对于他们理解真正的离合词,会起到一个很好的过渡作用。c组、d组是真正的离合词,教师可以让学习者了解离合词的两个语素所形成的意义比短语要凝固,"吃醋""洗澡"已形成特定意义,而"吃苹果""洗衣服"却不是,"苹果""衣服"的意思很清楚,所以它们本身就是词。多数离合词结构中,有一个语素主要是充当"宾"的语素,可能是非自由的语素。如"见面"的"面"、"鼓掌"的"掌"等等,现代汉语中,这些成分基本上是不成词语素,通常不能单独充当句法成分,因此它们在可扩展上受到很大限制,典型的离合词在这一点上跟短语明显不同。从a组到b组再到c、d组,教师可以让学习者了解它们的动宾关系。由于动语素与名语素之间存在语法上的动宾关系,而且多数离合词没有演变到完全词化的程度,所以该类词的后边一般还是不能再带宾语。

(2) 教师让学习者从功能上了解离合词能做什么扩展和什么时候扩展。

离合词的扩展规律主要取决于各构词语素的功能作用。从这一角度说,离合词的教学不宜在汉语水平太低的阶段进行,学习者应初步掌握动补、动量、定中等结构类型和语法功能后再进行离合词的学习。

离合词由于其结构、意义的凝固性和特定性,所以它一般只在上述可能的插入成分中选用必要的动量、结果和限定性成分,通常不选用描写性成分,如情态补语、描写性定语等。

扩展大多局限于以下的情况:

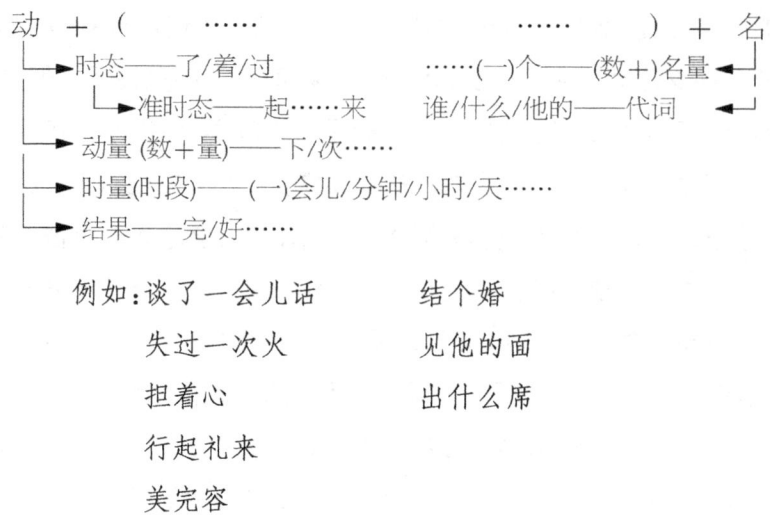

例如：谈了一会儿话　　结个婚
　　　失过一次火　　　见他的面
　　　担着心　　　　　出什么席
　　　行起礼来
　　　美完容

也可能同时出现可与"动"组合的成分（"动"后）和可与"名"组合的成分（"名"前）。例如：

　　　帮了|他的一个忙　　　帮了一次|他的忙

离合词会根据表达需要，动宾直接组合，也可以与各自可能的成分组合后再与宾语组合。使用离合词时，如果要突出"动"的动量、结果等，就需要把这类成分添加到"动"后；如果要突出"名"的数量、代词等限制成分时，就需要把这类成分添加到"名"前。

此外，还有动词的重叠形式。动词重叠只属于动作，不属于动词后所带的"名"的成分——宾语，所以当构成重叠形式时，只重叠"动"的部分，不重叠"名"的部分。例如：

　　帮帮忙　举举手　理理发　鼓鼓掌　洗洗澡　送送行

总之，离合词教学要从功能的角度来学习构词语素形成离合的原因及规律，掌握可插入成分的主要形式。

4. 动词重叠式的教学要点与策略

动词重叠是汉语动词中的一种语法现象。动词重叠式与非重叠式的核心区别是时间上的短时与非短时,再由短时引发轻微、轻松而随意等的语法意义。因此,动作性不强的动词,一般不能进行重叠。如判断动词、能愿动词、趋向动词、形式动词等。

4.1 动词重叠式语法意义的认知解释及教学角度

动词重叠式语法意义的理解可从短时、微小量和模糊性入手,进行认知解释。

4.1.1 动词重叠式的短时义及其他

动词重叠式所表示的短时义,是通过将一个经常性的动作(动词原形)切割成若干微小段来实现的。如图6-1:

经常性的动作 ———————————— 如:看
无时间量度刻画(想表示某种时间状况需加入相应的词或变式)

动词重叠式 ||||| 如:看看
有时间量度刻画

图 6-1

可见,将动词重叠起来,正是这种意义的临摹现象,将一个经常性的动作切割成若干距离不等的微小段,使时间变短了、变碎了。由于它的短时量没有明确的量度刻画,所以其短时义便具有了一定的模糊性。无确定量的短时可能是轻微的动作,也可能是随意的动作,这样的动词重叠式就又引发出轻松随意的意义(卢福波、吴莹,2005)。因此,动词重叠式所表示的语法意义就复杂起来,可用的语境条件也不仅仅限于短时意义。

动词重叠式的短时义应该是其最核心的意义,由此衍生其他意义,所以教师教学时应首先让学习者理解其短时义。例如:

(54) 我看看就还你。——(用表示前后动作紧密衔接的"就"来搭配。)

(55) 他拿起书架上的一本小说翻了翻,觉得没什么意思,就放下了。——(用动词重叠的变式"A了A"与"就"搭配。)

动词重叠式的尝试意义与短时意义有关,尝试的动作一般也是短时的,相对随意,所以从动词重叠式的短时性和目的性弱的随意性特点去认知解释,学习者就容易理解和接受。例如:

(56) a. 不知道菜的咸淡如何? b. 我尝尝。——(短时而随意。)

(57) 我也不知道能不能修好,修修看吧。——(随意,非确定性。)

4.1.2 动词重叠式缓和语气的作用

动词重叠式具有缓和语气的作用,这一点也可以与短、轻、随意等意思相联系。动词重叠式没有强制而明确的任务要求,给听话人一定的自主选择的余地,不给听话人太大压力,因此比起非重叠式来,它在语气上较缓和。从语用功能上更能表现出说话人的礼貌态度,所以这种表达显得相对谦虚、得体。例如:

(58) 你给我说!——(一种强制命令)

你给我说说。——(一种态度殷切的请求)

(59) 我想学。——(态度比较坚决)

我想学学。——(态度比较和缓)

因此,在请求类祈使句里,句中的主要谓语动词大多不使用光杆儿动词,在形式上多使用动词重叠式或动词后加表微小量的"一下"等形式。另外,句末用语气词"吧"的频率也较高,因为"吧"含有商量的语气。例如:

(60) 小李!帮帮忙!/帮一下忙!/你教教我吧!

日常生活中,使用请求句的频率很高,学习者由于不明确使用动词重叠式或"V一下"等形式的语用功能,从而出现表达不得体的偏误。

例如:

(61) *老师,你给我看我的作文。/ *老师,你给我读这个词。

(62) *服务员!给我开门!

因为动词重叠式还具有不确定的随意性语义特征,它也常用于确定性或计划性不强的意愿句、期望句中。例如:

(63) 我想去看看他。

(64) 我们打算去那里参观参观。

刘月华(1983)注意到动词重叠的语用功能。她把动词重叠式分为已然、未然两类用法。已然用法多见于叙述句,描写作用大于叙事作用;未然用法多见于对话,大多是表祈使意愿或致使性的句子,起缓和语气的作用。多数可重叠的动词只在未然用法上重叠,而且有祈使、意愿、期望这一类语用条件和缓和语气的语用功能。可见动词重叠的语用功能明显优先于语义功能(刘丹青,1995)。

4.1.3 动词重叠式表随意性

动词重叠式的随意性意义使动作量是非限定性的和模糊的,因此可用来表达计划性不强的事情。例如:

(65) 星期天洗洗衣服、收拾收拾家,一忙就是一天。——(举例说明忙的是什么事。)

(66) 晚上大家在草地上唱唱歌、跳跳舞、聊聊天儿,很是惬意。——(举例说明惬意的样子和原因。)

为了说明一种情况,通常举例后有一个总的概括,基本形式为:

动词重叠式(例举性)+动词重叠式(例举性)+总括说明句

这种用法还可用"动词重叠式(例举性)+例举标记"的形式,用例举标记来表示多种情况。例如:

(67) A：离开车还有两个来小时,我们干点儿什么好呢?
B：逛逛商场什么的吧。

4.2 动词重叠式对句法结构的制约性

由于动词重叠式在叙述句中主要表示短时的语法意义,所以不能与其语法意义不一致的表时成分同现。

(1) 与"了/着/过"相矛盾。

使用动词重叠式后,动词后和句末不能再出现"了/着/过"。

(68) *他们进来后坐也没坐,看看了,就走了。
(69) A：你们没在北京参观参观吗?
B：我们参观参观过故宫、天坛。

(2) 与进行意义的时间副词或表持续的"着"相矛盾。

动词重叠式前不能受具有进行意义的时间副词"正""在""正在"等修饰。

(70) *他正在听听着音乐。
(71) A：你在想什么?
B：*我在想想毕业后该做什么。

(3) 与动结、动量等形式相矛盾。

汉语中结果补语、动量补语表示的是一个时间轴上的截止点,与动词重叠式所表示的时间意义不一致,所以动词重叠式后不能连接结果补语或动量补语等。例如:

(72) *现在还没研究呢,等领导研究研究好再通知你。
(73) *我太累了,坐坐一会儿再走。
(74) *请稍等,我去去一下就回来。

(4) 动词重叠式不能充当修饰限定语。

修饰限定语起到的是修饰限定作用,与表时无关,而且,动词重叠式还有其他的附加意义,所以一般不能充当修饰限定语。例如:

(75) *我看着到处走走的他,心里很着急。

(76) *同学们刚才练习写写的字都放哪儿了?

总之,动词重叠式所表示的几种语法意义是相互关联的,语法意义、语义与语法形式也紧密相关。教师从"短时—轻松—随意"的角度进行解释,把语法意义、语法形式和语用特征整合起来教学,会使学习者更好地理解并掌握。

5. 汉语动词教学中的其他问题

(77) *我喜欢长大以后做一名教师。——(喜欢人或事物,不表愿望。)

(78) *这次北京旅游让我宝贵的体验。——(使令动词"让"要带谓词性结构。)

(79) *我父亲经营加油站,我母亲帮助。——("帮助"后缺宾语。)

(80) *听说秦始皇做了长城。——("做"和"造"混淆。)

第二节 形容词及其短语的常见偏误、教学要点与策略

汉语教学中,学习者习得形容词的主要问题是:不了解汉语形容词与其母语的形容词在用法上的差异,不了解汉语表性质的形容词与表状态的形容词具有完全不同的使用规则。这些问题是学习者出现偏误的主要诱因。另外,形容词的褒贬色彩等也是学习的难点。下面我们

以一些学习者的常见偏误为例。

1. 学习者习得汉语形容词时的常见偏误

1.1　将汉语中的动词"是"当作母语中的系词用

(1) ＊第一个去的是国际大厦,那儿是很漂亮。

(2) ＊从世界地图上我们知道中国是很大。

1.2　本为叙述、描写,却用了暗比性的表性质用法

(3) ＊那儿日本公司的办公处多。/＊停电了,房间里面黑。

(4) ＊我觉得在中国商店买东西愉快。/＊中国的名胜古迹都壮阔。

(5) ＊我们班同学都学习得努力。/＊她一双水汪汪的大眼睛长得漂亮。

性质形容词单独做谓语、补语时往往含有暗比性,所以在没有对照、比较的句子里,其前一般需用程度副词"很"等加以修饰,使其具有描写性质。

1.3　关于"的"

单音节形容词单独做定语,大多无须加"的";双音节形容词做定语,大多要加"的";"副词＋形容词"构成的形容词性短语,一般也要加"的"。

(6) ＊他买了一套新的房子。

(7) ＊他是一个认真人。

(8) ＊他既是我们很好老师,也是我们很好朋友。/＊他是一个不好服务员。

"很""不"等与形容词构成短语充当定语,后面一般加"的"("多"除外)。

1.4　表计数的"多"与"少"做定语的问题

(9) ＊要是老百姓都生多孩子,那可就不得了了。

(10) *故宫使用各样颜色,日本的建筑不使用多颜色。

"多""少"又被称为数量形容词,一般不能单独做定语修饰名词。做定语时通常要与副词结合——常加"很",后面可以不加"的"。如"很多朋友",不说"*多朋友",也无须说"很多的朋友",这一点跟普通形容词不同。

1.5 性质描写句用了表动态变化的"了"

(11) *我们去北京烤鸭店吃了烤鸭,烤鸭很好吃了。

1.6 形容词重叠式与"的"

双音节的性质形容词和形容词重叠式或带重叠词缀的形容词做情态补语时,大多要在其后加上"的",增强其描写性。

(12) *她今天打扮得漂漂亮亮。

(13) *菜做得香喷喷,一闻就知道好吃。

1.7 状态形容词

状态形容词主要是双音节的状态形容词和形容词的重叠式,它们起到的是深度描写或增强描写的作用,不能再与程度副词组合。

(14) *学校里有很笔直的路。/*北海道的冬天很冰冷。

(15) *同学们都很高高兴兴地走上汽车。/*她很认认真真的样子让我感动。

1.8 形容词选用有误

(16) *虽然她很小,但是很礼仪。——(误把名词"礼仪"当作形容词用。)

(17) *我爸爸做很多家务,非常温柔。——(形容词"温柔"用于女性,有性别限制。)

(18) *他是个顽强的人,明明做得不对也不改。——(形容词

"顽强"有褒义色彩,而此处是贬斥的态度,应选用有贬义色彩的"固执"。)

(19) *几十名孤儿在那儿再一次感受到了家的温和。——(形容词"温和"用于描写性格、性情,此处表示家的舒服和睦,应选用"温暖"。)

另外,观察、思维角度不同,选词角度也受到影响。例如:

(20) *那儿的湖很广、很美。——(从占据立体空间的角度,汉语通常用"大"。)

(21) *我对故宫的印象很宽。——(汉语中"印象"通常与形容词"深"或"深刻"搭配。)

(22) *那儿老师的待遇很穷。——("待遇"是一种水准,汉语中用"高/低"表示。)

(23) *中国的人口很大。——(指的是数量的多少,汉语应选用"多"。)

(24) *人口问题很厉害。——("厉害"是用来说明性格、态度和严重的病症的,或指某种情况让人难以忍受、对付。因此应选用"严重"来说明问题的程度。)

(25) *他自信心很好。——(自信心要用"强"来描写。)

(26) *在北京我们日程忙死了。——("忙死了"是对人而言的,对"日程"而言,应该说"安排得很满"。)

日本学生受到日语汉语词和汉字的影响,会出现选错词的现象。例如:

(27) *冬天的长城,给我的印象是很寒。——("寒"应改为"冷/寒冷"。)

(28) *参观故宫的时候,我感慨深了。——("感慨"不与"深"

搭配,可用"感慨万千"等来表达。)

2. 汉语形容词及其短语教学的几个主要方面

2.1 汉语形容词中的性质形容词与状态形容词

汉语形容词是谓词的一种,其基本功能不仅仅能够充当谓语,用来描写情状,还能用来进行修饰和补充,充当定语、状语和补语,所以,形容词在汉语中是一种功能较多的词类。在形容词教学中,我们首先要了解它的两大分类——性质形容词与状态形容词。它们虽然都是形容词,但在语法功能上却有着较大的差别。主要差别如下:

(1) 汉语谓词通常能够接受副词"不"的修饰,这一点与体词相对。作为谓词之一的形容词也不例外,但这通常指的是性质形容词,状态形容词则不可以。例如:

性质形容词:不高　不贵　不难　不友好　不富裕　不高雅
状态形容词:＊不雪白　＊不滚烫　＊不亮晶晶
＊不整整齐齐

之所以存在这种差异,是因为性质形容词仅从事物的情状角度表示其性质,如果说话人并不认为性质如此,就可以否定。状态形容词则不同,它的作用是描写,描写的是客观现实的样态,所以无须用"不"否定,可以用否定性判断构成否定判断句,如"不是滚烫的/不是整整齐齐的"等。

(2) 形容词多数能与程度副词组合,这通常指的是性质形容词,状态形容词不能跟"很"等程度副词组合,包括程度补语。这是因为状态形容词自身已含有程度义,如"雪白"表示像雪一样白,"像雪一样"含有较高的程度义;重叠形式,如"白白(的)"本身就是一种增量形式,因此在描写状貌时会起到强调的作用。状态形容词有以下构型:

表程度的语素＋单音节形容词→笔直、冰凉、滚圆、血红、飞

快、稀烂、喷香、死沉

单音节形容词＋重叠后缀→绿油油、亮晶晶、恶狠狠、静悄悄、乱哄哄、冷飕飕

自身是重叠形式→茫茫、朗朗、羞羞答答、慢慢悠悠、密密麻麻

形容词＋其他词缀→土里土气、糊里糊涂、黑不溜秋、傻啦吧唧

性质形容词构成重叠形式后,具有状态描写性质→舒舒服服、仔仔细细

可见,状态形容词都有增量形式,所以不与程度副词组合。例如：

*很笔直/*十分绿油油/*特别土里土气/*非常舒舒服服
*笔直得很/*绿油油极了/*羞羞答答得不得了

(3) 性质形容词可以接"了""着""过",用以表示某种性状的出现、持续或曾经有过或存在过的状态。例如：

苹果已经红了。/屋里的灯还亮着。/她以前胖过,现在瘦了。

而状态形容词只表示一种客观样态,所以不与"了/着/过"组合。

(4) 汉语的比较句是用来比较性质的,所以状态形容词不能用于比较句。例如：

他比我站得直。　　*他比我站得笔直。
我比他傻。　　　　*我比他傻乎乎的。
这里没有那里清静。　*这里没有那里清清静静。

另外,一般性质形容词重叠后,也同样具有状态形容词的语法特征。例如：

不漂亮　　*不漂漂亮亮
很老实　　*很老老实实
红着脸说　*红红着脸说

可见,形容词教学中,如果只泛泛提形容词,学习者在性质形容词和状态形容词不分的情况下,很容易形成形容词规则的泛化,从而出现大量偏误。所以教师要根据学习者的水平,适当进行区分,避免产生偏误。

2.2 性质形容词单独做谓语和"很+形"格式

2.2.1 性质形容词单独做谓语的暗比性

汉语形容词跟英语、日语等一些语言有所不同,即它可以单独直接充当句子的谓语,英语、日语等为母语的学习者受到母语影响,在学习汉语形容词初期,总是习惯性地在形容词前加上"是"(将"be"等同于"是"或将"です"等同于"是"等)。针对这一现象,教师在一开始讲解形容词用法时,就要明确地告诉学习者汉语形容词可以单独直接充当句子谓语的功能特点,并通过强化训练,让学习者打下牢固的基础。

汉语的性质形容词可以单独做谓语,但却要注意它的暗比性。例如:

(29) 今天凉快。——(说话人说此话时,与昨天进行了比较,昨天热。)

(30) 这孩子人小鬼大。——(其中"人小"与"鬼大"形成比较。)

这是无标记的比较,不属于严格意义上的比较句,因此学习者容易忽略,出错率较高,可见这是形容词的难点之一,教学时需要重视。

朱德熙先生(1982)说:"性质形容词单独做谓语含有比较或对照的意思,因此往往是两件事对比着说的",但"只有在语言环境能显示出比较或对照的意义时,这一类格式才能单独出现"。朱德熙先生不仅明确了这一用法的语法意义,还强调了这一用法的语用环境。

2.2.2 做谓语的"很+形"格式

说话人使用性质形容词做谓语或补语时,如果并不想表达暗比的意义,只是想做一种说明、评价、描写等等,在一般情况下,应用"程度副

词+性质形容词"的结构,典型格式即"很+形"格式。例如:

(31) 这里的村民对我们非常热情。

(32) 他的汉字写得很漂亮。

学习者往往对"很+形"格式所表达的意义有误解,认为只有表示高程度的比较,才使用"很"。这种比较级意识显然是受母语的影响。汉语没有比较级的语法标记,其比较的不同程度主要依赖于程度副词。但是汉语的程度副词不仅仅表示程度差异,还有词汇意义的差异和其他附加意义(如色彩等)的差异,所以不能简单地等同于某些语言中的比较级形式。

汉语"很+形"格式可以归纳为两种一般性用法:

(1) 以此区别于性质形容词单独做谓语可能产生的暗比性,形成一种客观性的评价与描写,这里的"很"不凸显程度,可以轻读。

(2) 确实表达了很高的程度,为了凸显程度,"很"可以重读。

显然,不同的语法形式表示了不同的语法意义。教学时,教师要从认知角度让学习者理解其语法形式,并掌握不同语法形式所适用的语言环境,学会准确、得体地运用汉语。

2.3 形容词与"的"

形容词与"的"的关系主要表现在形容词做定语的用法上。形容词做定语可能是形容词使用率最高的语法形式了,因此掌握这一用法十分重要。

结构助词"的"一般被看作是定语的标记,但这并不意味着所有的定语都用"的"来标记,形容词做定语也是如此。形容词做定语与"的"的关系是:性质性越强的越不用"的",描写性越强的越要用"的"。

从形式上看,单音节形容词以不用"的"为主,双音节及双音节以上的形容词以用"的"为主,形容词性短语以用"的"为主。例如:

第六章 汉语动词、形容词及其短语的教学要点与策略

先进集体→性质　先进的集体→描写
漂亮妈妈→性质　漂亮的妈妈→描写
老房子　旧衣服　新书　大马路　薄毛衣
严肃的表情　慈祥的老人　优美的环境　艰苦的生活
很高的楼房　很旧的衣服　特红的苹果　非常负责的老师

因此，教学时可以从形式入手，学到一定阶段后，教师再利用语境让学习者理解单音节形容词和双音节形容词做定语时加"的"和不加"的"的区别等。

状态形容词做定语毫无疑问要用"的"，这是因为状态形容词的描写性很强，也正因为如此，状态形容词做谓语或补语时，大多要加"的"，以凸显其状态。例如：

漆黑的夜晚、绿油油的庄稼、羞羞答答的样子→定语
会场里乱哄哄的、你怎么总是马马虎虎的→谓语
站得笔直笔直的、煮得稀烂稀烂的、穿得邋里邋遢的→补语

除上面提到的教学要点外，形容词教学还有近义形容词的辨析、形容词色彩的把握等问题，因为这类问题主要属于语义问题，此处就不赘述了。

本章讲解的是汉语词类中的主干词——动词、形容词，它们的使用频率高，内部结构也复杂，尤其是动词，因此教师在教学时需要进行细化教学。

【分析思考题】

1. 举例说明汉语动词细化教学的必要性。
2. 举例说明动宾式离合词为什么大多不能带宾语。
3. 重叠式的动词后或句末为什么不能再出现"了""着""过"或补语

形式?

4. 为什么不能用"请您给我看作业"这样的句子向尊长提出请求?

5. "她长得漂亮"跟"她长得很漂亮"有哪些不同?请你说明一下这两个句子的使用语境。

6. 请举例说明性质形容词与状态形容词的不同。

7. "他比我很高"和"他的个子很高高的"为什么不对?请分析偏误原因并说明教学要点。

8. 一般来说,形容词的音节不同,做定语的情况也不同,请举例并说明原因。

第七章　汉语副词、区别词及其短语的教学要点与策略

第一节　副词及其短语的常见偏误、教学要点与策略

在汉语教学中,学习者习得汉语副词的最大问题是不了解哪些是副词,常常容易与区别词、形容词、名词、连词等混淆。下面以一些学习者习得汉语副词的常见偏误为例。

1. 学习者习得汉语副词的常见偏误

1.1　副词所处位置不当

1.1.1　副词在多项状语中的所处位置不当

(1) ＊回到北京以后,他立刻没到学校去。／＊他不会游泳,我不也会游泳。——(副词连用时所处位置不当。)

(2) ＊大家高兴地在都交谈着。——(副词连用时所处位置不当。)

(3) ＊昨天他来取书时,我把那本小说才看完了。——(副词在"把"字句中的所处位置不当。)

(4) ＊他从来被人没注意过。——(副词在"被"字句中的所处位置不当。)

(5) ＊那家饭馆不离学校那么远。／＊小李从来跟别人没开过玩笑。／＊他在苏州一直工作。——(副词与其他介词短

语所处位置不当。)

(6) *他从来按时没上过课。——(副词与其他状语所处位置不当。)

1.1.2　副词与谓词所处位置不当

(7) *我打算不去上海。——(副词应置于谓语动词前。)

(8) *她汉语多么说得好啊。——(副词应置于形容词前。)

(9) *我问只一个问题。——(副词不应置于宾语前。)

1.1.3　副词与主语所处位置不当

(10) *昨晚十一点,才我回到学校。——(副词应放到主语后、谓语前。)

(11) *已经我们研究了那个问题。——(副词应放到主语后、谓语前。)

(12) *大家都说她唱得好,却我觉得她唱得并不好。——(副词应放到主语后、谓语前。)

1.2　近义副词混用

(13) *我不打中靶。/*她不吃过龙虾。/*昨天我之所以不去上课,是因为突然生病了。/*妹妹吃饭从来没喝水。/*你是一个没尊重女性的大男子主义。——("不"与"没"混淆。)

(14) *他们班上学期去长城了,我们班下学期还要去。——("还"与"也"混淆。)

(15) *以后你再打算去北京吗?——("再"与"还"混淆。)

(16) *这个句子我再做了,再错了。——("再"与"又"混淆。)

(17) *我以后往往来看你。——("往往"与"常常"混淆。)

(18) *她一直学习到太晚才回家。——("太"与"很"混淆。)

(19) *我刚才来中国的时候,几乎不听懂汉语。——("刚才"与"刚"混用,"不"所处位置不当。)

(20) *最近我一直看见他。——("总"与"一直"混淆。)

(21) *他好像喜欢那个女同学,都请那个女同学吃饭。——("都"与"总"混淆。)

(22) *他母亲从年轻时才吸烟。——("才"与"就"混淆。)

1.3 误加或缺少副词

(23) *她从来一直没有迟到过。——(误加"一直"。)

(24) *现在女人也可以跟男人都一样。——(误加"都"。)

(25) *他的态度十分积极,什么也都愿意做。——(误加"也"。)

(26) *那座山太高,我太很累,爬不上去了。——(误加程度副词"太"。)

(27) *他们夫妻感情很好,但偶尔吵架。——(缺少"也"。)

(28) *他刚才气得要命呢,可是过一会儿忘了。——(缺少"就"。)

(29) *她很聪明,对什么事情能迅速做出判断。——(缺少"都"。)

1.4 不了解副词的功能、意义或用法而造成的问题

(30) *他是一个真不讲理的人。——(不了解"真"的用法。)

(31) *最近我们很忙了。——(不了解程度副词"很"与"了"的关系。)

(32) *我觉得应该骑自行车去,那样太方便。——(不了解"太"的用法。)

(33) *我不曾经去过那儿。——(不了解"曾经"与否定副词的选择限制。)

(34) *你不能出去,天很黑黑的。——(不了解程度副词"很"与状态形容词"黑黑"的选择限制。)

(35) *她生在天津、长在天津,却不太知道天津。——(不了解"不太"等表程度的副词对动词的选择限制。)

(36) *在北京我们都忙死了,老实说,我现在正在累。——(不了解"正在"的功能。)

(37) *他住的屋子不大,倒不舒服。——(不了解"倒"的意义及使用语境。)

(38) *这本书有点儿有意思。——(不了解"有点儿"的态度倾向及搭配限制。)

(39) *他随时找我帮忙,真让人头痛。——(不了解"随时"的意义及用法。)

(40) 我每天晚上看电视。——*我也。/*我每天不看。——(不了解副词"也"构句的条件及否定副词"不"构句的限制条件。)

(41) 马克:"我可以试试这双鞋吗?"

　　*售货员:"可以。怎么样?好舒服吗?"

　　——(不了解程度副词"好"用于表达说话人感受性评价的限制条件。)

2. 副词的教学要点与策略

由于汉语副词表义复杂,虽然功能单一,仅用于修饰谓词或谓语成分,但学习者容易将其与形容词、区别词等混淆,不易掌握。另外,就副词本身而言,有的副词能够出现于主语前,有的副词却不能,如何判定没有形式上的依据,因此教学上有一定的难度。

针对以上问题,副词教学应侧重以下方面:

(1) 掌握部分基本的、常用的副词;

(2) 掌握副词的基本功能,即修饰限制谓词或谓语成分的功能。掌握部分副词使用的语境条件(说话人的心理状态、客观条件等);

(3) 采取分散式副词教学,即单个副词教学或副词对比教学,细讲多练,先易后难,循序渐进。

3. 副词教学的主要知识点

3.1 副词的主要句法功能及与其相关的形容词、名词的区别

副词功能单一,只能充当状语,个别充当补语,用以修饰限制谓词或谓语成分,说明动作性状的范围、时间、程度、情态和表示否定等。

但是由于汉语的词类没有形式标记,同处状语位置的词就有好几类,如副词、形容词、名词等,学习者有时无法判定词类。下面简要将副词与其相关的形容词、名词进行区别:

3.1.1 副词与形容词

从词类功能上说,只能充当状语,不能充当谓语和定语的是副词。例如:

　　统统表态——(状语)

　　＊态度统统——(谓语)

　　＊统统的态度——(定语)

既能充当状语,又能在不改变意义的前提下充当谓语或定语的是形容词。例如:

　　步调一致——(谓语)

　　一致举荐——(状语)

　　一致的态度——(定语)

3.1.2　副词与名词，尤其是时间副词与时间名词

副词特别是时间副词，一般只能修饰谓词。例如：

　　已经学了　　正在商量　　刚热

名词特别是时间名词，既能充当主语、宾语(包括介宾)、定语等，也可修饰体词。例如：

　　刚才来过——(状语)

　　刚才是刚才——(主语、宾语)

　　刚才的话——(定语)

3.2　副词在句中的分布

3.2.1　副词主要位于谓语前

大多数情况下，副词主要位于谓语前，基本结构为"主语＋副词＋谓语"。

例如：

　　随时请教　　逐步发展　　一起走　　都来了　　再等一下　　极好

少数情况下，主观性较强的语气副词、连接性较强的关联副词，当它们作用于全句时，会位于主语前；少数时间副词(包括表频率的时间副词)所表时间覆盖全句时，也会位于主语前。例如：

　　(42) 也许我们说了也不算。——(语气副词)

　　(43) 其实我也不知道会是这样的。——(起关联作用的语气副词)

　　(44) 常常大家都睡了，她还在做。——(表频率的时间副词)

3.2.2　单音节副词的分布特点

单双音节副词的分布特点明显。单音节副词一般意义比较抽象，双音节副词有的较抽象，有的则较具体。意义越抽象，其语法分布位置

越固定,因此单音节副词比双音节副词位置固定,通常位于主语后谓语前。例如:

  我也听 冬天又来了 他还有两次 你才走啊 一班更突出

在单音节副词中,表示后指的范围副词"就、光、只、仅"等有一定例外,因为它们可以后指所限范围,所以因表达需要可以位于主语前。例如:

  (45)就他一个人还不知道。

  (46)光线装古籍就有两三千册。

3.2.3 不能出现在宾语前

副词主要位于谓语成分(或谓词)前,少数在表达需要的前提下可以位于主语前,但是一定不能直接位于宾语前,如果位于宾语前,就等于改变了副词的功能,使其成为体词性的修饰限制成分了。汉语学习者有时会出现这样的偏误。例如:

  (47)＊他看了只一个电影。

  (48)＊我送了礼物就他。

3.2.4 副词排序的基本规律

按照张谊生《现代汉语虚词》(2000:44)的分类,我们先把副词分为范围副词、时间副词、程度副词、情态副词、语气副词、否定副词六类,它们共现时的基本排列顺序为:

语气副词＜时间副词＜范围副词＜程度副词＜否定副词＜情态副词

例如:

  (49)那些书他也许已经都看过了。——(语气副词＜时间副词＜范围副词)

(50) 简直太不像话了！——（语气副词＜程度副词＜否定词）

(51) 一定再逐个认真检查一遍。——（语气副词＜时间副词＜情态副词）

语气副词可以作用于整个句子，表示说话人的主观态度，所以位次在前的可能性大；在状语排序中，时间状语相对位次在前，时间副词也不例外，与总体规律一致。

在个别情况下，有的副词可能在某个副词前后均能出现，这是由其内在意义所决定的。例如：

她很不高兴——（一般顺序）

她不很高兴——（对"很高兴"的否定）

我们班全不去——（一般顺序）

我们班不全去——（对"全去"的否定）

在汉语教学中，教师既要注意给学习者做简明扼要的规律总结，也要注意这些较为灵活的句法现象；既要归纳外在形式，又要对其成因做认知解释，只有这样，才能引导学习者对语法形式有理据上的理解。

4. 近义副词的辨析

在汉语教学中，学习者经常会混淆某些近义副词。究其原因，主要是因为一些常用副词的意义较抽象，又有相似之处，难于分辨。下面我们分析几组意义相近的副词，供大家参考。

4.1 "不"与"没"

"不"与"没"的共性是表否定，属否定副词。之所以会给学习者带来学习上的困扰，一是学习者母语中可能没有对应的两种否定形式，对两种否定形式的条件难以理解并掌握；二是有的语言虽然有不同的否定形式,但是由于认知角度不同,否定的角度也会不同,这都造成了理解上的困难。

汉语"不"与"没"的否定在两个大的范畴中:

{ "不"——断定性否定
  "没"——过程性否定

断定性否定跟事物的本质、人的意志等相关,跟事件的动态过程没有直接关系,所以"不"的否定严格说跟时间过程没有必然联系,但是由于意志断定的事情主要发生在现在和将来,所以"不"主要用于现在和将来,并带有一定主观性。

"没"则跟事件的动态过程相关。过程是有时间性的,所以"没"的否定是有时间条件的。"没"的时间条件是发展到现在或说话时,因此"没"只能用于对以前事件发生过程中的否定,不能用于将来。由于该过程是一种客观情况,所以"没"的否定带有一定客观性。

我们把上述分析简要归纳如下:

{ "不"——断定性否定,主要用于现在、将来,带主观性。
  "没"——过程性否定,主要用于现在以前或说话时,
         带客观性。

由以上不同也决定了使用"不"和"没"的不同语境和语句类型:

(1) 表示对人或事物的性质(主要是形容词)的否定用"不"。例如:

  不真诚 不清楚 不便宜 不结实 不老 不硬 不白

(2) 表示一种决定、断定等的主观否定,用"不"。例如:

  (52) 我不想听,所以我不听。

  (53) 我不认为这有什么不好。

  (54) 这肯定不是李师傅的想法。

(3) 表示对一贯性、规律性等情况的否定,用"不"。例如:

(55) 他从来不吸烟、不喝酒。

(56) 不犯病的时候他不吃药。

(57) 不吃苦哪有甜?

(4) 表示对过去时间或到说话时为止某动作、现象的否定,用"没"。例如:

(58) 什么?刚才?刚才我没说过这种话呀。

(59) 昨天下午我没去图书馆,我跟朋友去电影院看电影了。

(60) 你还没吃饭哪,快吃吧!

(5) 表示一种计划或现象的改变,用"不"。例如:

(61) 他们不坐飞机去了。——(之前计划坐飞机的。)

(62) 外面不刮风了。——(之前外面是刮风的。)

(63) 我们已经不是朋友了。——(过去是朋友。)

(6) 表示对一种心理活动或意愿、可能等的否定,一般用"不"。例如:

(64) 我不喜欢他那种小气劲儿。

(65) 你爸爸当然不愿意看到你现在这个样子。

(66) 小孩子跟大人说话不可以用这种语气。

学习者有时候对事物的改变,难以确定用"不"还是"没"。例如:

(67) *这里,周围的一切一点儿也不变,人也不变了。

实际上,这是对一个到现在为止的动态过程的否定,即这里的样子从过去到现在没有发生改变,说话人是从一个客观的角度来描述这里从过去到现在的情况,因此应该用"没"。

前面提到,"不"表示主观意志,严格来讲可以不受时间的限制。例如:

(68) A：你昨天怎么不说？

B：我昨天不说是因为他在场，不能说。

这里有明显的过去时间词昨天，但是说话人仍然选用"不"来否定，这是因为这里表现的是人的主观意志，否定的是一种主观断定。

再则，对于经常性、一贯性情况的否定，学习者有时很难记住，教学时，对于部分有标记的类型，可以整理出简洁明了的公式，帮助学习者记忆。例如：

经常/常常/总（是）/一贯/一向/每（天）……＋不＋动词

即动词前有表示经常性、一贯性意义的副词，或有"每天"这样的词对动作加以否定时，应该选用"不"。例如：

(69) 他总是大手大脚不算小账。

(70) 他每天早上都不吃早饭。（*他每天早上都没吃早饭。）

(71) 他今天早上不跑步。——（他的意志决定的。）

他今天早上没跑步。——（非意志的，到现在为止没跑步的客观情况。）

4.2 "又"与"再"

"又"与"再"最大的共性是表"重复"义，即表示此前至少有一次同样的动作或性状。例如：

(72) 主任又看了晓鸿一眼，接着又讲了一遍要求。——（之前看过、讲过。）

(73) 再唱一段好不好？——（之前唱过。）

但是，"又"与"再"在表示"重复"这一基本意义上有严格的分工。

一般来说，"又"表示相同类属动作性状的相加，且其动作、状态为已然。正因为如此，在形式上，动词或句末常常会连接表示完成、实现等语法意义的"了"。例如：

  又吃了一碗 又研究了一次 又下雨了 又忙了半天

  又骄傲了 又难受了 又胖了 又醉了

有时，"又"限定的动作后并没有接"了"，但通常从语境上看还是已然，有时动词后有补语，表示一种已然。"又"表示两种以上性状累加时，用"又……又……"格式，不用"了"，所表性状、动作一般是已经显现的。如：

(74) 他又要说话。——（"要"的样子已显现。）

(75) 老李又摆起老资格来。——（"摆老资格"的样子已显现。）

(76) 这双布鞋真好，又柔软、又轻便、又便宜。——（累加的性状均已显现。）

而"再"只表示对之前同类动作的重复，且重复尚未发生，属于未然的重复。例如：

(77) 这道题明白了吗？再做一遍试试。——（第二遍尚未做。）

(78) 我想再去医院看看孩子。——（重复的动作尚未做。）

正因为有以上分工，"又"一般用于对已然事情或已显现性状的客观叙述，而"再"则用于祈使句、意愿句等。例如：

(79) 又一次见到她，心里有说不出的高兴。——（叙述）

(80) 你再帮我看看还有没有错儿。——（祈使）

(81) 我想再试一次。——（意愿）

汉语学习者使用"又"与"再"的常见偏误有：

(82) *我再写了，请老师又看吧。——（我又写了一遍，请老师再看看吧。)

(83) *她做得真的很好吃。后来她再做了,可惜你没有吃到。——(她做得真的很好吃。后来她又做了一次,可惜你没有吃到。)

(84) *一个月后,我再看见了她,她好像换了个人。——(一个月后,我又看见了她,她好像换了个人。)

(85) *请你再说。——(请你再说一遍。)

可见,学习者难以分清"又"与"再"的时间条件,因此不易准确选择句类。另外,重复动作总是跟动作次数发生关系,要加上相应的动量;祈使句要配以相应的祈使形式,这些也是使用"又""再"的常见问题。

为了使学习者更易于掌握,对"又"与"再"的区别一目了然,可以做以下概括:

"又"——说话时间以前,重复的动作状态是已然,客观叙述(常与"了"同现)。

"再"——说话时间以后,重复的动作状态是未然,常用在祈使句、意愿句等。

4.3 "还"与"再"

4.3.1 "还"与"再"的异同

"还"与"再"都与动作、状态的过程有关,其共同点是:所修饰限制的动作、状态在现在(说话时间以前)都出现过,而且是一个连续的过程。

由于相似度较高,区分难度大,教学中可以图示如下(见图7-1):

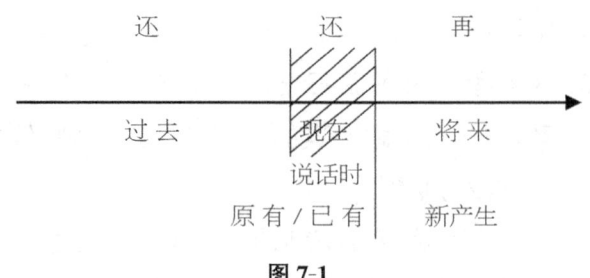

图 7-1

教师做以下解释:

"还"在时间轴上处于到说话时为止的时间点,虽然动作、状态还在持续,但是"还"在时间上并不凸显它的将来,所以"还"所表现的持续性,仅仅是持续原有的或已有的。在时间轴上,主要表现为两种情况:

(1) 过去时间中已计划或有过,现在要实施的是原来已计划的或原有的继续。例如:

(86) 我下午还来。——(原来已计划的。)

(87) 你怎么还要?——(原有的继续。)

(2) 现在以前的某时间(通常离现在的时间很近)已有的某动作状态,到现在说话时一直存在,无间断地持续着。例如:

(88) (你怎么)还等啊!都等一个小时了。——(一小时前到现在一直在等,无间断。)

句中常与副词"在"或表否定的"没""没……呢"组合。例如:

(89) 都十一点了,她还在忙。/病还没好。/她还没回来呢。

"再"也是继续性的,但它的继续是把现在的时间或现在以后的将来时间作为新的起点,重做与此前相同的动作,重现与此前相同的状态(间断性继续);在时间轴上,说话人主要指向以后的将来时间。所以,"再"通常也表现为两种情况:

(1) 动作、状态并没有间断，一直在做，但说话人指向未来时间的继续(重现)。如：

(90) 我再干一会儿，你先睡吧。

因为有这一种意义，"再"经常用于假设的情况。如：

(91) 再过一会儿天就黑了。——(现在并没有黑。)

(92) 你再说我就生气了。——(关注现在以后的"说"是否继续。)

(2) 根据现有情况临时提出将来重做现有动作、重现现有状态的意愿或要求——新产生的。这种类型主要用于将来时间的祈使句、意愿句等。例如：

(93) 没关系，我下午再去一趟。——(因为某种原因，要办的事没办成，据此临时决定在以后的时间，即"下午"重做现在做的事情，是意愿句。)

(94) 你的讲演很受欢迎啊，什么时候再给战士们讲一次吧。——(因为讲得好，临时请求对方在以后的"什么时候"重做现在已做的事情，是祈使句。)

试比较"还"与"再"在这一点上的不同：

(95) A：材料还没到，麻烦你明天再跑一趟吧。

B：没关系，明天我还来这儿办事。——(原有计划就是"明天"继续来。)

B：没关系，明天我再来一趟。——(根据材料没到的情况，决定"明天"重现"来"的动作。)

(96) 你如果还不吃药，病情就会加重。——(凸显持续过去的"不吃药"。)

你如果再不吃药,病情就会加重。——(凸显将来对过去的重现。)

根据以上分析,我们可以把"还"与"再"的区分概括为:

$\begin{cases} "还"——持续原有的或继续做原来已计划的。\\ "再"——将来继续重现已做的或根据现有情况决定将来重现\\ \quad\quad 之前所做的。 \end{cases}$

4.3.2 使用"还"与"再"的常见偏误

(97) *今天晚上真凉快,咱们还走一会儿吧。——(根据情况做出新决定,祈使句。)

(98) *以后你再打算去北京吗?——(说话人凸显的是是否持续以前的想法。)

(99) *我喜欢吃苹果,再喜欢吃香蕉。——("喜欢"是已然的、持续的心理。)

(100) *明天再去呀!我可不去了。——("明天"持续以前已做的"去"。)

(101) *我想还帮助她一次。——(将来重现过去已做的事情,即帮助她。)

4.3.3 注意"还"与"再"在句类上的区分

$\begin{cases} "还"不能用于祈使句——"还"主要跟过去、已计划、原有相联系。\\ "再"可用于祈使句——祈使句一定是新提出的要求,重现某动作。 \end{cases}$

持续原有意愿的意愿句,只能用"还",不能用"再",如"他还想去北京"。去北京的事也许发生过,也许根本没发生过,但想法从过去到现在一直存在。

4.4 "正""在""正在"

"正""在""正在"的共同特征是动作进行/持续过程中或状态持续

过程中,在汉语副词中属时间副词小类。汉语学习者常常搞不清楚它们的区别,易发生混淆现象。因此教师在教学中既要讲清它们的意义差别,又要凸显其形式特征。

"正"用于时点性时间,指在一个时点上的进行或持续。说话人选用"正"修饰动作或状态时,要表达的是某件事发生的时候当事人恰巧或不巧在做某事或持续着某状态。因此,用"正"的句子多数情况下有一个明确的时点,若没有时点,一般指的是现在或说话时,同时用"正"的句子还表达了一种说话人认为巧合的或不巧的时间意义。为了表达说话人的这种态度,尤其是凸显说话人认为时点不合适时,常在句末用语气词"呢"来配合。一般情况下,"正＋光杆儿动词"不能成句,所以用"正"的句子的基本结构为"时点性时间＋正＋动作＋着/呢"。

例如:

(102) 你喊我时,我正打电话呢。

(103) 最近,我正忙着装修呢。

(104) 我爸正睡觉呢。——(没有时点、时间词语,指现在或说话时。)

"在"用于指在现在或某时点、某时段之内动作的进行性。用"在"的句子可以表示动作在一段时间内的进行性,所以,句子形式上常有时段性短语成分或有"总""还""一直"等表示持续性的时间副词相配合。基本结构为"时段性时间/一直/总/还＋在＋动作"。

例如:

(105) 你在想什么?——(时段性时间是现在。)

(106) 整整一个假期,他都在尽义务。——(时段性时间是"整整一个假期"。)

(107) 从昨天晚上 8 点到今天早上 5 点,王大夫一直在做手术。——(时段性时间是"从昨天晚上 8 点到今天早上 5 点"。)

用"正"的句子与用"在"的句子的最大区别在于:用"正"的句子凸显的是巧合与不巧的时点性时间,所以它不能与时段性时间和"一直""总"等副词同现;用"在"的句子凸显的是动作的进行性,不受时点、时段及相关副词限制。例如:

(108) *整整一个假期,他都正尽义务。

(109) *从昨天晚上 8 点到今天早上 5 点,王大夫一直正做手术。

(110) *你正想什么?——(虽然是现在的时点,但是说话人想表达的是"想"的进行性,跟时间的巧与不巧、合适与不合适没有关系。)

(102)(103)(104)句中的"正"改成"在"都是可以的,只是没有了时间巧与不巧、合适与不合适的意思,仅表示进行性。

"正在"将"正"与"在"两个语素的意义融到了一起,所以,既有"正"的巧与不巧的时点性,又有"在"的进行性。由于受到"正"巧与不巧、合适与不合适的时间性影响,"正在"也不能与时段性时间和"一直""总""还"等副词同现。例如:

(111) 大家正在研究事情,你别进去打扰。

(112) *都几点了,你怎么还正/正在看电视啊?!——(都几点了,你怎么还在看电视啊?!)

句子如果要表达正巧的时点性,受"在"的进行义影响,也不能用"正在"。例如:

(113) *我回头看时,那孩子正在朝他妈妈走去。——(我回头看时,那孩子正朝他妈妈走去。)

4.5 "才"

除了对易混淆副词进行辨析外,还有一些副词需要专项教学。下面侧重介绍在专项副词教学中,如何注意语境的教学问题。

"才"这个副词比较复杂,有的书甚至把它分作"才$_1$""才$_2$""才$_3$",本书仅就"才"跟大小量有关的意义,谈谈其情态表达的教学问题。

4.5.1 "才"的句法分布及情态色彩

教学中,我们首先会注意到"才"在句中的句法分布。跟大小量意义有关的"才",从句法分布看,主要有两个位置——数量[①]前、数量后。即:

a. $\begin{cases} a_1. \ 才\ +\ 数量\ +\ 动作 \\ a_2. \ 才\ +\ 动作\ +\ 数量 \end{cases}$

b.　数量　+　才　+　动作

例如:

(114) 才这么一会儿就等不及了。

(115) 才等了十分钟啊。

(116) 会议 12 点半才结束。

a_1、a_2 的"才"均位于数量前,其语义均指向数量,即:

才这么一会儿就等不及了。

才等了十分钟啊。

由于 a_2 表示的数量跟动作的完成量有关,依循汉语象似性时间顺序原则,数量短语需要位于动作后。

---

① 数量部分也许并未显示为数量,但一定隐含数量,简约起见,仅用数量代表。

b式的"才"位于数量短语后,它的语义指向谓语动词。即:

会议 12 点半才结束。

它虽然直接指向的是动作,实际上指向的却是动作的时间,与具体时间产生联系。

但是不论"才"位于哪个位置,对表达句意和说话人的态度均产生直接影响。请看以下例句:

(117) 才 9 点半你怎么就来了?

(117)句具备的前提条件是:原先有预定时间,且预定时间大大晚于现在,所以说话人说此话时,带有不解、疑惑的情绪。

(118) 才写了三行啊。

(118)句具备的前提条件是:提供给"写"足够的时间量,根据时间量,按常理应该"写"出更多的东西。而事实上,所写出的量远远少于说话人的预期,所以说话人说此话表示不满的情绪。

(119) 你怎么现在(9 点半)才来?

(119)句具备的前提条件是:原先有预定时间,且预定时间大大早于现在,而且很可能因为晚来造成一定损失或影响,所以说话人说此话时,带有埋怨的情绪。

以上的"才"表示的都是消极态度,带有不解、疑惑或不满等情绪。"才"在一定条件下,也可以表示肯定的积极态度。例如:

(120) 才十分钟就赶过来了,真快呀!

(121) 才听了一遍就懂了,真不错!

(122) 为了赶出这个设计,他们凌晨四点多才睡,真是好样的!

通过后续句,我们断定说话人表达的是肯定的积极态度。但是其肯定是在内心隐性地否定了之前的一种认定结果。即(120)句中的说话人之前心里并不认为十分钟会赶到,(121)句中的说话人之前心里并不认为听一遍能懂,(122)句中的说话人之前心里认为凌晨四点多睡不合常情。由此可见,无论是哪种句法分布的"才",都含否定性质,都有较强的主观情态色彩。

4.5.2 "才"的主观情态与教学策略

4.5.2.1 "才"的教学角度

从形式上看,"才"的分布跟表示大小量的意义有关,所以有的研究把不同位置的"才"看作表示增值或者减值。例如:a式的"才"位于数量前,表示减值;b式的"才"位于数量后,表示增值。

教学中,为了易于理解、记忆,采取这样的解释方法和概括方式,不失为一种浅显、简明的处理方式,但是,仅此是不够的。这是因为增值、减值只是一个表象,并不是说话人要表达的最终目的。仅仅从表象出发,学习者很容易出现以下偏误:

(123) *我每天晚上才10点睡觉了。——(说话人认为10点睡觉早,故选用减值方式。)

(124) A:这是你的小孩儿吗?长得真可爱!她几岁了?
B:*她才3岁。——(说话人认为3岁的小孩儿小,故选用减值方式。)

(125) A:你们每天晚上还上课啊?几点开始上?
B:*六点半才上。——(说话人认为晚上上课就一定是晚的,故选用增值方式。)

可见,离开语境、表达目的,仅从语法形式上讲解增值、减值,有时会造成误解。所以教师讲解"才",一定要跟说话人所表达的情感态度相联系,通过语境分析,让学习者理解说话人增值或减值的原因。"才"的教学不仅是个语法问题,还是个语用问题,教师在教学中要分析"才"

的语用条件,尤其是说话人的态度倾向。

4.5.2.2 "才"的主观情态

由上文可见,无论"才"处于数量前还是后,都有与预期或认定数量不符的意思,因此含有否定的态度倾向。在多数情况下"才"表达出说话人或多或少的不满、不解、疑惑等消极情绪,但有时也会表达积极态度。

那么如何确定"才"表达的是否定态度还是肯定态度呢?我们发现,无论是减值的"才"还是增值的"才",都能够表达两种态度倾向——否定的和肯定的。态度倾向属于语用问题,是说话人根据一定的语境条件将自己的情感折射到语句层面上的表现。那么决定"才"态度倾向的语用条件是什么?究其根本,跟价值取向、情理适宜度直接相关。

"才"的价值取向更多地反映在时效关系上。一般来说,预期用时、用力少,完成度却高,或预期用时、用力多,而实际用时、用力少,都容易被肯定,价值取向呈正向;反之则容易被否定,价值取向呈负向。例如:"才一天就完成一大半了"(肯定),"都半小时了,才写了这么几个字啊"(否定)。

价值取向还表现在是否合适上。一个合适的时间点大大提前或错后,说话人如果认为无价值就表示否定,价值取向呈负向;反之则表示肯定,价值取向呈正向。例如:"才七点怎么就走啊?"(否定),"干到九点才回家"(认为付出是值得的,肯定)。

情理适宜度表现在是否得体上。在一个合适的时间点往后推,即晚于某个规定时间,则一定不可取,因为行为不得体,不礼貌,甚至损害了他人利益,情理适宜度呈负向,如"下午三点了才来"。

情理适宜度还表现在是否合乎常理上,不合乎常理的情况也容易被否定,如"五个多小时才赶到"等。

4.5.2.3 "才"的教学策略

教学时,为了让学习者理解不同位置的"才"所表示的意义,教师可

以用数字相同的句子来创设语境条件,以便让学习者比较并体会其不同的意义和说话人的不同态度。例如:

(126)(她)38岁才结婚。

教师要引导学习者理解说话人说话时的前提条件,即结婚年龄的认定。结婚年龄的认定可能有两种情况:

一是原先可能家里人对她有要求,如30岁以前一定要结婚,可是她38岁结的婚,显然不符合家里的期望,因此情理适宜度呈负向。说话人用增值形式——超出预期,表达了认为她的行为不合期望的态度。

二是没有明确的年龄规定,但社会给了人们一个常理上的认定,即人们普遍认定的合适的结婚年龄段,大于或小于这个结婚年龄段就会被认定为不合情理。说话人认为38岁结婚晚于合适的结婚年龄,属于不合情理的,情理适宜度呈负向,因此话中带有一定的否定态度。

(127)才38岁他就结婚了。

如果教学中不从语境出发,不从说话人的态度出发,学习者仅从增值、减值角度,就会认为(127)例是个错句。学习者会认为38岁一定大,所以应该说"38岁才结婚"。事实上,结婚年龄是大还是小,要看说话人的认定,也要看说话的前提条件。从中国的社会文化背景看,38岁肯定是大的,但如果前提条件是"他"曾经发誓,为了创业,40岁以前不结婚,那么38岁结婚就是早的了,不符合他之前的约定。说话人采用减值方式表达了对他38岁结婚没有履行诺言的一种否定态度。

教师在教学时,为了让学习者对"才"的减值、增值义及所表达的主观情态有明确、清晰的认识,可以将其归纳为:

a. 才 ＋ 数量 ＋ 动作
　　才 ＋ 动作 ＋ 数量
　　↳减值——少于预期或认定量

价值取向、情理适宜度呈负向——表达对不符预期的不解、不满、遗憾等态度。

价值取向呈正向——表达对超出预期的理解、肯定、赞赏等态度。

b. <u>数量</u>　＋　才　＋　动作
　　↳增值——多于预期或认定量

大多数情况下,价值取向和情理适宜度呈负向,即表达对不符预期的不解、不满、遗憾等态度,少数情况下反之。例如:

(128)(看到老师来晚了说)＊老师,您怎么才来?

(129)(职员看到老板提前下班说)＊老板,才4点就走啊?

上述两句均表达了不解、不满等否定态度,用于尊长的话就属于使用不得体的句子了,这不是语法上的问题,而是语用上的问题。

"才"隐含了一定的未言之意,听说双方可能不用说或听全部句子,就能够猜到彼此要表达的意思,这就是"才"给我们的预设。"才"会根据否定的预期或认定的价值取向、情理适宜度来表达不同的情感态度。因此教师在汉语教学中,不仅要讲"才"的句法分布,还要让学习者理解"才"的语用条件,尤其是说话人的态度倾向。

第二节　区别词及其短语的常见偏误、教学要点与策略

区别词过去曾被称作非谓形容词,顾名思义即区别词隶属形容词范畴,但却不能充当谓语成分。由于区别词在性质上、功能上、组合能力及关系上,都与形容词不同,再加上它的主要作用是用来区别事物的属性,给事物以类化,所以被另辟一类,称作区别词。

从大的功能范畴看,汉语的副词与区别词同属一类,它们的主要句

法功能是单纯做修饰限制语。从具体功能范畴看,这两类词又是对立的,副词所修饰的中心语成分主要是谓词或谓语成分,区别词所修饰的中心语成分主要是名词性成分或非谓成分。

由于区别词从表面上看,与名词、部分形容词相似,汉语学习者难以区分,容易出现偏误。下面我们通过偏误实例,讲解一下区别词的教学方法与策略。

1. 学习者习得汉语区别词的常见偏误

(1) *我们班的学生都是女。

(2) *这些产品都是冒牌,质量很差。

(3) *我觉得那家商店的商品优质。

(4) *大家都认为这些问题不个别。

(5) *这两个问题很主要。

(6) *他穿的鞋最大号。

(7) *很多地区都有这种情况,这个问题很大量。

(8) *这几位代表非正式,费用自付。

(9) *这种丝不人造,我要人造。

(10) *他是一个很慢性的人。

(11) *不中式的我不要。

(12) *我喜欢欧式的风格的建筑。

从以上例句中,我们可以看到学习者存在这样一些偏误类型:

(1) 误把区别词当作名词使用,(1)(2)句及(9)的后半句都将区别词当作了谓语所带的宾语成分。

(2) 误把区别词当作形容词使用,(3)到(8)句都把区别词用作了谓语,有的其前还用否定副词"不"进行修饰,有的用程度副词进行修饰。

(3) 误把区别词当作动词使用,(9)的前半句将区别词用作动词,充当了谓语。

(4) 误把区别词当作形容词使用,(10)句中的区别词前加程度副词"很",并将区别词用作了定语。

(5) 误把区别词当作形容词使用,(11)句用否定副词"不"加以修饰。

(6) 误把区别词当作形容词使用,(12)句中的区别词修饰中心语时误加了"的"。

2. 区别词及其短语的教学要点与策略

2.1 认识区别词的语法特征、结构规律和偏误类型

区别词的作用是对事物的属性加以区分,因此在使用上表现为以下特征:

(1) 区别词不单独充当句子的谓语、主语、宾语成分

如不能说"＊她优等,我劣等",这里的"优等""劣等"都是区别词,在句中它们都直接充当了谓语,描写了事物,而不是区别事物的属性。这种偏误类型很普遍,上述(1)到(9)中的偏误都与这种错误认识有关,是区别词偏误类型中最多的一类。

由于区别词是区别事物属性的,所以它的典型结构为:"区别词＋名词性成分"。例如:

西式糕点　无偿贷款　彩色照片　独生子女　草本植物
人造纤维

也就是说,在一般情况下,它不能单独充当句子的主语、宾语,而是以充当主语、宾语修饰语的身份进入句子。

但是,在所指清楚的语境中,被区别词修饰的名词性中心语有时也有可能不需要出现,因此就构成了"的"字短语。由区别词构成的"的"字短语跟其他"的"字短语一样,能够充当句子的主语和宾语。例如:

(13) 蘑菇野生的比人工种植的更有味道。

(14) 随身带的词典我更喜欢袖珍的。

另外,区别词因为有区别事物的作用,有时也会进入对举格式。例如:

(15) 来的一男一女都是20来岁的年轻人。

(16) 你看看,有西有中、有荤有素,菜的品种还真不少呢!

(2) 关于区别词的否定

区别词的作用是区分事物,区分事物时,就会有大量属性相对的词。例如:

男↔女　　　正↔副　　　单↔双

新式↔老式　长期↔短期　国营↔私营

区别词不是做谓词出现在句子结构中,所以不能用"不"来否定它。上述偏误中的(9)就属于用"不"来否定的偏误类型。

区别词如果要否定的话,可以用"非",形成对立。即:

非大型　非中式　非国产　非军用　非人造

区别词所区分的事物有时不是非此即彼的类别,例如:

高等→中等→初等——高等→非高等

大型→中性→小型——大型→非大型

长期→中期→短期——长期→非长期

需要注意的是,虽然增加了否定性语素"非",却并没有改变它的词性,它的作用仍然是区别事物,不能单独充当句子的谓语、主语和宾语。上述偏误中的(8)就属于学习者使用"非"否定后,将其直接用作了谓语。(11)构成的"的"字短语没有错,但是用"不"否定不正确。

(3) 关于区别词与名词性中心语之间"的"的问题

区别词所区分的事物属性一般是事物最本质的属性之一,其关系距离中心语属于最接近的一类,这种距离关系在汉语中通常不需要使用表示结构关系的"的",所以区别词修饰名词性中心语,大多是直接置于其前,不加"的"。例如:

立体电影　良性循环　私立大学　机密文件　业余生活

这一点跟多数双音节形容词是不同的,部分学习者不了解这一点,常常加"的",(12)例就属于这种偏误类型。

2.2　区别词的教学策略

2.2.1　认知区别词

由以上偏误可以看出,学习者之所以用错区别词,其中一个比较大的原因是不知道汉语中有区别词这种词类,因此不能根据它的特点去使用。这就要求教师在教学中让学习者了解区别词这种词类及其语法特征,理解并掌握它。

这种词仍属于有实在词汇意义的词,其区别属性使它在意义上有别于其他词类,表现在词上,常常是对立的、成对儿的,或是相对的、成系列的。

例如:

单——双　　　　　　　雄——雌
主要——次要　　　　　恶性——良性
小号——中号——大号　上等——中等——下等
低档——中档——高档　大型——中型——小型

教学时可以由此切入,老师说前一个,引导学生说后一个,反复练习,帮助学生掌握。教师应有意识地将成对儿的或成系列的两个或几个词一并列出,指导学生去理解记忆。由于建立了词与词之间的认知联系,学习者会更迅速、有效地识记。不过,少数非成对儿的区别词,则需要单独识记。

2.2.2 与易混淆词类相区别

从前面的偏误实例看,学习者最大的问题是由于不了解区别词,将其与名词、形容词混淆,因此教师在教学时要注意辨析区别词与名词、形容词。

区别词与名词进行区别的主要手段是检验该词能否独立做主语或宾语。在一般情况下,名词大多可以独立充当主语、宾语,而区别词却不行,这样就可以判断它是否是区别词。

区别词与形容词进行区别,可借助的手段大致有以下三种:

一是看它能否独立充当谓语——能的是形容词,不能的是区别词。

二是看它能否与程度副词"很"结合——能的是形容词,不能的是区别词。

三是看它能否与否定副词"不"结合——能的是形容词,不能的是区别词。

【分析思考题】

1. 副词的基本功能是什么?它在汉语的句子中是如何分布的?不同音节的副词在分布上有什么规律?

2. 请分析下列句子的偏误类型及原因。

　　(1) 你这次不找到工作,以后再找吗?

　　(2) 她长得很漂亮,又人很礼貌。

　　(3) 在上课方面,我觉得学院里的每一位老师讲得清楚。

　　(4) 那个活动两个人就没参加了。

　　(5) 我太困极了,正在想休息休息。

　　(6) 昨天我参观了长城,长城是很极美。

　　(7) 别着急走啊,一直住几天吧。

(8) 我那个朋友厉害,刚才上大学15岁了。

(9) 这个问题不主要,我们讨论主要。

(10) 这双鞋新式,我喜欢。

(11) 这种现象是很个别人,我们不要在意。

(12) 这个照片不彩色,我要彩色。

3. 请举例说明区别词与形容词的异同。

4. 采用什么样的教学方法能帮助学习者尽快识记和掌握区别词?

第八章 汉语虚词的教学要点与策略[①]

第一节 介词及其短语的常见偏误、教学要点与策略

1. 介词及其短语的基本知识

1.1 基本结构、基本功能

介词的基本语法作用是引介,所以介词一般不能单独充当句法成分,通常跟名词性成分组合,构成介词短语,也被称为介词结构,主要作用是修饰、补充谓词性成分。它的基本结构和语法分布如下:

基本结构: 介词 + 名词性成分 → 介词短语

例如:

把教室/比他/往前/关于这个问题

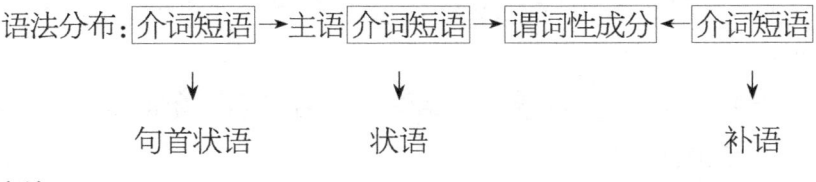

例如:

当我醒来时,屋里已空无一人了。/从这儿走/坐在椅子上

[①] 学界大部分人将不能独立充当句子成分,只起语法作用的词归为虚词,主要有介词、连词、助词、语气词。本章重点讲解介词、助词、语气词的常见偏误、教学要点与策略,连词在第十二章复句的关联词语部分进行讲解。

极少数介词短语也可位于名词性中心语之前——加"的"做定语，修饰限制名词性成分。例如：

一部关于爱情方面的小说/对这本书的意见

1.2 介词的主要表义类型

介词属于封闭的类，在现代汉语中，介词总计约有一百五十个，常用介词也就五六十个，大致分属以下表义类型：

表时间、处所、方向——从、自、在、于、打、由、当、自从、临、趁、到、往、向、朝、顺、顺着、沿、沿着、随着

表方式、方法、依据——拿、用、以、靠、经过、通过、据、根据、按、照、按照、依、依照、本着、凭

表对象、范围、方面——对、对于、和、跟、替、给、向、把、被、叫、让、关于、至于、连、比、就、论、除了

表原因、目的——因、因为、由于、为、为了、为着

1.3 介词与动词的简单区分

现代汉语中，绝大多数介词是由古代汉语的动词虚化而来的，虚化程度不够高的介词在一定的句法条件下是介词，在一定的句法条件下又是动词。所以，介词或多或少地与动词存在着交叉关系。汉语教学中，学习者如果分不清动词和介词，就很容易出现句法结构或表达上的错误。

教师可以根据介词、动词的语法功能，在教学中给学生做简单区分。

判定依据：

a. 介词短语不能做谓语，句中若没有其他谓词，则是动词充当谓语成分。句中若有其他谓词，则是介词构成介词短语充当状语等。

例如：他在教室——他在教室学习　　窗户向东——窗户向东开
　　　　动词　　　　　介词　　　　　　动词　　　　　介词

给她一本书——给她买一本书　　跟着他——跟他走
　动词　　　　　介词　　　　　动词　　　介词

b. 除极个别情况外,介词不能单独充当句子成分,需构成介词短语,动词却可以单独充当句子成分。

例如:A:你打哪儿走?　　　A:你打不打?
　　　　介词短语　　　　　　动词
　　　B:打这儿(走)。　　　B:打。
　　　　介词短语　　　　　　动词

c. 除少数补语外,介词不能带时态助词,动词可以。

例如:跟她走了一天　　*跟了她走了一天　　跟了她一天
　　　介词　　　　　　介词　　　　　　　动词

这里还需注意的是,介词中的"随着、顺着、沿着、为着、除了、为了"等词,它们后面附有"着""了"等语素,但那只是构词语素,是由时态助词虚化而来的,跟时态助词不同。作为介词,两语素间的黏着、固定属于构词法范畴;作为时态助词,它们跟谓词发生句法关系,所以它们跟谓词之间的关系较松散。

2. 习得介词及其短语的常见偏误

汉语介词及其短语跟学习者母语中的相对应部分大多有较大差异,有的表面看上去很相似,但语法意义、语法结构和功能却相差甚远,所以初、中、高不同层级的学习者都会有偏误。下面我们以一些常见的偏误为例。

2.1　介词混用

(1) *我看见艾黎他们从食堂走去了。——("从"与"朝"混淆。)

(2) *盆景可以把室内带来浓厚的生活气息。——("把"与"给"混淆。)

(3) *他给我们说了好多次对不起。——("给"与"跟"混淆。)

(4) *教授跟学生们很严,但学生们很喜欢他。——("跟"与"对"混淆。)

(5) *北京的建筑对人们留下很深的印象。——("对"与"给"混淆。)

(6) *中国学生对留学生们介绍了学校的情况。——("对"与"向"混淆。)

(7) *我们对过圣诞节的事儿一起讨论了两个小时。——("对"与"就"混淆。)

(8) *父亲往我问起汉语学习的情况。——("往"与"向"混淆。)

(9) *我们要对于自己的家人负责。——("对于"与"对"混淆。)

(10) *关于你们的批评,他不会不接受的。——("关于"与"对于"混淆。)

(11) *女人可以比男人一样。——("比"与"跟"混淆。)

2.2 介词及其短语所处位置不当

(12) *持有汉语水平6级证书,才有资格工作在这个公司。/ *狗跑来跑去在桌子旁边。/ *我从来没住过在中国。/ *我小时候生活一年在菲律宾。

(13) *他毕业从大学以后就住在家里。

(14) *电梯坏了,大家只好下来从楼梯。

(15) *他们都写作业用电脑。

2.3 误加介词

(16) *关于上个周末,我没看电影。/ *在昨天,我才收到他的来信。

(17) *我们住在的地方没有暖气。

(18) *他们到在乡下去看望阿水的祖父母。

(19) *他是在我们班里学习最好的。

(20) *昨天晚上从妈妈来电话了。

(21) *父亲知道这件事后,狠狠地惩罚了给儿子。

(22) *虽然这次考试考得不好,但是对你还有很多机会。

(23) *我现在和一个日本人一起住在。

2.4 缺少介词

(24) *我照片上看到了很多古代陶制的人、马什么的。

(25) *我充满信心我的将来。

(26) *妈妈不必再这个问题担心了。

(27) *多吃水果有好处你的身体。

(28) *我站很多人面前就会脸红。

(29) *我觉得用"把"字句的时候,顺序韩国语一样。

2.5 搭配不当

(30) *我从老师知道很多关于中国的事情。/ *在公共汽车不能抽烟。/ *在各种玫瑰,我最喜欢黄玫瑰。/ *我把苹果放在盘子,把盘子放在桌子。

(31) *在中国和越南中,大家还使用自行车。

(32) *我从法国给过我妈妈打电话。

2.6 其他

(33) *父亲常常说我:"男子汉不能流泪。"

(34) *他给我通知周一见面。/*这个故事给我们提醒怎么教育孩子。

(35) *昨天同屋买我晚饭。/*我弟弟昨天晚上两点钟打电话我。

(36) *我经常把他批评。

(37) *我从印尼来在中国,学习汉语。

(38) *我很感兴趣中国民歌。

(39) *电影的好坏要广大的观众由来评判。

(40) *老板亲自面试我在他的办公室。

3. 介词及其短语的教学

3.1 介词及其短语教学中的重点与难点

汉语学习者对介词及其短语存在意义上难以理解、用法上难以掌握的问题,因此介词一直是汉语教学中的难点与重点。教师需要针对学习者的问题,一个一个地加以讲解。当学到易混淆的介词时,还应有所侧重地进行比较。根据以上偏误,介词教学应突出以下方面:

(1) 加强单个介词的专项教学,简明扼要地讲清其使用限制条件。

如偏误例句(8)"父亲往我问起汉语学习的情况",涉及介词"往"的用法。"往"指向目的地方向,只能连接表方向的处所词语,不能连接"人"。

(2) 加强易混淆介词的对比教学。

常见的易混淆介词有:

对、跟、给/对、对于、对……来说

对、跟、向/对于、关于、至于/拿、用

比、跟/从、离/朝、向、往

把、给、替/为、为了/当、在于

按、按照、照/根据、据/依、依照

(3) 加强介词短语的分布教学。

这里需要注意两点：

a. 多数介词短语除个别有可能做定语外,大多位于谓词性成分前；

b. 少数介词短语,既可位于谓词性成分前,也可位于谓词性成分后。教师要通过具体实例,简要讲解属于 b 类的介词短语。

(4) 注意谓词性成分与名词、介词短语的关系。

偏误例句(26)(38)(40)属于谓词性成分不能带宾语的,需要用相应的介词为其引介,并位于谓词性成分前；偏误例句(21)(34)(36)属于动词能够直接带宾语的,无须介词引介；偏误例句(33),其动词有不同义项,加不加介词,意义不同。

(5) 注意不能只把注意点放在介词上,教师还应让学习者理解构句成分之间的关系,了解什么条件下需要介词引介、什么条件下不需要介词引介,否则就会误加或缺少介词等。

3.2 近义介词的对比教学

近义介词的对比教学是介词教学中的重中之重。根据学习者的汉语水平,有的对比只能很简要。学习者达到一定水平后,教师就可以对他们进行复式递升教学,有重点地分析比较了。

3.2.1 "跟""给""替"

教师教学时应侧重这三个词所引介的不同关系。

"跟"：有主次之分地协同做,有主次关系和协同关系。例如：

(41) 跟师傅好好学。——(主次关系为主,协同关系为辅。)

(42) 跟大家好好商量商量。——(协同关系为主,主次关系为辅。)

"给":有方向性的授受关系,事物由授方传向受方(受方包括受益或受损)。例如:

(43) 他给我买了一份生日礼物。——(他授,我受,礼物由他至我。)

(44) 到达之后就给你打电话。——(我传信息,你接信息,由我至你。)

(45) 老师给我做了详细讲解。——(老师传授知识,我受教,由老师至我。)

"替":一方代替本应做的一方。例如:

(46) 你去医院照顾病人吧,我替你值班。——(你本应值班,我本不应值班,但因照顾你需照顾病人,我代替你值班。)

(47) 我真替父亲着急啊。——(本应父亲着急,事实上父亲并未着急,我却代替父亲着急了。)

3.2.2 "拿"与"用"

"拿""用"二词意义接近,有时甚至可以互换使用。例如:

(48) 拿/用算盘来算。

　　拿/用大理石铺地。

　　拿/用那种眼光打量我。

如果引介的是工具、材料、方法、手段等时,两词可以互换使用,但有细微差别:"拿"更具口语色彩。"用"则是中性色彩,可用于口语和书面语。例如:

(49) 要用智慧战胜困难。——(用"拿智慧"来表达不合适。)

因此,"拿""用"在很多情况下是不能互换使用的,区别在于:

"用"的事物性更强,更具体,不能用于引介人;而"拿"可用于事物

性东西,也可用于某种关系和引介人。例如:

a. 表示认同关系——用"拿",不能用"用"。

(50) 简直是拿人不当人。/别拿鸡毛当令箭了。/在乡下,不拿这个当回事儿。

b. 表示对待关系——多用于对引介的人没有办法、无可奈何等。用"拿",不用"用"。

(51) 真拿他没办法。/你能拿他怎么样?

c. 引介人——用"拿",不用"用"。

(52) 别拿我寻开心了。/就拿老高来说吧,……

3.2.3 "为"与"为了"

"为""为了"都有"为"这个语素,学习者常常混淆这两个词。

"为"和"为了"只有在表示目的、意义时,才有可能通用。例如:

(53) 他为/为了考上一流大学努力复习了一年。

(54) 为/为了这份工作,他不知说了多少好话。

但是,以下情况不能通用:

a. 表示服务对象时,用"为",不用"为了"。例如:

(55) 为人民服务。/为下岗职工创造更多的再就业机会。

b. 表示原因时,句中有由原因引起的心理活动,谓词多为心理动词、形容词等。例如:

(56) 妈妈为有你这样的女儿而自豪。/为公司效益下滑,他心烦意乱。

3.2.4 "从""自""打"

"从""自""打"均可为动作引介时间、处所,表示时间、处所或空间

起点,但这三个词存在着两个方面的显著区别:

a. 语体色彩上 { "从"——通用于口语、书面语,使用比较广泛。
"自"——有浓重的书面语色彩,仅限于书面语。
"打"——有浓重的口语色彩,仅限于口语。

例如:(57) 从童年写起。/从头顶上飞过。

(58) 自开赛以来,球迷们总是处于兴奋状态。/黄河流域的地貌特征是自西而东跨越三级阶梯。

(59) 打小儿他就不听话。/打哪儿弄来的?

b. 结构分布上 { "从""打"——可位于句首、谓词之前,但不能位于谓词之后。
"自"——可位于谓词之前做状语,也可位于谓词之后做补语。

例如:(60) *写起从童年。/ *飞过从头顶上。/ *弄来的打哪儿?

(61) 运动员们来自世界200多个国家。——(做补语)

3.2.5 "对于""关于""至于"

"对于""关于""至于"是学生较易弄混的一组词。这三个词的主要差别如下:

"对于"引出的是对象或事物的关系者,谓语部分多与情感态度有关,表示针对对象的行为,采取某种应对性做法或表明某种相应的态度。"关于"引出的是关涉的对象,谓语部分多为具体动作。主句一般不是表明态度,而是说明所做的(事),即对相关之事怎样做。

例如:(62) 对于严格按章办事的人要予以奖励。

(63) 关于这个月的生产计划,我们现在来讨论一下。

"至于"可以引出另一相关话题,多为不尽如人意或不能确定、不能

肯定的(话题)。例如:

(64) 计划是通过了,至于什么时候开始实施,现在还不好说。

(65) 同屋的女生都在准备考研,至于我,目前还没有打算。

(66) 我把该说的都说了,至于这一万块钱,你看着办吧。

从分布上看,"关于"引出的短语可单独做文章标题,"对于""至于"不能;"关于""至于"引出的短语一般只能位于句首,而"对于"引出的短语,既可位于句首,也可位于谓词之前。

3.2.6 "朝""向""往"

这三个介词都可以为动作引出方向,是学生极易混淆的一组词。教师教学时可从造字法说起。

(1) 由造字法看本义,由本义看虚化义

"朝"是会意字,甲骨文为⿱。即其左边的上面为草,中间为日,右边为月,表示"日始出而月尚存之时",故本义为"旦也"——早晨。古代早晨朝拜君主,故引申为"朝拜、朝见"。受本义影响,"朝"由动词虚化为介词后,仍用身体的具体部位做动作并朝向目标、对象。例如:

朝他笑/朝小王撇撇嘴/朝远行的人挥手

"笑""撇撇嘴""挥手"都是具体的身体部位动作,而且动作也都朝向对象。

"向"是象形字,甲骨文为⿱。像房子的墙上开的窗子,引申为"所朝方向"。虚化为介词后,仅表空间的、人的方向等,可以没有面对的对象。例如:

向东走/向远方望去/向我扑过来

"往"是形声字,甲骨文为⿱,上为"止",足印,下为"王"表声。"往"

表示到某处去,与"来"相对。所以,"往"有向终点移动的意思,与到达点有关,通常与到达处所关联,多为位移性动作引介运行、移动方向,有实际的移动路线或目的地。例如:

往楼上搬/往后退/往怀里拉/往洞里钻

(2) 主要区别

a. 静态与动态

"向"指的是静态方向,可以不考虑对方反应。例如:

向前看/向右拐/向他发脾气/向人民负责

"朝"有半动态性,表方向时,与"向"近义,可互换使用。
引介动作的对象时,为凸显朝向关系或互动关系,多用"朝"。例如:

窗朝南/朝前看/朝远处跑去/转过身来,朝我微微笑了一下。/朝女儿点头称是/朝墙站

"往"指的是动态方向,向着目的地移动,为位移性动词引介处所。例如:

往外疏导/往头上浇水/飞往东京/运往灾区

b. 起点与终点

"朝"的对象确定后才做动作,时间上有起点,只用于动词前,不能用于动词后。例如:

朝东走　*走朝东　　朝我笑　*笑朝我

"向""往"不同,它们既可以先确定方向,再做动作,也可以先做动作,再表现动作实现的方向,有起点,也有终点,所以既可以位于动词前,也可以位于动词后。例如:

向前走/走向前　　　　向山下流去了/流向山下去了

往火车站运/运往火车站　　往美国飞/飞往美国

c. 具体与抽象

"朝"主要用于借助身体具体部位或工具做的具体动作。非位移性具体动作不能用"往"。例如：

朝——点头、踢、撞、笑、砍去、砸下去……

往——走、爬、搬、运、开、赶、通……

具体动作与抽象行为或事物均可与"向"组合。

例如：　向他走来　　　　向他致谢

　　　　朝他走来　　　＊朝他致谢

　　　　向人民认罪　　　走向幸福

　　　＊朝人民认罪　　＊走往幸福

　　　　向质量要效益

　　　＊朝/往质量要效益

"宣传、介绍、说明、解释、保证、道歉、表示"等言告类动词和"学习、讨还、了解"等获取类动词均可与"向"的介词短语搭配，一般不与"朝""往"的介词短语组合。

"向"的介词短语用于动词后做补语，较多用于抽象的隐喻用法。例如：

走向光明/黑暗　飞向远方　驶向未来　奔向幸福

(3) 用"往"需要注意的问题

"往"引介的是空间、处所，不能引介人。例如：

＊往家人/＊往客人/＊往他推　往他身上推

构成处所意义的介词短语 { 往＋处所名——往北京、往机场、往教室、往山顶
往＋普名＋方位——往兜里、往墙上、往小李那儿
往＋方位(包括单双音节)——往旁边、往下、往里 }

因为"往"引介的是空间、处所,所以要注意普通名词不能表处所,需要构成方位短语表处所。

"往"的介词短语位于动词后做补语时,与之搭配的动词通常为表移动性的单音节动词,基本结构为:

出行类动词——开/飞/驶/赶 ＋ 往……

运销类动词——贩/发/销/运/卖 ＋ 往……

转移类动词——送/寄/转/调/逃/迁/移 ＋ 往……

支使类动词——派/遣/押 ＋ 往……

要注意的是,"往"的介词短语做补语时,双音节动词不能与之组合。例如:

＊驾驶/＊飞翔/＊销售/＊贩卖/＊转交/＊邮寄/＊派遣＋往

3.2.7 "对""对于""对……来说"

这三个介词及其短语都有"对"这个语素,学习者也容易混淆。区分三者关系主要从其意义和构成成分上着眼。

"对"有两种意义:第一种是面对动作的接受对象做动作,具体动作动词如"说、笑、挤眼睛、做鬼脸"等。

基本结构为"对＋面对的对象＋具体动作性动词"。例如:

小姑娘对我挤挤眼睛,……/奶奶对我说……

第二种是给予对象某种情感态度,如尊重、热情、失望、发脾气、有意见等等。

基本结构为"对＋对象(人或事物)＋谓词(形/动,表态度、情感)"。例如:

(67) 他们对客人很过分。/大家对我的建议有不同意见。

容易跟其他两组发生混淆的,主要是第二种用法。"对于""对……来说"没有第一种用法。

"对于"也表示对待的态度,所以有时"对于"和"对"可以互换使用,相对来说,"对"的使用频率更高。但这两个词仍有细微差异,造成差异的主要原因是"对于"的"于"。"对"可以直接对"人",而"于"是进一步虚化的语素,造成"对于"关涉的对象一般不能是光杆儿名词,而是实施某行为的人和事物;"对于"句的谓语虽然也有对待态度的意思,但通常是动态性的复杂组合。基本结构为:

对于＋动态对象、情况＋谓词性结构
　　　　↓　　　　　　↓
　　(有谓词性修饰语) (间接表示态度、情感)
　　(有限定的特指对象)

例如:

(68) 对于那些不着边际的话,你不必放在心上。
　　　　　↓
　　(指某种形式的具体的话)

(69) 对于海外归来的学子,政府表示热烈欢迎。
　　　　↓
　　(有动态限定语)

(70) ＊主人对于客人失礼了。

当引介的不是一个光杆儿对象时,"对"和"对于"的选用有时有一定的随意性,但引介的对象与态度的表达为间接情况时,最好选用"对于";所修饰的中心语若是双音节词语时,也最好选用"对于"。例如:

(71) 对于电信诈骗,警察会严厉打击的。

　　　　　(谓词性结构)　　(通过一种做法间接表明态度)

所以,"对于"后接的是复杂的带有谓词性修饰语的结构,主句是表明做法的(与态度有关)。如果主句不是一种做法,而是直接表明态度,就选用"对"。例如:

(72) 对电信诈骗,警察恨之入骨。

"对……来说"侧重从某一角度说明评价事物,跟"对""对于"的差别较大。用"来说"确定的是针对某对象的说话角度,有别于他人或其他情况。基本结构为:

对＋对象＋来说,谓词性结构——客观的说明、陈述
　↓　　　↓
(主要表人)　(主要为说明,而非表情态)

例如:

(73) 北京对我来说,已经是第二故乡了。

(74) 春节对中国人来说是十分重要的。

(75) 对上了年纪的我来说,属于我的时间是越来越少了。

4. 介词短语做状语与做补语的限制条件与主要区别

4.1　介词短语做状语与做补语的限制条件

(1) 多数介词短语位于谓词中心语前的位置。例如:

　　拿剪子剪/用竹条编——(介词＋工具类)

　　替他值班/对我们很热情——(介词＋参与对象类)

　　比他壮/屋里跟外边一样冷——(介词＋施受比较类)

　　从这儿出发/打哪儿走/朝前看——(介词＋起点和经由类)

(2) 极少数介词短语既可位于中心语前,也可位于中心语后。例如:

向靶心射去/射向靶心/往北京开/开往北京——(介词+方向处所类)

在某种条件下,有的介词短语既能出现在中心语前,也能出现在中心语后,但换了条件就要受到限制。例如:

我们计划在上海开这个会。——(可以在中心语前。)

*我们计划开这个会在上海。——(不可以在中心语后,因后有宾语。)

我们计划在8月份开这个会。——(时间后紧接动作,可以在中心语前。)

*我们计划开这个会在8月份。——(不可以在中心语后。)

有的介词短语表示同样的意义,但处于中心语前或后要选用不同的介词。例如:

他在1935年出生。/他出生于1935年。——(中心语前或后要使用不同的介词。)

他从美国来。/他来自美国。——(中心语前或后要使用不同的介词。)

(3) 另有少部分介词短语只能或经常性地位于小句前。例如:

关于 对于 根据 按照 随着 通过 鉴于 自从 为了

(76) 对于这种违法乱纪的做法,我们是会严加惩处的。

(77) 通过几个回合的认真讨论,大家终于取得了一致的意见。

4.2 介词短语做状语与做补语的主要区别

4.2.1 数量上

在现代汉语中,绝大多数介词短语只位于谓词中心语前或位于句首充当状语。能够出现在谓词后做补语的介词短语很少,主要有"向、往、在、自、到、于、给"等构成的介词短语,"自、于、以"属于文言介词,用于动词后是文言的遗留用法(陈昌来,2002:104)。

4.2.2 语义上

4.2.2.1 介词所引介的意义区别

如果介词本身是多义项的,就可引介比较多的义项。例如:

在 ┌ 在办公室里聊天——(处所)
　 │ 我在春节之前一定回家——(时间)
　 │ 我在全部项目中选出这一项——(范围)
　 └ 他在导师指导之下终于完成论文——(条件)

自 ┌ 自西向东排成一排/自南洋归来——(方向/处所起点)
　 │ 自2000年7月1日起生效——(时间起点)
　 └ 自下而上展开选举——(范围起点)

但是,同样的介词出现在中心语后时,引介的范围就变得很窄、很单一。例如:

　　放在桌子上吧/安排在五月中旬——(可以引介处所、时间,不可以引介范围、条件。)

　　感情发自内心/该文摘自晚报——(可以引介处所、来源,不可以引介范围。)

4.2.2.2 形式相同的介词短语处于谓词中心语前和后表义有差别

除了"自、于、以"用于动词后是文言的遗留用法外,"向、往、在、到"都有共同的语义特点——引介终点性的方向、处所;"给"用在动词后可以引介对象,表示事物由施事发出,转移到受事过程的终止。可见它们在表义上有共同特征——终点性。而这些介词短语用于动词前时,则都表示动作过程的起点或伴随性和已存在的状态。如图8-1:

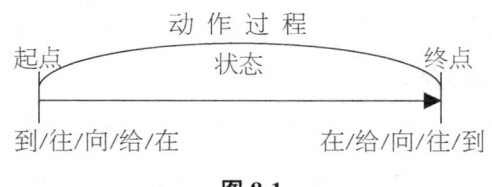

图 8-1

例如：

a₁. 到那个屋里去搬。——（先到屋里再搬。）

a₂. 搬到那个屋里去。——（先搬再到屋里。）

b₁. 在水上漂着。——（静态地存在于水上，在水上与漂是伴随状态。）

b₂. 漂在水上。——（看到漂的终止状态，即落在水上。）

c₁. 火车往北京开。——（着眼于起点的火车运行路线。）

c₂. 火车开往北京。——（着眼于终点的火车运行路线。）

4.2.2.3 受到意义的制约，哪些情况下介词短语不能置于中心语后

由于介词短语位于中心语后有具体动作过程终结义的制约，同时还受到其他语法结构的制约，所以以下介词短语不能位于中心语后：

(78) ＊持有汉语水平6级证书，才有资格工作在这个公司。

(79) ＊狗跑来跑去在桌子旁边。

(80) ＊我从来没住在中国。

(81) ＊我吃饭经常在食堂。

(82) ＊我小时候生活了一年在菲律宾。

(83) ＊我写完在纸上。

(84) ＊我去到医院看望他。

4.2.3 音节形式

一般来说，在现代汉语中，介词短语位于中心语前占主流，所用的介词既有单音节的，也有双音节的；句中的谓词同样既有单音节的，也

有双音节的。也就是说,位于中心语前的介词和句中的谓词,在音节形式上,没有严格的限制。

但是,位于中心语后的介词往往受到古汉语的影响,只能使用单音节介词;中心语也受到一定的制约,有的只能与单音节动词搭配。例如:

(85) 发自肺腑　　　　　＊抒发自肺腑
(86) 送往灾区/往灾区运送　＊运送往灾区
(87) 奔向光明/向我解释　　＊奔跑向光明

汉语介词表义复杂,结构形式也有一定的灵活性,语序对表义也产生一定的影响,有时需要在一定的语境下进行选择,这些都给汉语学习者带来困难,所以介词教学需要逐个进行,并做适当总结。

第二节　助词的常见偏误、教学要点与策略

本节主要涉及两类助词:结构助词"的、地、得"和时态助词"了、着、过"。助词的共同特点是:黏附在词或短语上,表示一定的语法意义;在形式上一律读轻声。下面主要谈谈助词习得中的常见偏误、教学要点与策略。

1. 结构助词的常见偏误、教学要点与策略

1.1　结构助词的基本知识

结构助词"的""地""得"分工如下:

(1)"的"　⎧ 定语标志,如:
　　　　　⎨ 我的眼镜/奥运会的项目/慈祥的面孔
　　　　　⎨ 构成"的"字短语,作用等同名词,如:
　　　　　⎩ 你的/红的/私营的

(2) "地"是状语标志,如:

清楚地写下/一个一个地考/头也不抬地说

(3) "得"是补语标志,如:

高兴得很/唱得好/过得去/困得睁不开眼

1.2 结构助词"的"的常见偏误、教学要点与策略

1.2.1 结构助词"的"的常见偏误

(1) ＊你想要哪一碗,大还是小？——(指物应用"的"字短语。)

(2) ＊他照顾他的自己。/＊我住在姑母的家。/＊我不知道你喜欢什么的颜色。/＊我们班有四十五个的人。/＊信不信他的说的话？——(误加"的"。)

(3) ＊你口语不如别同学。/＊我现在要准备明天考试。/＊生孩子是人自由。/＊老师总用考试办法让学生读书。——(缺少"的"。)

(4) ＊我的在生活上的最大的愿望是……/＊除了这门课以外,我的别课成绩都是 A。——(多项定语中"的"的共用问题。)

"的"是定语标志,但并非所有定语都必须用"的"。定语种类繁多,加"的"不加"的"的情况比较复杂,由以上偏误可见,学习者掌握"的"的主要问题是:什么时候该用、什么时候不该用、什么时候可以省略等等。针对以上问题,教学时,教师应简要地将一般规律告诉学生,帮助他们尽快掌握。

1.2.2 一般需要用"的"的情况

(1) 动词或动词性短语＋的＋中心语

坐的椅子 用过的电脑 孩子玩的球 他送的礼物

动词或动词性短语做定语必须用"的",这是强制性条件,否则会出现功能混淆。如:

  得的奖≠得奖   女孩骑的红自行车≠女孩骑红自行车
  研究的课题≠研究课题 飘下来的雪花≠飘下来雪花

(2) 双音节以上的形容词或形容词性短语＋的＋中心语

  白白的墙 幸福的感觉 慌里慌张的样子 很不友好的态度

(3) 表领属、时间、处所、范围等意义的词语＋的＋中心语

  朋友的房子 最近的事 院子里的鸡 工作上的难题

(4) 描写性数量短语＋的＋中心语

  七十多岁的老人 十几斤重的大西瓜 一米九的个头

另外,"动词性短语/形容词性短语＋的"构成"的"字短语,用以指人或事物,作用相当于名词。

  他说的不对——(指话)
  好的放这儿——(指物)
  来的不多——(指人)

1.2.3 一般无须用"的"的情况

(1) 表人代词＋中心语(表亲近关系的亲属名词)

  我爸爸 他爷爷 你弟弟 咱叔

(2) 复数代词＋中心语(表人、表单位的名词)

  我们老师 他们领导 你们单位

(3) 单音节形容词(表性质)＋中心语

  老朋友 新电脑 旧房子 小个子

(4) 表质料、职业、国籍等意义的名词＋中心语

　　石头桌子　网络工程师　中国地图

(5) 区别词＋中心语

　　彩色照片　国营商店　法式套餐　中级汉语

(6) 量词短语＋中心语

　　那种说法　这位爷爷　两个朋友　一篇文章

1.2.4　多项定语中"的"的省略与共用

当表领属、时间、处所、范围等意义的几项定语分别指向中心语时，只要不发生不正确的结构关系及意义，就可将前面修饰语用的"的"隐去，而保留后一项修饰语与中心语之间的"的"，造成几项修饰语共用一个"的"的情况，这样的语句表达简省利落。例如：

单项定语时，定语后均应用"的"：

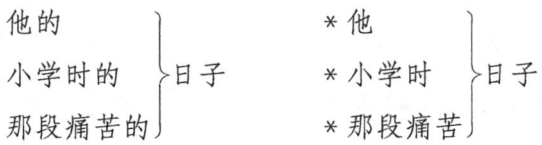

多项定语时，多项共用最后一个"的"：

（张师傅想起了）他　小学时　那段痛苦　的　日子。

"的"必现的结构大多是谓语性定语结构，主要是动词性结构和描写性强的形容词性结构，有时会出现连用两个甚至三个"的"的情况。例如：

　　照片上显示的是女孩儿圆睁着的惊恐的眼睛。

1.3 结构助词"地"的常见偏误、教学要点与策略

1.3.1 结构助词"地"的常见偏误

(5) *我有一点儿地饿。/ *他马上地跑了过来。/ *快地做作业吧。——(误加"地"。)

(6) *阿姨激动对我说："谢谢"。/ *我看他那么认真修,很感动。——(缺少"地"。)

(7) *为了挣学费,他每天地拼命打工。——("地"的位置不当。)

状语标志"地"比定语标志"的"用得少得多,有时需要根据语境或说话人的凸显角度来决定,有一定的灵活性。还有必用"地"或多用"地"的情况,教师在教学中应尽量说明。

1.3.2 必用"地"的情况

(1) 状语属于描写人的情感貌、神态貌,必须用"地"。例如：

她难过地哭了起来。　　老师严肃地批评道……
小王很有礼貌地点点头。　小伙子大大方方地介绍起来。

由于状语是描写人的情感貌、神态貌,所以其语义一定指向主语"人"。看其是否属于这种状语,简单的检验方法是将主语和状语放在一起,看其可否成立。例如：

她难过　老师严肃　小王很有礼貌　小伙子大大方方

(2) 状语的描写指向事物的状貌,一般也必用"地"。例如：

圆圆地画了一个圈。　　清楚地写下了他的名字。
茶热热地沏在那里。

这种类型的检验方法跟上面的类似,所不同的是,状语指向的是宾语或事物,需与宾语或事物主语合成检验。例如：

圆圆的圈　清楚的名字　热热的茶

1.3.3　多用"地"的情况

突出描写动作的样态,大多需要用"地",状语的基本类型为"双/多音节形容词或谓词性短语、数量重叠式"。例如：

仔细地查看　狠狠地训　整整齐齐地摆在那儿
大踏步地走过去　一遍一遍/一遍遍地嘱咐

同样是上述状语,如果说话人不想凸显动作样态、动作过程时,也可以不用"地"。

1.4　结构助词"得"的使用情况

在补语中,与"得"有关的主要是程度补语、情态补语和可能补语三类。

(1) 程度补语中分两种情况：

a. 不加"得"。例如：

想死了/累坏了/糟透了/聪明极了/差远了

b. 加"得"。例如：

忙得很/气得要死/饿得慌/紧张得不得了/差得远了

(2) 情态补语都必须用"得"。例如：

报告写得很清楚。/恨得她咬牙切齿的。

(3) 可能补语在表可能性时,需在中间插入"得"。例如：

砸得碎吗？/爬得动。/安得上。/吃得了。

2. 时态助词的常见偏误、教学要点与策略

2.1　时态助词的基本知识

汉语的时态助词主要指"了""着""过"。

$\begin{cases}\text{"了"——用在谓词后,表示动作的完成或动作、状态出现的变化。}\\\text{"着"——用在谓词后,表示动作的进行或状态的持续。}\\\text{"过"——用在谓词后,表示经历过的动作或变化。}\end{cases}$

由于汉语不属于具有严格意义或普遍意义形态变化的语言,所以谓词与时态助词"了""着""过"配合使用时有一定的意合性。例如:"吃完了饭去找你"跟"吃完饭去找你","抓起了衣服跑了出去"跟"抓起衣服跑了出去"可能有一点儿细微差别,但总的来说差别不大。加之,汉语表时体貌不仅仅限于"了""着""过"三个时态助词,还有副词、补语、趋向动词、"一……一……"等等形式,这就使学习者对汉语时体貌的掌握感到困难。

另外,汉语时态助词的本体研究,如对"了"的本体研究还存在一些分歧。考虑到汉语教学的基本原则是从简,所以这部分打破常规的分类法,将句末"了"(通常归入语气词)也纳入了此部分。

2.2　时态助词"了"的常见偏误、教学要点与策略

2.2.1　时态助词"了"的常见偏误

(8)　*你什么时候出生了?/*我上星期来了这里。——("了"应改为"的",表过去时间。)

(9)　*他正在找了工作。——("正在"表进行时,不与"了"同现。)

(10)　*她的眼睛长了十分漂亮。/*那时候,他还住了在农村。——(前一句"长"与"十分漂亮"是动补关系,"了"应改为"得";后一句误加"了"。)

(11)　*我的话并没有引起了他的注意。——("没有"与"了"不同现,删"了"。)

(12)　*我看过三遍了电影。——("了"的位置应在句尾。)

(13)　*售货员说话太快了,我听不懂了。——(可能补语"听不懂"不与"了"同现。)

(14) ＊这儿日本的办公处很多,我吃惊了。／＊北京的旅游挺愉快了。——(心理动词"吃惊"改为"很吃惊","挺愉快了"改为"很愉快"。)

(15) ＊我来中国以前,就决心了跟中国人交朋友。／＊他认为了自己做得对。／＊我要了去上课。——(动词"决心"后和意愿句中误加"了"。)

(16) ＊我常常去了商店,有时打的去了,有时骑车去了。＊我每天五点起床练习打太极拳了。——("常常""每天"表示经常性动作,误加"了"。)

(17) ＊时间还早,我去了商店买东西。——(连动句中表过去完成的动作,在第二个动作后加"了"。)

(18) ＊到了天津时是晚上六点。／＊你们打算毕业了以后干什么？——(无须用"了","到了天津时"应改为"到天津时","毕业了"应改为"毕业"。)

(19) ＊我里里外外仔细翻一遍没翻到。——(表示过去的时间,有描写状语和动量补语,需加"了","翻"应改为"翻了"。)

(20) ＊父亲那天好好儿地休息一天。——(表示过去的时间,有时量补语,缺少"了","休息"应改为"休息了"。)

(21) ＊听祖父的话,我懂得了一个道理。——(前后句有因果关系,缺少一个"了","听"应改为"听了"。)

(22) ＊你来找我时,可别忘先给我打电话。——(表劝阻,缺少一个"了","忘"应改为"忘了"。)

(23) ＊我昨天突然生病,所以没来上课。／＊她终于学会骑自行车。——("生病"应改为"生病了","她终于学会骑自行车"的句末缺少"了"。)

2.2.2 关于"了"的教学要点与策略

学习者对于"了"存在的较为普遍的认识误区有：

(1) 只要是过去(现在以前就已经存在)的动作与事情,就应该用"了"；

(2) "了"用在动词后或用在句末都一样,没什么区别；

(3) 没有过去时间词的句子不需要用"了"。

教师可简要归纳一下"了"的语法意义：无论是句中还是句末的"了",都表示"改变"的意义(除"太/可~了"等)。

2.2.2.1 不同形式的改变义和其语法意义

a. "了"表示动作的改变义,即动作完成或状态出现,"了"位于动词后。

条件1：现在以前的时间,用于叙述；宾语不确指,其前多为数量短语,"了"有强制性。例如：

(24) 昨天我写了一篇报道。/下了课,她给我打了一个电话。

条件2：现在或当前时间(没有时间词语),用于陈述；有动量短语,宾语确指等。例如：

(25) 他看了看我说……/等了几分钟/我看了一遍书稿

有时,动作有动作结果等条件,不能结句(有后续句),"了"有非强制性。例如：

(26) 吃饱(了)饭就走。/抓起(了)帽子,冲出门外。

条件3：将来的时间,有动作时点(可加"以后/之后"等检验)；宾语一般是确指的,主要用于意愿句、祈使句。例如：

(27) 下午下了课(以后)我去找你。——(意愿句)

(28) 到了(之后)就给我打电话。——(现在还没走。) ⎫
(29) 吃饱了(以后)就走啊。——(现在在吃,还没饱。) ⎭ 祈使句

b. "了"表示状态的改变义,即由一种状态变为另一种状态后,另一种状态还保持着,"了"位于句末。例如:

(30) 下雨了/太阳出来了——(自然现象的改变)

(31) 他累了/脸红了/长胖了——(性状的改变)

(32) 河上有桥了/儿子会写字了——(情况的改变)

(33) 看了三遍了/五点了/20岁了——(数量的改变)

c. "了"表示承接性的改变义,用于转换话题或境况。例如:

(34) 好了,今天就到这里吧。——(结束上述话题,引出结束语。)

(35) 再说了,……——(转换成新话题、新角度等。)

(36) 大家坐好了/吃饭了/开会了——(转换成招呼、祈使、要求等。)

(卢福波,2002:115)

表示过去的时间时,要注意以下几种必用"了"的情况:

a. 目的连动句——动$_1$……+动$_2$+了+数量/宾语

(37) 刚才我去邮局发了一封特快专递。/他来这里学了几年中医。

注意:这种类型不要将"了"置于"动$_1$"后。例如:

(38) *上午我去了医院看望病人。

b. 连贯/承接动作——动$_1$+了……(就/才)+动$_2$……(了)

(39) 他来这儿看了会儿书就走了。

c. 因果连接——动$_1$完成(了/完等)→接着发生动$_2$的情况

(40) 听了报告,大家都很感动。/把要说的话都说了出来,心里觉得舒服多了。

2.2.2.2 不用"了"的情况

在汉语教学中,教师除了需要谈到必用"了"和常用"了"的情况外,还应该让学习者明确不用"了"的情况。概括如下:

a. 动词前用"没"否定时,属一个语义层面的不用"了"。例如:

(41) ＊我昨天没去了图书馆/＊我昨天没去图书馆了。/＊花没红了。

b. 表经常性或一贯性动作,不用"了"。例如:

(42) ＊我每天都跑步了。/她总是迟到了。/他和朋友们通常晚上九点后去酒吧了。

c. 只说明性状,谓词为形容词,不叙述其变化,不用"了"。例如:

(43) ＊这里的东西很贵了。/＊他非常聪明了。/＊他长得结结实实了。

(44) 你最近忙不忙?

——不忙/很忙。(＊不忙了/＊很忙了)

d. 用人物之间的对话形式(对话体)叙述事件,是正在进行的对话活动,对话双方的说话行为不需要用"了"。例如:

(45) ＊马克说了:"老板,这双鞋可以试试吗?"售货员说了:"可以。怎么样?"

e. 动词个别小类,如判断类、感知类和能愿类等动词后大多不用"了"。这些动词有"是、姓、认为、以为、觉得、应该、能、能够、喜欢、向往、希望、加以"等。例如:

(46) ＊我认为了这件事你做得对。

(47) ＊热恋中,我们向往了幸福。

(48) ＊我希望了他能帮我,可是他没有。

2.2.3 助词的对比教学

2.2.3.1 "了"在动词后、句末不同位置的对比

在叙述事件的表达中,当句中有表过去的时间词语时,通常会用"了",但句中其他条件会制约"了"的位置。以下为常见的两种情况:

(1) 有数量时,包括名量、动量,"了"多用在动词后。

(49) 我昨天下午去了一趟商店。
上周五我给他写了一封回信。

(2) 无数量时,包括名量、动量,也无后续句,"了"多用在句末。

(50) 我昨天下午去商店了。

(51) 上周老张去上海了。

如何解释这种现象呢?我认为主要是数量在起作用。有了数量,表明动作一定量的完成,所以"了"要位于动词后;而没有数量,只表明一个事件的发生,所以"了"要位于整个事件之后,即句末。

教师可通过问答等形式操练进行强化,区分事件和数量。例如:

(52) A:你昨天晚上干什么了?　　⎫
　　　B:写作业了。　　　　　　　⎬ 事件

(53) A:(昨天晚上)写了多少(作业)?　⎫
　　　B:写了一个小时/写了两页。　 ⎬ 一定量的完成

2.2.3.2 关于表时意义的"了"与"的"的辨析

教学中,教师常常发现学习者将具有表时意义的"了"与"的"混用。例如:

(54) A:*你怎么来了?
　　　B:*打车来了。

(55) A:(看着手里的东西)真漂亮啊!*你在哪儿买了?

B:*在北京琉璃厂买了。

(56) A:大卫怎么没来上课?

B:*他去医院看病的。

(57) *我不跟他们一起去的。我妈妈来的,我要陪妈妈。

学习者之所以容易将二者混淆,是因为它们都表示在现在以前的时间做完(的事情)。

针对学习者的问题,教师在教学中要让学习者了解"了"句对未知事件转变过程的传信和"的"句对已知事件局部未知点的传信。因此,教师要让学习者了解对话的目的和前提。例如:说话人是否要向听话人讲述一个已经发生而听话人不知道(或以为听话人不知道)的事情,或者讲述一个听话人原来就知道,不过不是按原计划发生了的事情,如果是的话,就要用"了"句。例如:

(58) A:昨天我去北京了。

此句的前提是听话人不知道说话人去北京这件事或者原来知道的是这个周末去北京,现在时间有改变,发生了跟计划不同的事,所以为未知。

听话人听到(58)句A说的话后,已知说话人去北京的事情了,说话的前提改变了——变成已知信息,若想进一步了解去北京这件事的某个局部未知点,就要用"的"句。例如:

(59) B:跟朋友去的?

A:不是,一个人去的。

(60) B:昨天晚上回来的?

A:嗯,坐最晚那趟车回来的。

假如B想转换话题,了解A在北京时做的其他事情,就要再换成"了"句,因为这又成了未知事件。例如:

(61) B:除了天安门,你还去哪儿了?
A:还去颐和园了。

也就是说,同样的话题会由于语境条件的不同而发生"了"和"的"句的转换。A可能说"在颐和园我还照相了",也可能说"你看,在颐和园照的(手拿照片)"。前句是将照相作为未知信息向对方传递,故用"了"句,后句出现了手拿照片的语境条件,意味着照相是已知事件,说话人只是对照相一事的局部未知信息进行传递,所以用了"的"句。

关于"了"句与"的"句的主要区别,可以简要概括如下:

"了"句是对动作或事件从无到有的转化过程的传信,讲述一件对方未知之事;"的"句是对已知事件的局部未知点的传信,对某件事的对方未知信息做说明。"了"句是讲述未知事件,具有叙述功能;"的"句是对已发生事件的局部未知点的说明,具有说明功能。

因为"的"句只是对某点的说明或确认,所以只能用断定形式回答问题。例如:

(62) A:你是54年出生的吗?
B:不是,我是56年出生的。

(63) A:他给你办的护照吗?
B:不是他给我办的,是我自己办的。
＊他没给我办的,是我自己办的。

"没(有)"的否定是对一个实现过程的否定,是说话人对一个没有实现的过程的叙述,所以对"了"句的否定只能用"没(有)"。例如:

(64) A:你今天去办护照了吗?
B:没去,材料还不全。
＊不是,材料还不全。

"的"句具有说明、确认的功能,主要用于询问、回答这种对话性的语境;"了"句的功能是叙述,主要用于叙述体的语境。

同样一句话,只要存在"了"与"的"的差别,就说明其前提条件、交际目的不同。例如:

(65) A:他一个人去了。——(原先可能还有别人去,现在情况改变了,出现了新情况。)

(66) B:他一个人去的。——(告知听话人有关"去"这件事的某种方式。)

(卢福波,2002:59—65)

所以讲授"了""的"句时,最好设计适当的语境条件进行要点讲解,这样学习者就不会感到抽象难懂了。

2.3 时态助词"着"的常见偏误、教学要点与策略

2.3.1 "着"的常见偏误

(1) 学习者以为"着"有时间长度,常将"着"与已完成的时间长度词连用。例如:

(67) *我一天学习着。

(2) 学习者不了解汉语动结、动趋、情态补语等形式里的动作是有时间截点的动作,不能用于时间上的持续。例如:

(68) *刚才我的同屋收拾干净着房间。

(69) *那个美国人走进着教室。

(70) *你看,孩子们玩着得很高兴。

(3) 学习者不了解汉语动量补语也表动作的时间截点。例如:

(71) *这部电影我看着三遍了。

(72) *为这件事爸爸批评着我两回。

(4) 学习者分不清持续动词与非持续性动词,将非持续性动词与"着"连用。例如:

(73) ＊你不用讲了,我知道着这个操作方法。

(74) ＊看见着她那优美的表演,我深深地感动了。

(5) 学习者分不清一般动词与离合动词或动宾式短语,将"着"置于宾语成分后。例如:

(75) ＊那天晚上,大家唱歌着,跳舞着,玩得很愉快。

(76) ＊他们热烈地鼓掌着欢迎我们。

(6) 缺少"着"。例如:

(77) ＊同学们围老师问这问那。

(78) ＊他们在这里过愉快的生活。

2.3.2　时态助词"着"的教学要点

汉语时态助词"着"表示动作或状态的持续。

(1) 表示动作的持续。基本形式为"动作性动词＋着(＋其他)"。例如:

(79) 她在屋里陪着客人呢。——(在陪)

(80) 昏迷中一直呼喊着他的名字。——(在呼喊)

(81) 马路上走着一群学生。——(在走)

(2) 表示状态的持续。基本形式为"处所名词＋状态性动词＋着(＋其他)"。用于存在句,即在某处存在某动作所产生的状态。例如:

(82) 门上挂着一把大锁。

(83) 病床上躺着一位老人。

(3) 表示动作的方式或目的。基本形式为"动$_1$＋着……＋动$_2$……

('动₁'基本上是单音节动词)"。例如：

  笑着说 躺着看书 骑着自行车到处跑
  急着走 攒着买房

2.3.3 关于"着"的教学策略

根据以上偏误，教学中应突出以下几点：

(1) 不能用"着"的情况。

由于"着"表示动作或状态的持续，所以教师应让学习者理解，凡是表示动作有时间起点或终点的，都不能用"着"。我们可以简要概括如下：

  *动作＋着＋结果/动量/时段/趋向/情态/介词短语/了/过

  例如：*我记住着生词。/*他读着一遍信。/*彩旗飘着起来。
    *她笑着得很甜。/*爷爷坐着在沙发上。/*她哭着说了。

(2) 动态助词"着"紧接于动作后，不能置于宾语后。

动态助词是动作、状态时间过程的一种表现，不能将它置于动词关涉、连带、支配的事物——宾语后。学习者将"着"置于宾语后，是因为不清楚动作与"着"的关系或离合动词问题。所以教师在教学时要说明离合动词是一种结构上尚未完全凝固化的动词，在离合动词中，时态助词要紧接于动词语素后。即：

  跳舞 跳着舞 *跳舞着 品茶 品着茶 *品茶着
  握手 握着手 *握手着 鼓掌 鼓着掌 *鼓掌着
  洗澡 洗着澡 *洗澡着 写字 写着字 *写字着

(3) 表动作方式或表状态时需用"着"。

描述说明动作是用什么方式做的，需用"着"。例如：

  躺着看书 晃着脑袋说 走着来的

描写动作发生后产生的一种状态在持续,需用"着"。例如:

　　石碑上刻着几个大字　　空中飘着一束束彩球

(4) 进行的持续状态与进行不同。

严格来说,"着"表示的是持续状态,而汉语副词"在"表示的是在某时间内的进行。这两者是有细微差别的。例如:

　　(84) 你进来时我在洗衣服。
　　　　＊你进来时我洗着衣服。
　　(85) 你在等谁呀?
　　　　＊你等着谁呀?
　　(86) 她用心地听着,一个字一个字地记着。

2.4　时态助词"过"的教学要点与策略

2.4.1　"过"表示过去曾经有的动作、状态的经历,基本结构为"动/形＋过"。

　　(87) 我去过长城。
　　(88) 他跟工厂领导见过面。
　　(89) 她以前胖过。

2.4.2　"过"的教学需注意的问题

(1) 表示现在以前的时间,句中有"从/从来＋没"形式,要用"过"。例如:

　　(90) 他从来没有帮助过别人。
　　(91) 我从未写过这种信。

(2) 表示未曾发生,句中有"过",要用"没/没有""未曾"否定,一般不用"不"。例如:

(92) 你以前没吃过中国菜吗?

　　——没有。

　　*你以前不吃过中国菜吗?

　　——*不。

(93) 我没看过这么激烈的比赛。

　　*我不看过这么激烈的比赛。

(3) 表示目的连动关系时,注意"过"的位置,基本结构为"动$_1$……＋动$_2$＋过……"。例如:

(94) 他回老家见过乡亲们。

(95) 我以前去那里旅游过。

(4) 表示经常性的动作时,不能用"过"。例如:

(96) *刚来中国时,他总是迟到过。

(97) *我的朋友每天都锻炼过身体。

(5) 表示动作的进行、持续时,不能用"过"。例如:

(98) *我感觉过他在注意我。

(6) 离合动词、某些动词小类不能用"过"。例如:

(99) *我困难的时候,他帮忙过我。

(100) *你知道过这件事情吗?

第三节　语气词的常见偏误、教学要点与策略

1. 语气词的基本知识

语气词是汉语中比较有特点的词类,有些语言是没有语气词的,汉

语中不但有,还有一定的数量,借助它们可以表达丰富的情态意义。例如:

吃吗?——(不知是否该吃,发出疑问。)
吃吧。——(表示建议、商量、请求或同意等。)
吃呀!——(嫌对方还不吃而催促。)
吃呢。——(表示不用催了,已经在吃了。)
吃嘛。——(表示合情理,不必犹豫、不好意思等。)
吃呗。——(表达不介意、不在乎或不屑一顾等的情态。)
吃哈。——(表达嘱咐、请求、劝解等和蔼、柔和的语气。)

可见,不同的语气词可以传递截然不同的信息,表达不同的情态。这说明汉语语气词的作用很大,表达的情态也十分复杂,大多需要借助语境来体会,因此,这部分内容一直是汉语教学的难点。

关于语气词的学习,学习者要了解以下基本知识:

(1) 语气词在汉语中的分布位置

语气词位于句末,主要表示陈述、疑问、祈使、感叹等语气;语气词也可位于句中,一般位于主语后,起到提示话题的作用;也有少数位于其他成分后,表示停顿,起到引起注意、舒缓语气等作用。

(2) 常见语气词的语气类型

表陈述语气的语气词有"了、的、呢、啊、嘛、呗、喽、哈、罢了、着呢"等,表疑问语气的语气词有"吗、吧、呢、啊、哈"等,表祈使语气的语气词有"吧、啊、哈"等,表感叹语气的语气词有"啊、哦"等。

(3) 音变或合音的语气词

"哪、哇、呀"均为"啊"前一字节的尾音与"啊"音变的结果,"啦、哪"是"了+啊""呢+啊"合音的结果。具体规则见表8-1:

表 8-1 "啊"的音变和合音

类别	前一音节尾音或词	读作	写作	用例
音变	尾音 a/e/i/ü ＋ 啊	ia	呀	爬呀 唱歌呀 来呀 真累呀 吃鱼呀
	尾音 u/ou/ao ＋ 啊	ua	哇	哭哇 快修哇 游哇 多好哇 要哇
	尾音 n ＋ 啊	na	哪	干哪 喊哪 戒烟哪 真热心哪
	尾音 ng ＋ 啊	nga		行啊 真棒啊
合音	了 ＋ 啊	la	啦	长这么高啦 不走啦 学会啦 住了五年啦
	呢 ＋ 啊	na	哪	时间还早着哪 天热着哪 自尊心强着哪

(4) 语气词的共同特点

a. 只能黏附,附于句末或句子成分后,不能单用。例如:

(1) 人还不少呢。——(附于句末。)

(2) 老王啊,人不错!——(附于句子主语后。)

(3) 吃吧,觉得不应该;不吃吧,面子上过不去。——(附于句子成分后。)

b. 均读轻声。

(5) 语气词的连用

汉语语气词还可以两个甚至三个连用,但需注意连用时表示的语气是有层次的。即排在最前面的语气词表达第一层语气,排在后面的语气词表达后一层语气,排在最后的语气词是全句的语气重心。例如:

不下雨了吧?

2. 语气词的常见偏误

(4) *事故到底是怎么发生的吗?——("吗"应改为"呢"。)

(5) *你看,雨越下越大,足球恐怕赛不成了嘛。——("嘛"应改为"吧"。)

(6) *我小的时候,家里晚上吃饭很热闹啊。——(描写情状,不用"啊"。)

(7) *老师好热情吧,我很感动。——("吧"应改为"啊"。)

(8) *这件事你可以自己解决呢,又何苦去麻烦别人吗?——(前句表确定,应用"的";后句有疑问词"何苦",应用"呢"。)

(9) *这件事我也不知道吧。——("吧"表示不确定的推测,而此句是第一人称,对是否知道应该是确定的,不应用"吧",应用"啊"。)

(10) *哎,你踩到我的脚!——(告诉别人发生了新情况,句末应用"了"或"啦"。)

(11) *这里是医院,请你不要大声说话吧!——(劝阻、禁止不要用"吧"。)

(12) *小猫非常漂亮的,也非常善良的。——("程度+形容词"描述事物,不用"的"。)

(13) *这种颜色的玉石,我觉得她会喜欢呢。——("会"表确定的估计,句末应用"的"搭配。)

(14) *他到底是给你打电话呢?——(句中没有疑问代词,不用"呢"。)

(15) *在那里,是否可以吃到地道的家乡菜吗?——(句中用"是否"来疑问,不用"吗",可用"呢"。)

(16) *你什么时候来的吗?——(句中有疑问代词,应用"呢"。)

(17) *难道你不相信我呢?——(是非反问句,应用"吗"。)

(18) *什么看书呢、听音乐呢、唱歌跳舞呢,他都喜欢。——(多项列举,应用"啊"或"啊"的音变形式。)

(19) *就算这件事跟你没有什么关系呢,你也不能这样做啊。——(前句是确定语气,没有疑问,不能用"呢"。)

(20) *年轻人吧,多干些活儿是应当的呢。——(表示理所当然的语气,"吧"应改为"嘛";表示确定的语气,"呢"应改为"啊"。)

3. 语气词的教学要点与策略

从以上偏误可见,学习者较难准确把握说话人的情态,所以或者回避使用语气词,或者乱用语气词。语气词要靠对语境的体会来理解说话人的情态,教师教学时应尽量结合上下文或对话情景,说明说话人所表达的情态,让学习者充分理解。

3.1 "吗"与"吧"

"吗"表示疑问语气时,一般是未知而问,即对相关事情一无所知而问。当然有时说话人对相关事情是有所知的,使用"吗"是为了有无所知的效果。

"吧"表示疑问语气时,一般是有所知而问,即说话人根据某种情况、现象等,做出一定的估计推测后发问。例如:

(21) 你是这个公司的职工吗?——(对于是不是这个公司的职工一无所知。)

你是这个公司的职工吧?——(根据某些情况已有自己的判断、估计。)

3.2 用作语气词的"了"和"的"

作为语气词的"了"位于句末主要表示两种情况：一是客观的叙述，告知发生的一件事情或新出现的一种情况；二是主观的感叹，多与"太""可"等副词搭配。例如：

(22) 王姨去超市买东西了。

(23) 又飘来云了，看样子还得下。

(24) 他讲得太精彩了！

作为语气词的"的"主要表示确认、断定，用以说明某种情况，常与副词"是"、能愿动词"会"等搭配。例如：

(25) 花瓶是我弄碎的，但的确不是成心的。

(26) 我相信他会想明白的。

3.3 "吧"

"吧"表示的语气主要表达不强硬、不确定等的情态。"不强硬"的语气通常表现在催促、建议、商量、请求等功能句中。这些功能句通过"吧"的语气，表现了说话人把决断权交给听话人一方，从"催促"到"请求"，给予听话人的决断权逐步递增，语气相对缓和。例如：

(27) 快走！——（催促，不给听话人决断权，近乎命令或就是命令。）

快走吧！——（催促或请求，给听话人一定决断权，说话人的意志不是很强。）

(28) 这样可以。——（不是商量，说话人做出决断。）

这样可以吧。——（商量意味较强，想征得听话人的同意，听话人有决断权。）

"吧"也可以表示同意。跟上述语气一致，用"吧"表示的同意，一般

是顺应听话人意见的同意,所以本质上还是尊重听话人的意见,或转交权力给听话人,让其来决断。例如:

(29) A:她最近心情不太好,咱们去看看她吧。——(建议或商量。)

B:好吧。——(同意,顺应听话人的建议。)

(30) A:我根据大家的意见把方案修改了一下,您看看行不行?

B:行啊,就这样吧。

用语气词"吧"表达的疑问句,表现了较强的不确定性。例如:

(31) 那个建议是老王提的吧?——(有所知,但不肯定。)

(32) 明天不会下雪吧?——(根据天气情况,有自己的推测,但不确定。)

3.4 关于语气词"呢"

语气词"呢"表达的主观情态色彩较强,在语境中隐含的东西比较复杂,用法也多,所以学习者习得该词有一定的难度。该词不宜在初级汉语水平阶段做系统教学。

句末"呢"在汉语中既可用于陈述句,也可用于疑问句。在表达陈述语气时,既可用于进行时态的叙述,也可用于夸张渲染;在表达疑问语气时,既可用于有疑问语气的句子,也可用于对举式的简问形式。但无论是哪种类型,"呢"表达的大多还是一种主观的否定性情态,即对一种事实的否定或质疑。"呢"句常常给听话人带来思考、警告等,也可以表达说话人的困惑、疑惑等。这是说话人用"呢"句的目的所在。因此学习"呢"句不能只停留在句子表层的疑问上,还要注意语气所含的预设,以及上下文或情景。教师要让学习者在充分理解说话人所表达的态度和情感的前提下掌握"呢"。

"呢"句主要应用于以下类型的句子:

(33) 我们到底怎么办呢？——(疑问代词＋呢,特指疑问句。)

该句可能的语境是:说话人对听话人犹豫不决的做法和态度不太满意,从而催促其尽快拿主意;也有可能只是说话人在表示自己的一种犹疑心态。

(34) 我就不明白了,你到底是真幼稚呢,还是有意偏袒家树？——(选择疑问句。)

该句的实际语境是:说话人认为听话人有意偏袒家树,因而对听话人不满,问的目的在于让听话人明白自己的态度,反思自己的做法,从而施加压力。

(35) 通知上写得清清楚楚的,他怎么会不知道呢？——(带有反问语气。)

该句的可能语境是:说话人对"他"说不知道表示质疑,不相信这一说法,表示否定的态度。

(36) 一碗饭还吃不了呢。——(陈述句,略带夸张语气。)

该句的可能语境是:听话人又给说话人加吃的,说话人说此话否定这一做法。

(37) 我看你才疯了呢！你父亲的财产那可是一座大银行啊！——(陈述句。)

该句的语境是:听话人认为说话人疯了,说话人说此话否定这一说法,认为真正疯的人正是听话人本人,所以仍表达一种否定。

(38) 我才不愿意呢。——(陈述句。)

否定了听话人或其他人认为她愿意的事实。

(39) 有二百多人参加了婚礼呢。——(陈述句,带有夸张语气。)

该句的可能语境是:一是听话人可能认为不会有那么多人,说话人说此话否定这一认识;二是说话人把听话人当作不知情者,夸张渲染,强调来的人多。

(40) 他是这样看的,你呢?——(简式问句。)

用于对举式提问,问话人实际上把每个人都当作不同的一方来提问。

3.5 句中语气词"啊""吧""呢"

语气词除了可用于句末外,还可用于句中停顿处。例如:

(41) 你啊,就是太任性了,就不能克制一点儿自己吗?

(42) 就拿这个屋子来说吧,条件是不错,就是太小了。

(43) 我呢,从来不知道愁,不像你。

语气词用于句中停顿处的主要作用,大多是凸显话题,引起注意,或引出评述。

"啊""吧""呢"用于句中停顿处时,还可用于举例。三者的区别在于:

"啊"的举例是非穷尽的,所以在表现形式上一般为多项。例如:

(44) 这下可热闹了,鸡啊、猪啊、鸭啊,跑得满院子都是。

(45) 房间里,电视啊、电话啊、冰箱啊,可齐全了。

事实上可能还有可罗列的项目,说话人仅非穷尽地罗列这些典型,表示非常多,所以此类句的后续句常常有表示多的概括句。

"吧"的列举通常是单项的,带有一定随意性,说话人用"吧"举出一种事实作为佐证,说明自己对某种情况的看法或评论。例如:

(46) 就拿交通问题来说吧,这已经是老问题了。

(47) 就说你吧,一个人在房间时,不也哭过鼻子吗?

"吧"还有另外一种对举的用法,表示不确定的语气。例如:

(48) 你说我没有朋友吧,我还有七八个,你说我有朋友吧,却没有一个知心的。

这到底是算有呢?还是算没有呢?说话人无法确定,但通常倾向于后者。

"呢"的举例也跟它原有的否定性、对立性语气有关,它通常用于对举性的举例。例如:

(49) 这是我的一点儿建议,你同意呢,咱就落实下去;你不同意呢,就算我没说。

(50) 若有呢,就拿出来;若没有呢,就去买。

显然,"呢"与"吧"不同,"吧"的语气没有最终明确看法,"呢"的语气所表示的态度是明确的,它把对立的两种情况都说出来了,处理态度也摆出来了。

总之,汉语虚词都是封闭的类,在总词汇量中只是极少的一部分,但是它们是语法词,语法结构离不开它们,所以使用频率极高,加之它们所表示的语法意义较抽象,学习掌握必然有难度。汉语属于不依赖形态标记的语言,虚词在汉语中的地位十分重要。所以,教师要对虚词做全面深入的教学和研究,以使学习者对其有更准确的认知。

【分析思考题】

1. 介词短语是怎样的一种结构?它在句中主要分布在哪里?

2. 一般来说,位于谓语前的介词短语与位于谓语后的介词短语有什么不同?

3. 请分析下列句子的偏误类型及原因。

(1) 在食堂的菜真是太好吃了。

(2) 当90年代的时候,我还是一个小学生。

(3) 在他们观念,红色是幸福颜色。

(4) 我已经说他了你今天要来。

(5) 我的这个项目马上就要走朝成功了。

(6) 经理给我很凶,我害怕了。

(7) 中国的老师给我上口语课,日本的老师给我上翻译课。

(8) 他每天总听他电唱机。

(9) 她漂亮向观众行了一个礼。

(10) 我非常感谢那位指路。

(11) 她生活并不富裕,却能积极地对待生活,这叫我非常感动了。

(12) 开始我不习惯了中国的交通规则。

(13) 张雷写着一假期论文。

(14) 你知道他们怎么去了青海湖吗?他们骑自行车去了青海湖啊!

4. 举例说明汉语中"的""地""得"的分工。

5. 在多项定语中,"的"如何简省?

6. 举例说明汉语语气词的作用。

7. "呢"可用于哪些类型的句子,请分别概括一下它所表示的语气。

第九章 汉语补语的教学要点与策略

第一节 结果补语的常见偏误、教学要点与策略

1. 结果补语的常见偏误

结果补语主要有五种偏误类型：

(1) 学习者不会用动结这种结构形式表达相应内容，句中常常缺少谓词或补语成分。这种偏误较为普遍，是教学中需要特别注意的部分。例如：

> (1) *忽然，我听有人叫我的名字，我站。——（"听"应改为"听见"，"站"应改为"站住了"。）
>
> (2) *我很想你，晚上常常梦了你。——（"梦"应改为"梦见"。）
>
> (3) *看的中国和听的中国不太一样。——（"看"应改为"看见"，"听"应改为"听到"。）
>
> (4) *妈妈早上不到六点就醒了我。——（"就醒了我"应改为"就把我叫醒了"。）
>
> (5) *我把铅笔都尖了，准备考试。——（"尖了"应改为"削尖了"。）
>
> (6) *这个杯子是谁坏了的？——（"坏了的"应改为"弄坏的"。）
>
> (7) *台风倒了许多树和房屋，造了很大的损失。——（"倒"

应改为"刮倒","造"应改为"造成"。)

(2) 学习者试图用动结式来表达相应内容,但选不出恰当的词语。例如:

　　(8) *一声长笛,轮船满载旅客开过了。——("开过了"应改为"开走了"。)

　　(9) *你送我的东西,我都扔掉大海里了。——("扔掉"应改为"扔到"。)

　　(10) *大雨把大家的衣服都淋多水了。——("淋多水"应改为"淋湿"或"淋透"。)

　　(11) *你把我的名字写不对了。——("写不对了"应改为"写错了"。)

　　(12) *今天我把米饭做糊味儿了。——("做糊味儿了"应改为"做糊了"。)

(3) 在动词和补语之间插入宾语,也是学习者较为普遍的偏误。例如:

　　(13) *同学们打扫教室干净了。——("打扫教室干净了"应改为"把教室打扫干净了"。)

　　(14) *他治很多乡亲的病好了。——("治很多乡亲的病好了"应改为"把很多乡亲的病都治好了"。)

　　(15) *别着急,等他们问路清楚就走。——("问路清楚就走"应改为"问清楚了路就走"。)

　　(16) *来这里不长时间,我就听人们的话懂了。——("听人们的话懂了"应改为"听懂人们的话了"。)

　　(17) *办手续完了以后,她才开始低声说话。——("办手续完了以后"应改为"办完手续以后"。)

(4) 学习者对状语、补语的作用理解不清,把结果补语置于状语的位置。例如:

(18) *我没清楚听广播里的话。——("没清楚听"应改为"没听清楚"。)

(19) *他结实地拴了马,才走过来跟我说话。——("结实地拴了马"应改为"把马拴结实了"。)

(20) *他终于通了打电话。——("通了打电话"应改为"把电话打通了"。)

(5) 学习者不清楚某些动词的内部结构,述补式动词或述补短语后又连接了结果补语。例如:

(21) *你看见清楚黑板上的字了吗?——("看见清楚"应改为"看清楚"。)

(22) *你嘱咐我的话,我都记住在心里了。——("记住在心里了"应改为"记在心里了"。)

2. 结果补语的教学要点

根据以上偏误,我们确定以下方面为结果补语的教学要点。

2.1 充当结果补语的词语类型和意义关系

充当结果补语的词是谓词性词语——动词或形容词,名词性词语不能充当结果补语。

2.1.1 结果补语的音节特点

单音节结果补语的基本条件是能够独立成词,准确地表达说话人的意思,一般选用的单音节词是动词。例如:

砍断了/砍裂了——*砍断裂了
做完了/做成了——*做完成了

有共同语素的单音节词和双音节词,有时意思差别较大。例如:

说清楚了——(通过说,解除别人的疑惑或让人明白;把事实说明白。)

洗清了——(曾遭嫌疑或污蔑,被解除嫌疑或澄清了事实。)

有的双音节词仅有某一种意思,不可拆分。例如:

看走眼了——("走眼"为俗语,指看错或看得不准确。)

＊看走了/＊看眼了

2.1.2 结果补语里常用的动词或形容词

a. 动词

结果补语与动词关系密切,带有结果补语的谓语动词大多使用单音节动词,受谓语动词的影响,充当补语的动词一般也选择单音节动词。双音节化的动结结构可以印证结果补语与动词之间的紧密关系。所以能够充当结果补语的通常是一些最常用的单音节动词,数量不算多,也就几十个。例如:

住 掉 动 完 懂 走 跑 成 死 到
丢 破 碎 见 会 倒 撒 断 裂 中
飞 散 活 通 病 透 胜 败 醒 失
弯 伤 肿 反 灭 响 毁

另有部分趋向动词实际上也表示了一定的结果。例如:

上(粘上了)　　下(记下这笔账)

b. 形容词

形容词尤其是单音节形容词做结果补语的比较多。常用的有:

好 坏 错 饱 熟 累 苦 难 早 晚 满
清 紧 正 疼 傻 呆 足 老 嫩 强 弱

大　小　高　低　远　近　快　慢　轻　重　牢
长　短　深　浅　腻　肥　煳　胖　瘦　红　黑

少量双音节形容词也常用作补语。例如：

清楚　明白　干净　整齐　利索　舒服　高兴　糊涂　合适

2.1.3 结果补语表示的意义关系

2.1.3.1 汉语结果补语的意义和作用

与英语相比，汉语表达动作的方式、结果等，在思维方式上有较大不同。汉语较为具象，临摹性强；英语较为抽象，分析性强。动结结构不仅动作具有形象性，动作后还带具体结果。例如：

扫干净了　变绿了　变弱了　放大　累坏了　打肿了
吃饱　　　听懂了　记住了　打开　叫醒　　冲断了
弄灭　　　吹响　　摔裂　　穿上　刮倒　　气死了

英语在表示动作之后呈现另一种状态时，个别时候也会使用类似汉语补语的成分。例如：

A new broom sweeps clean.

（新扫帚扫得净。）

Leaves of trees became green.

（树叶变绿了。）

As the sphere becomes larger, the waves become weaker.

（随着范围愈加扩大，电波也变得愈弱。）

因为表现的是一种状态，所以多使用形容词性词语，纯粹是动作类的词几乎不见。而抽象的虚词如介词，反而很常见。例如：

The wind has blown my hat off.

（风把我的帽子刮走了。）

sweep away rubbish

（扫除垃圾）

Many bridges were swept away by the flood.

（洪水冲断了很多桥梁。）

sweep up dead leaves

（扫拢落叶）

sweep up

（打扫干净/收拾干净）

blow up the bridge

（把桥炸毁）

blow up a photograph

（把照片放大）

Be sure to blow up the tyres before you drive off.

（开车之前，一定要把轮胎打足气。）

put on（your）clothes

（穿上衣服）

It was blown down by the wind.

（被风刮倒了。）

Jane blew the flame out.

（简把火弄灭了。）

The explosion blew the windows out.

（爆炸把窗户给炸飞了。）

"up"类把结果虚化，凡是表示高出、增强、扩大等抽象意义的，都可以搭配。汉语则不同，它要用具有实际意义的词，具象地表现事物的变化情况。例如：

扫拢（树叶堆合的样子）/炸毁（被破坏不可用的样子）/炸飞（被炸物体崩飞的样子）

英语中更多的是通过过去时态、完成时态等时态形式表现动作结果。例如：

understood

（听懂了）

remembered

（记住了）

opened the book

（打开书）

destroyed

（打碎了）

awakened

（叫醒了）

the horn blew

（号角吹响了）

Cleaned and furnished.

（打扫干净并布置一新。）

The sick man staggered a few steps and then fell.

（那病人摇摇晃晃地迈了几步就摔倒了。）

2.1.3.2 谓语动词与结果补语的内在联系

谓语动词有与结果补语相吻合的语义特征。例如：

"贴"有[＋附着]的语义特征，所以能与具有相似语义特征的"上"组合，不能与具有"下""掉"等[＋分离]语义特征的词组合。

"拆"有[＋分离]的语义特征，所以能与具有相似语义特征的"下""掉"组合，不能与具有"上""住"等[＋附着]的语义特征的词组合。

表示某些状态的动结组合也是如此。我们常常会说"吃胖了",不太会说"吃瘦了"。原因是"吃东西"是增加,而不是减少;反过来我们常常会说"累瘦了",不太可能说"累胖了",也是因为"累"会使人消耗,是减少的意思。这种具象表现正是汉语成分之间搭配组合的现实依据,汉语实际是临摹了这种现象,并基于此,形成类似的搭配组合。

不只是与哪些词组合受到内在语义的制约,能否组合也受到内在语义的制约。例如:"看见"不能再连接结果补语,是因为"看见"含有"视而得"的意义,即内含结果;"看"则可与表结果的"到"等组合,因为"看"只有"视"而无"得"的意义。

了解汉语动结组合的这种内在联系很重要,它是哪些词能组合、怎样组合的重要依据。所以教学时,教师应尽量把两者之间的内在联系讲出来。

2.1.3.3 结果补语的语义指向关系

从结构上看,动结关系都是"动词+结果",但是,实际上"动"与"结"的连接关系有多种关系,了解这些关系,有助于理解"动"与"结"组合的内在理据。例如:

摔倒了——(是人"倒",所以"倒"指向"人"。)

吃饱了——(是肚子"饱",所以"饱"指向"肚子"。)

洗干净了(衣服)——(是衣服"干净",所以"干净"指向"衣服"。)

走快点儿——(是指走的脚步的频率,所以"快点儿"指向"走"。)

由此可见,汉语动结结构的形成实际上是把两种情况或状态整合为一个结构的表达形式。即:

他摔了——他倒了————→他摔倒了

他吃了——肚子饱了————→他吃饱了
衣服洗了——衣服干净了————→衣服洗干净了

这种结构更加符合语言表达的简约原则,也是非常具有汉语特点的句子结构形式。汉语的动结结构使用频率高,范围广,部分动结结构相当于别的语言中的过去时、完成时、进行时等形式,从而增加了学习者理解的难度。

2.2 结果补语与宾语

汉语动结结构从动作方式和动作结果两个方面完整地描摹动作情况,因此它们的结合紧密,表现在形式上,表结果的词总是紧接于动词后,不允许插入时态、数量、宾语等成分。例如:

*问了清楚就走。——(问清楚了就走。)
*他治乡亲的病好了。——(他把乡亲的病治好了。)

学习者较为普遍的问题是在动词和补语之间放宾语。例如:

*我听人们的话懂了——(我听懂了人们的话。)
*办手续完了以后——(办完手续以后。)

汉语的动结结构关系紧密还表现在音节上。前面讲到,"动"与"动"组合的动结结构主要是"单+单"组合,形成双音节结构,即词化现象,做结果补语的动词与原动词相比略有虚化;"动"与"形"的组合多数也是"单+单"组合,同样呈词化现象,所以少量双音节形容词也常被用作补语。认清汉语的这一结构特点,教师可以更好地帮助学习者理解并掌握汉语动结结构的特征。

3. 结果补语的主要操练模式

3.1 建立常用动词与可能结果的联系

教学时,教师可根据学习者的汉语水平情况(系统性的补语教学应在学习者掌握一定数量的动结式后再进行),列出某一常用动词(应是教学重点词或句式),引导学习者联想,说出该动作可能产生的各种结果,然后构成动结结构。如果选词有误,教师就进行纠正并说明。

如学习"打"字。因为"打"有多个义项,所以教师引导时,一定要首先明确"打"的具体义项,说明其完成条件和完成状况等。如把"打"确定在"击打"的义项上,教师就可以引导学生想象,用手或物击打人或物时会出现什么结果,产生哪些状态。

击打人:通过"打",皮肤变红——打红了。

通过"打",皮肤变肿——打肿了。

通过"打",皮肤破了,流出血来——打破了/打出血了。

通过"打",使对方忍受不住逃走——打跑了。

通过"打",使对方失败或自己一方获得胜利——打败了/打胜了。

击打物:通过"打",东西破碎了——打碎了。

通过"打",东西与原物分离落下——打掉了。

通过"打",东西掉落——打飞了。

通过"打",东西掉落,不知去向——打丢了。

通过"打",使其命中目标——打中了。

从量上说,如果击打者打得不想再打了,可以说"打够了/打腻了"。从击打者的感觉上说,"打"后感到累,可以说"打累了";从被打者的状态上说,"打"后感到疼,可以说"打疼了"。被打者哭了,可以说"打哭了";被打者昏倒了,可以说"打昏了";等等。这种教学方法的目的是为了让学习者理解做补语的这些词补充说明了什么。

其他语言表达同样的内容时,也许没有汉语这种临摹性,可能用过去时或完成时表示已经出现的情况。所以学习者在汉语学习时要理解汉语动结组合后产生的具体描述性。因为这部分有一定难度,所以教学时,教师可通过图片、PPT 课件等手段,帮助学习者建立起动作与结果的具象联系。

3.2 重点理解结果补语的引申义

有的结果补语的意义较虚,学习者不易理解,教师需要进行重点讲解。以动词"住"做结果补语为例。"住"原本是"居住"的意思,居住有停留、不动的意思,故引申为停、牢、止等意思。充当结果补语时往往用的就是引申义。例如:

站住/停住/打住——(停止)

记住/抓住——(稳、牢)

问住了——(停顿、静止)

坚持住——(稳定在某状态上不变)

再如形容词"坏"做补语。"坏"做补语时,可以表示某种实际变坏的情况,但更多的是表示某种程度变深。例如:

把相机用坏了——(东西由好变坏、被毁,不能使用了,可以看到。)

他的腿摔坏了——(人体受了损伤,不能正常行走了,可以看到。)

累坏了/气坏了/饿坏了/急坏了/忙坏了——(多表示不良状况的程度变深。)

第二节 趋向补语的常见偏误、教学要点与策略

1. 趋向动词的类属和功用

1.1 趋向动词的类属

趋向动词属于汉语动词中的一个特殊小类,用以表示动作或事物

朝着某一方向运动或发展变化。根据趋向动词的构词类型,学界通常把它们分为两类:

$\begin{cases} 单纯趋向动词——来、去、上、下、进、出、回、过、开、起 \\ 复合趋向动词——上来、进去、回来、过去、起来等 \end{cases}$

表 9-1　趋向动词

趋向动词	上	下	进	出	回	过	开	起
来	上来	下来	进来	出来	回来	过来	开来	起来
去	上去	下去	进去	出去	回去	过去	开去	

1.2　趋向动词的语法功能和结构形式

(1) 充当谓语动词,基本结构为"(S+)趋向动词"。

花车过来了。/大家准时来到会场。/员工们都出去了。

(2) 充当谓词后的补语成分,基本结构为"(S+)谓词+趋向动词"。

蛇爬上来了。/五彩的气球向天空飘去。/太阳红起来了。

从实际的使用频率来看,第二种形式是趋向动词的主要用法。

1.3　谓趋结构的意义关系

谓趋结构包括动词谓语与趋向动词的组合和形容词谓语与趋向动词的组合。

(1) 动词(表示移动性的动作)+趋向动词(表示移动趋向)

例如:跑进来

(2) 形容词(表示状态)+趋向动词(表示状态的发展趋向)

例如:红起来

趋向动词在很多情况下还表示较抽象的引申义,如"存起来""消沉下去""回忆起"等,学习者需要专项学习。

2. 趋向补语教学的主要问题与困难

2.1 趋向补语的常见偏误

(1) *推起来门,一股寒气扑过来。——("推起来"应改为"推开"。)

(2) *你怎么把汽车停起来了?——("停起来"应改为"停下来"。)

(3) *你们快上去,这里的风景美极了。——("上去"应改为"上来"。)

(4) *来中国以后,妈妈经常给我寄包裹去。——("给我寄包裹去"应改为"给我寄包裹来"。)

(5) *今天我给妈妈寄到了生日礼物。——("寄到"应改为"寄去"。)

(6) *他怀着愉快的心情走过教室。——("走过教室"应改为"走进教室"。)

(7) *我一起完头,大家就一起唱了下去。——("唱了下去"应改为"唱了起来"。)

(8) *来到中国以后,他一下子胖下去了。——("胖下去了"应改为"胖起来了"。)

(9) *因为我没开狗窝门,所以狗走不过来了。——("走不过来了"应改为"走不出来了"。)

(10) *他回来时,同学们已经活动完了,开始写下作业了。——("写下作业了"应改为"写起作业来"。)

(11) *早上,上课的时间快到了,我不得不爬上床。——("爬上床"应改为"从床上爬起来"。)

(12) *认识她以后,我不知不觉地依靠她。——("依靠她"应改为"依靠起她来"。)

(13) *我出车站,看见小王正快步向我走。——("出车站"应改为"走出车站","向我走"应改为"向我走来"。)

(14) *三个月后,我应该回去我国。——("回去我国"应改为"回国了"。)

(15) *参观完后,我们打算回去宾馆。——("回去宾馆"应改为"回宾馆"。)

(16) *我很想把你带回去家。——("把你带回去家"应改为"带你回家"。)

(17) *三月我进去补习班。——("进去补习班"应改为"进了补习班"。)

(18) *两位警察过去树林那边,发现了倒在地上的老人。——("过去树林那边"应改为"去了树林那边"。)

(19) *她的话给我带一线希望来了。——("带一线希望来了"应改为"带来了一线希望"。)

(20) *哥哥不由分说,就骂她起来了。——("骂她起来了"应改为"骂起她来了"。)

(21) *外面突然刮起来风。——("刮起来风"应改为"刮起风来"。)

(22) *小树被孩子们一棵一棵地扶起了。——("扶起了"应改为"扶了起来"。)

(23) *外面下雨了,快把衣服收进。——("收进"应改为"收进来"。)

(24) *时间一分一秒地过了,她还是处在昏迷中。——("过了"应改为"过去了"。)

(25) *他看见我走进,立刻从病床上坐上来,我赶快走去扶住他。——("走进"应改为"走进来","坐上来"应改为"坐了起来","走去"应改为"走过去"。)

2.2 中高级汉语水平学生学习趋向补语的一项调查

(26) *她脚尖上的功夫是在宣传队里练_____的,家常的布
　　　　　　　　　　　　　　　　到/过/来/下来

底鞋已站_____了好几双,一旦穿_____了足尖平坦的
　　　　满/不了/住/下　　　　　过/起/起来

芭蕾鞋,犹如练脚力的解_____了沙袋,身轻似燕,如行

平地。——(画线部分的正确答案为:出来/坏/上/除。)

(27) *到了夜里,街上的行人走_____了,家家户户门关了,
　　　　　　　　　　　　　回去/开/去

窗闭了,过一阵子灯也都熄_____了。
　　　　　上/掉/消/关/下/去/下去/起来

　　　　　　——(画线部分的正确答案为:光/灭。)

(28) *轮船开_____了,丢_____几十个人,踩着颤悠悠的跳
　　　　过/去/起/离　　失/掉/去/过

板,走_____岸_____。
　　　去上/到去/回/过/过去

　　　　——(画线部分的正确答案为:走/下/上/去。)

(29) *推_____门,阳光刺_____了眼,犹如热烈而粗暴的抚
　　　过/起/上/去　　起/去/上/瞎/过/炫/伤

摸,她幸福极了。——(画线部分的正确答案为:开/痛。)

(30) *温暖的洗澡水泼了_____,浑身的泥汗剥皮似的褪了
　　　　　　　　　出来/散/满/起来/上

_____,她觉得轻松了很多。
掉/起来/去/开

　　　　——(画线部分的正确答案为:上来/下来。)

(31) *她就这样不间断地练,不敢停_____。因为一旦停
起来/上去/下去/起

_____,身体就会胖_____,所以她只能这样苦苦地
起来/得了/止/下去　起/大/坏/宽/了

练_____了。

起/起来/过/下/上/开

——(画线部分的正确答案为:下来/下来/起来/下去。)

(26)到(31)是中高级汉语水平学生闭卷完成的一项有关趋向补语学习情况的调查问卷,大约18人参加了调查。这些学生HSK汉语水平考试成绩最低为6级(11级水平考试),6级的仅占10%左右,主要是七八级水平的学生,约占70%,其余为9级和9级以上的学生。但是没有一个学生百分之百做对这些题,有40%左右的学生出错率高达40%及以上。

2.3 习得问题

根据学习者习得趋向补语的偏误,我们归纳出以下问题:

(1) 对部分趋向动词的基本义理解、把握不到位,如"过""回""开"等。

(2) 分不清某些近义趋向动词。如均含向上方向义的"上"与"起"、均含分离义的"下"与"开"等等。

(3) 理解不了动作与趋向动词相互配合的意义与关系,将复杂意义简单化。例如:

"跑回家""跑回家去"说成"回家";

"走进教室""走进教室来"说成"进教室";

"朝窗外看去"说成"朝窗外看""看窗外"。

(4) 掌握不好趋向动词在句中的分布及其差异。例如:

＊跑去山下／＊跑山下去——（朝山下跑去）

＊回去日本／＊日本回去——（回日本去）

＊说起来话／＊说话起来——（说起话来）

(5) 分不清单纯趋向动词与复合趋向动词，用单纯趋向动词代替复合趋向动词的现象居多，有时也有反过来的现象，如混用"跑回家去"和"跑回家"。

(6) 记不住趋向动词的引申义。

3. 趋向补语的教学要点

教师要加强趋向动词基本义的教学，充分利用图片、情景等让学习者理解趋向动词的语境使用条件，不能仅靠讲解。趋向动词的基本义弄懂了，学习者才有可能理解其引申义。

教师要将意义相近的趋向动词进行对比教学，简明扼要地指出主要区别，并通过图片、情景进行演示。如"上"与"起"，教师可用图片演示说明"上"有起点和终点，"起"只有起点，没有终点，所以"上"后可连接处所，如"上楼、走上主席台"等，"起"不能；"起"仅表示向上的方向，所以仅用于主体向上的情况，如"举起手、飞起来"等。

教师还要讲清楚汉语动作与其后趋向的关系。事实上大多数的动词侧重表示的是动作的方式，趋向动词所表示的是动作的结果，即最终要达到的目标或状态。学生往往重视动作结果，却忽视动作方式，或重视动作方式，却忽视动作结果。如"走回家"和"回家"，"走"是"回家"的方式，"回家"是最终结果或目的。说"走回家"时，说话人是为了表明"回家"的方式，说"回家"时，说话人仅表明结果而不关注方式。教师要通过要点分解来分析，让学生理解其意义和结构特点。

在汉语作为第二语言语法教学中，教师要将趋向动词分为"说者位置趋向动词"和"空间位置趋向动词"，前者如"来、去"，后者如"上、下、进、出、回、过、开、起"。这种分类能让学习者认清这两种趋向动词在部分结构式中的分布特点和规律。由于空间位置趋向动词具有移动趋向的起点或终点等，所以，如果要与处所词语组合的话，处所词语应位于其后，如"跑上山、回日本去、游过河去"。而说者位置趋向动词"来、去"则一定要跟说话人产生关系，所以"游过河去"，"河"是"过"要到达的处所，"去"是离开说话人，因此"河"要位于"过"后，而不是"去"后。跟事物有关的话，两种位置均可出现，如"拿出来一本书"和"拿出一本书来"，因为事物自身也可以趋向说话人或离开说话人。当然这里的区别与传信焦点、是否具有后续句等上下文条件有关。

学习者要注意复合趋向动词的双重方向性，即空间方向和与说者立足点方向。"动＋空间位置趋向动词＋其他"（"吹起一支曲子"）与"动＋空间位置趋向动词＋其他＋说者位置趋向动词"（"吹起一支曲子来"）相比，在连续动作的紧密度、是否有后续句和动作过程的延展性等方面都存在差异，这些可以在中高级汉语水平的学习者中进行讲解。

教师要讲清各种引申义，就要从基本义上引导，抓住其相似点逐层深入。例如："出"的基本义是由有界域处所的里面移到外面，如"走出教室"，由此可引申为"往外发（出）或拿（出）"，如"说出心声（从内心向外）"，再引申为更为抽象的关系，即从隐蔽到显露，如"露出、体会出、品出、分辨出"等等。

教师将引申义与结构形式结合起来教学，能让学生更好地理解并掌握。如"下"有"容纳"义，通常与处所和容纳的数量相关。例如：

NP(处所)＋V下＋数量(＋NP)

（32）这只碗能盛下这些饭吗？／每个教室能坐下三十人呢。
　　　　处所　　　数量＋人或物　　　处所　　数量＋人或物

4. 趋向动词及趋向补语的教学方法

4.1 理解趋向动词的基本义

为了便于学习者学习和理解，教师可以根据动作的趋向从立足点

位置、移动方向和空间特点等,把趋向动词分为三类:

4.1.1 说者趋向动词

说者趋向动词,如"来、去",说者包括实际说话人、隐而未现的叙述人和说话人或叙述人所确定的某人,如图 9-1:

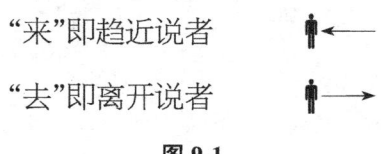

"来"即趋近说者

"去"即离开说者

图 9-1

学习"来""去",最重要的是理解说话人的位置。学生常常会说"妈妈寄去了包裹",理解为包裹离开了妈妈,所以选择"去",但是忽略了他自己是说话人这一要点,包裹离开了妈妈,是趋向他的(他在中国)。如果听说双方均在一个说话场合,相对来说,学生好理解些,反之,就会出现问题。

图 9-2　　　　　　　　图 9-3

像上面两幅图,我们都没有看到明显的说话人,那么到底选"来"还是选"去"呢?教师教学时,就要利用图片,确定说话人或叙述人可能的位置。如图 9-2,我们看到的是人的背影,如果把看图片的人确定为说话人,就用"去"——她向宿舍走去;如图 9-3,如果我们把看图片的人确定为说话人,那么看图片的人位于右边时应用"来"——他向终点游来;看图片的人位于左边时应用"去"——他向终点游去。

有的语境中,叙述人可以自由确定视点,这时趋向动词的选用就会因此而多变。例如：

图 9-4

说话人如果把视点确定在坐在毯子上的女孩儿那儿，应该说"孩子向抱西瓜的人跑去"，但是如果把抱西瓜的人确定为说话人，就可以说"孩子向抱西瓜的人跑来"。

一个场景内，听说双方角色的转换，也会使"来""去"趋向的选用复杂化。例如：

(33) 他看见我走进来，立刻从病床上坐起来，我赶快走过去扶住他。

在这个句子中，叙述人先把立足点放到"他"那儿（他看见），我向他靠近，所以选用"来"。然后又把立足点放到"我"这儿（我看见），我离开我的地点，向他靠近，所以选用"去"。实际交际中语言的选用也总是这样根据语境条件的改变而改变，是一种动态的选择，这在说者趋向动词上表现得很明显，教学中教师要把这种语境与说者的关系讲解清楚。

4.1.2 空间趋向动词

空间趋向动词，如"上、下、进、出、回、过、开、起"，表示移动的趋向，尤其是在空间域。例如：

上——由低的位置移到或移近高的位置。
下——由高的位置移到或移近低的位置。

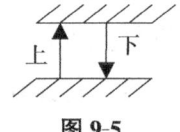

图 9-5

进——由有界域的外面移到其里面。
出——由有界域的里面移到其外面。

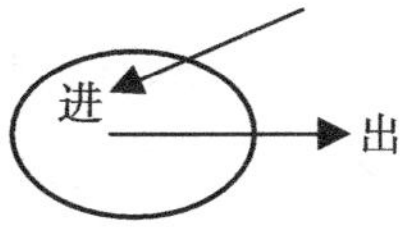

图 9-6

回——由所在处移到原处。

图 9-7

过——经过由一处到另一处的空间地带。

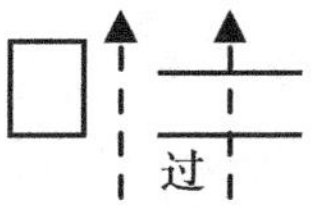

图 9-8

开——离开所在位置。
起——由所在位置向高的方向移动。

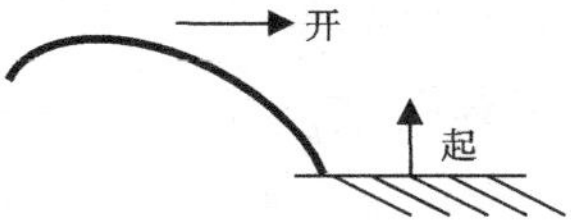

图 9-9

需要注意的是,"上、下、进、出、回、过"与"开、起"有所不同,前者有移动的起点和终点,后者只有起点,没有终点,因此形成不同的结构形式和关系。

如可以说"举起手""抬起头",而不能说"举上手""抬上头",方向都是向上,却不能任意选用,原因就在于"起"向上后没有落点,而"上"向上后有落点。举起的手和抬起的头是主体本身,不存在落点,只有向上的方向,所以只能选用"起",不能选用"上"。

4.1.3 说者与空间趋向动词

复合趋向动词"上来、上去、下来、下去、进来、进去、出来、出去、回来、回去、过来、过去、开来、开去、起来"需要注意的是双重趋向,即动作的趋向一是由说者的位置决定的,二是由空间的位置决定的。例如:"上来"有由低位到高位的趋向(空间位置趋向),有说者在高位,移动者向说者靠近的趋向(说者位置趋向)。

但是,在实际语境中,有时方向难以判断,尤其是说者位置。这也跟汉语的意合性有关,听话人就得理解说话人的意图。

例如:(34) 朝我走来/朝我们汽车这儿走过来

(35) 吹起了一支曲子/吹起一支曲子来

"朝我走来"和"朝我走过来"都能说,前者说得多,因为"我"的空间位置感不强;"朝我们汽车这儿走过来"用"过来",因为"汽车这儿"的空间位置感强。

"吹起了一支曲子"和"吹起一支曲子来"是趋向动词的引申用法,将空间域引入时间域,表示发生并持续。"来"的作用使动作的过程有更多的延展性,其时间过程也与说话人关系更近。但由于意义虚化,且差异细微,学习者理解起来有一定困难。

4.2 趋向补语的引申义

4.2.1 上、上来、上去

"上、上来、上去"的基本义是触及义,它们均表示趋近目标,如"赶上、围上、递上、拥上来、迎上来、包围上来、递上来、凑上去、挤上去、递上去"等。

"上、上去"可表示连接、附着或覆盖,如"接上、贴上、穿上、蒙上、缠上、配上、缝上去、贴上去、装上去、踩上去、画上去"等。

"上"有三种意思:(1)表示闭合,如"关上、闭上、合上"等;(2)表示开始并延展的动态,如"吃上了、干上了、抽上了"等;(3)表示实现预期目标或达到一定数量,如"当上了、巴结上了、睡上(一天)、看上(两眼)"等。"上来"表示按预期的要求完成或达到,如"答上来了、唱上来了、喘上(气)来了"等。"上去"表示根据看到、听到的情况进行估计或评价,如"看上去、听上去"等。

4.2.2 下、下来、下去

"下、下来、下去"的基本义是离开原位和落于某处。"下、下来、下去"均表示使从主体上分离,如"脱下、换下、拆下、切下、摘下来、夺下来、解下来、掰下去(一块)、剪下去(一点儿)"等。

"下、下来"有两种意思:(1)表示使存在、使固定并附着,如"写下、拍下、记下、住下、停下、攒下、种下、欠下、刻下来、买下来、留下来、放下来、包下来"等;(2)表示由动态转为静态或趋于静态,如"静下(心)、安下(心)、放下(心)来、冷静下来、松弛下来、慢下来、沉下(脸)来、阴冷下来、暗下来"等。

"下"表示能容纳,如"装下、盛下、容纳下、挤下"等。"下来"表示由过去延续至今或说话时,如"继承下来、传下来、做下来"等。"下去"表示继续或保持,如"讲下去、闹下去、顶下去、坚持下去、软弱下去"等。

4.2.3 出

"出"的基本义是从内向外(出去),有四种意思:(1)表示往外发(出)或拿(出),如"说出、交出、献出、列出(名单)、提出(想法)"等;(2)表示从主体划分(出),如"留出、抽出、省出、匀出"等;(3)表示从无到有,如"做出、造出、培育出、订出、编出"等;(4)表示从隐蔽到显露,如"露出、散发出、反映出、体会出、看出、品出、分辨出"等。

4.2.4 过

"过"的基本义是从一处经过或通过到另一处,有四种意思:(1)表示由一个位置到另一个位置,如"递过、接过、搂过、抢过"等;(2)表示由一个方向到另一个方向,如"回过(脸)、掉过(头)、背过(身)"等;(3)表示越过某一处,如"坐过(站)、睡过(了)、熬过(今年)、瞒过、说(不)过(他)"等;(4)表示完毕,如"吃过饭、看过新闻联播就来、出过(气)、打过(招呼)"等。

4.2.5 起来

"起来"的基本义是向一个方向(发展),有四种意思:(1)表示连接、集中、收存,如"连起来、皱起来、组织起来、关起来、保存起来"等;(2)表示进入某状态或向某方向发展,如"哭起来、思索起来、坚强起来、富裕起来"等;(3)表示发掘出原有的,如"想起来、记起来、恢复起来、调动起(积极性)来"等;(4)表示从某角度、某方面评论,如"看起来、算起来、动起(手)来、闹起来"等。

4.3 初、中、高不同层级趋向动词的教学内容与方法

4.3.1 初级

教学内容主要是强化其基本义的理解与应用,并对单纯趋向动词和复合趋向动词的基本义进行对比教学,然后由基本义引导到其引申义。如"上"所表示的趋近目标、附着、闭合,"下、下来"所表示的分离、使固定附着,"出"所表示的往外发(出)和拿(出),"过、过来、过去"所表示的由一个位置到另一个位置,"起"所表示的进入某状态或向某方向发展,等等。

教学方法方面,教师可主要采用图片等让学生理解并掌握,少用说明性语言,让学生积累一定的感性知识,培养语感。趋向动词基本义的教学要逐一进行,基本义的对比教学,也是一次只学一个对比组。

4.3.2 中级

教学内容是从基本义向各种引申义过渡,教师运用认知原理进行教学,并对大部分引申义进行对比,让学习者掌握部分趋向动词的单一趋向与双重趋向用法,讲解部分趋向动词在句中的分布及其差异。

教学方法方面,教师可对趋向动词进行个别教学,与图片、情景相结合,创设上下文语境让学习者理解并掌握。

4.3.3 高级

教学内容主要是初中级教学未涉及的特殊用法和意义较含蓄的引申用法,以及对易混淆的引申义的辨析。教师要同时注意讲解一些与语境、语用有关的意义和结构类型,如"动+空间趋向动词+其他""动+空间趋向动词+其他+说者趋向动词"等,让学习者系统地学习汉语

补语知识。

在教学方法方面,教师可以在一些主干课中继续加强个别语法点的教学,相对集中地进行趋向动词的语法教学,给学生构建汉语补语的知识体系,创设语境,让学生的表达符合交际目的。

4.4 "动+趋向"与处所宾语

我们把趋向动词从意义上划分为说者趋向动词、空间趋向动词、说者与空间趋向动词三类,会给汉语的趋向动词教学带来便利。

在"动+趋向"与处所宾语相结合的结构教学中,学生最普遍的问题是处所宾语到底放到哪里,特别是在实际使用时,会出现很多"走去教室""回去日本""回去家""吃进去嘴里"等偏误。

"动+趋向"与处所宾语组合的结构规则其实很简单:

(1) 凡是跟趋向组合、带处所宾语的动词,都跟移动性特征有关。

(2) 凡是动作所带的表处所的宾语,都应放在空间趋向动词后,如果要表示说者趋向,就将处所宾语放到它的前面,如下:

V.移动 ＋ 空间趋向动词 ＋ 处所

V.移动 ＋ 空间趋向 ＋ 处所 ＋ 说者趋向

例如:走进房间里/他无法逃出这块禁地/穿过天空/离开这里
　　　跑上楼来/他想回日本去/偷偷地把信投进信箱里去

之所以空间趋向动词后边要直接带处所,是因为这种趋向动词具有实际的"物质空间"特征,动作移动后到达的处所就是这一"物质空间"。如果没有移动性动作,直接用趋向动词做谓语连接处所,也同样是这样的结构。例如:

　　　上台来　进屋去　回家去　下楼　过桥

4.5 "动+趋向"与起始态时间

将空间域引入时间域,也就是说,趋向动词能够表示一定的时间意义。例如:"坚持下去"的"下去"表示动作继续。在趋向动词中,用得最多的是表示时间意义的"起来"。

"起来"表示起始态。因为"起"有从空间点向上的趋向,即有空间发生点,所以引入时间域里,它仍然表示发生点,指的是时间过程的发生点,即起点;"来"本来是向说者靠近,引入时间域后,它展现的是时间过程的延展性。所以"动＋起来时间"表示动作的发生并继续,展现在说话人面前的是过程。

"起来"一旦用于表示起始态,其空间就不再存在了,仅表示时间过程,所以与表空间趋向的趋向动词充当补语相比,在组合搭配上有很大不同。例如:

哭起来/研究起来/打起呼噜来/富裕起来——(动作、状态没有移动性。)

有的移动性动词在该结构中也不再表示动作空间的移动,而表时间的趋向性。例如:

跑起来/爬起树来/开起汽车来/上起楼来——("起来"没有动作移动的空间趋向。)

"起来"能够引入时间域表起始态,而"上来"不能,是因为"上"有空间落点,所以它能表示终点。尤其是有移动特征的动词,与之组合时就会表示空间意义,如"跑上来、爬上树来、开上来"等等。

而"起来"不同,若与移动性动词组合,离开语境,就会产生歧义。如"爬起来、搬起来、抬起来",既可表示开始并继续做的意思,也可表示由低位爬、搬、抬向上的趋向。

"动＋起来时间"的结构形式与空间动趋结构还有一个不同,就是宾语与它们的结构关系。空间动趋结构会因不同性质的宾语而组成不同的结构。例如:

```
V.移动 +  空间趋向  +  处所  +  说者趋向  ──→ 处所宾语
 走         上          楼         来

V.动作 +  空间趋向  +  事物  +  说者趋向  ┐
 拿         出         几块钱       来     │
                                          ├─ 一般事物宾语
V.动作 +  空间趋向  +  说者趋向 + 事物    │
 拿         出           来       几块钱   ┘
```

一般事物宾语的不同语序主要是由说话人传信焦点的不同决定的。

"动＋起来_{时间}"的结构为：

```
V.动作 +  空间趋向  +  事物  +  说者趋向
 说         起          话         来
 写         起         作业        来
 调查       起        他的问题      来
```

"动＋起来_{时间}"的结构与趋向动词本身所表示的不再是空间意义有关。

4.6 "上来、起来、出来"辨析

"上来、起来、出来"是学习者极易混淆的一组词。辨析时，教师可以从基本义入手。

"上来"有两种意思：一是向上的方向，二是有到达点。如"爬上山来、搬上来"，有空间落点，即处所。

"起来"与"上来"的相同点是向上的方向，不同是没有到达点。如"举起手来、抬起头来、飞机飞起来了"。

"出来"与"上来""起来"相比，不同在于"出来"所具有的空间是有界域的，如"走出房间、挤出几滴眼泪来、掏出一大把零钱来"。

当它们的意义被引申后,其基本义仍然在起作用。例如:

"上来"的两种意思:(1)有预期的要求点,如"答不上来、唱上来了、喘上(气)来了";(2)提升到某个位置,如"提拔上来"。

"起来"的两种意思:(1)时间开始并继续,如"笑起来、发展起来、亮起来";(2)回忆起忘记的事,如"想起来、回忆起来了"。

"出来"的两种意思:(1)从某一个角度进行评价,如"看出来不错""吃出来不知如何";(2)从隐蔽到显露、从无到有,如"想出来、设计出来、哭出声来"。

"想起来""想出来"都能组合,"想起来"的"起来"表示把忘记的事物从记忆的底层进行提升、恢复;而"想出来"则是原本没有,通过"想"而有一个想法、主意、设计等。

"看起来"和"看出来"也同样,"看起来"是表面的,而"看出来"受到"有界域"的基本义的影响,从某事物、事件中把别人没能发现的东西发现出来。

"答上来"和"答出来"也同样,"答上来"有一个预期答案;而"答出来"则是把原本在大脑中的想法通过声音或文字显现出来。

总之,这几个词在学生的学习过程中总会混淆,最根本的原因还是没有弄清它们的基本义和由此所产生的引申义。

第三节 可能补语的常见偏误、教学要点与策略

汉语的可能补语也是一种比较特殊的结构形式。它的基本结构主要有三种类型:

(1) 谓词+得/不+结果补语/趋向补语

(2) 谓词+得/不+了(liǎo)

(3) 谓词+得/不得

从表层形式看,类型(1)是在结果补语或趋向补语结构中插入"得"或"不",如"洗得净/洗不净""说得出/说不出";类型(2)是用"了(liǎo)"来表示一种结果,如"吃得了";类型(3)没有表结果的部分,如"去不得"。但是,在表达上,它们都表示了某种可能性。这样一来,学习者在学习和使用这类结构时,就容易出现很多问题。最大的问题是意义上的,即这种结构与表可能的能愿动词句在表达和使用语境上到底有什么差别?由于不能理解并区分,学习者使用时会出现各种偏误。下面我们从三个方面来谈这个问题。

1. 学习者习得可能补语的常见偏误

(1) *我给你打了好几次电话才打得通。

(2) *老师讲得很慢、很清楚,我很容易就听得懂。

(3) *他只用了一天,就学得会开车了。

以上3句混淆了结果补语与可能补语。

(4) *小李把这些东西带得走吗?——(不应用可能补语和"把"字句。)

(5) *睡觉前我要把作业做得完。——(不是预测,是决心,应用结果补语。)

(6) *会议室里坐得下了所有的人。——(话题、焦点、时态等多种因素造成错误。)

(7) *我想得起来了,大学时我们在一个楼里住过。——(应用趋向补语。)

(8) *病人刚苏醒过来,出不去外面。

(9) *领导正在开会,你进不去。

(8)(9)句表示主观禁止、劝阻,应用"不能"。

(10) ＊箱子太重了,我不能拿起它来。

(11) ＊我的汉语不好,我现在有很多话,却不能说。

(12) ＊生词太多了,我不能记住。

(10)(11)(12)句非主观意志,应用可能补语。

(13) ＊学校里有规定,教学楼里吸不了烟。——(规则所规定的,应用"不能"。)

(14) ＊你最近咳嗽太厉害了,抽不了烟了。——(对已出现的情况劝阻、警告用"V不得",可能补语形式。)

(15) ＊都两点了,怎么一个人也来不了?——(到现在未发生的、无限定条件的客观事件不能用可能补语。)

(16) ＊昨天晚上突然肚子疼,所以去不了看电影了。——(后一分句是目的连动句形式,不能在 V_1 趋向动词后加任何补语形式,可用"不能"或改变语序等。)

(17) ＊她的身体太弱了,看样子不能恢复了。——(客观的、已出现的情况,应用"V不了"的可能补语形式。)

(18) ＊你连一块石头都不能搬动,怎么能搬走一座山呢?——(有条件、有对比,客观结果显现,应用可能补语形式。)

(19) ＊这是医院,大声说不得话。——(主观禁止,应用"不能"。)

(20) ＊这件事太为难他了,我开口不了。——(谓语动词是离合式,应用"开不了口",但此句表示主观意志,用"不能"更合适。)

2. 可能补语与能愿句的主要差别

2.1 与主观意志、客观事实等的关系

可能补语主要在于凸显客观条件和客观结果,"能"字等能愿句则

表示的是由一定主观因素和事物本质属性所决定的前提条件下的结果。

可能补语表示在某种客观条件下,结果是否有可能出现,不含有主观意志性。例如:

(21) 衣服脏得太厉害了,洗不净了。——(衣服过脏的客观条件。)

(22) 东西太多了,我一个人拿不了。——(东西的量和我一个人的客观条件。)

(23) 水太凉,游不得。——(根据水的温度条件和人体接受温度的自然条件。)

可能的结果是客观的、实际的,说话人的表达焦点在于凸显这种结果在客观条件下的可能性。

而"能"字等能愿句则含有一定的主观因素和情理因素,它表示某动作状态意志条件、情理条件的某种可能性,说话人的视点在于其前提条件。例如:

(24) 我不能参加这个会了,我要出差。——(有自己已做决定的主观因素。)

(25) 这个会我参加不了了,我有出差的任务。——(完全从客观角度来表达。)

(26) 我不能再说了。——(有主观对自己的约束、承诺,也有时间不允许等客观原因,但有自己遵守时间的主观决定。)

(27) 再往下,我就说不了了。——(完全客观,个人能力不够,不是主观意志所决定的。)

(28) 你的肺病已经很严重了,不能再抽烟了。——(身体的客观条件不允许,但主要是我对你的不准许,是主观的。)

(29) 你的肺病已经很严重了,这烟是抽不得了。——(不是我不准许,是你的身体条件不允许。)

(30) 你不能穿越栏杆。——(主观不允许,是对你的约束。)

(31) 栏杆间隔太小,你钻不过去的。——(是客观条件不允许。)

(32) 领导在开会,你不能进去(*进不去)。——(根据情况提出的限制要求。)

(33) 会议室里人太多了,进不去了。——(会议室客观容纳量不允许。)

因为可能补语的表达焦点在可能的结果上,所以它在句子中大多将实际上的宾语前置,把结果置于句末。上述(29)(31)(33)都是因为这种原因而改变的句子语序结构。

2.2 与时间、过程的关系

能愿句多指向未来的事情,但也能用于有明确过去时间的句子;可能补语可以是对未来的预测,也可以是现在已经显现结果的情况,但一般不用于有明确过去时间的一般叙述句。例如:

(34) *他去年毕不了业了。——(过去时间的、没有条件的一般叙述句。)

他去年未能毕业,今年倒顺利毕业了。——(对举说明)

他去年临毕业时玩命努力,也未能毕业。——(有条件)

可能补语可以是对未来情况的预测,也可以是讲述已发生的事情,但是说话人主要表达的并不是跟时间的关系,而是跟预测相反的改变。例如:

(35) 我说不了了,还是你来说吧。——(是现在已显现的客观结果,说话人说明与预期"说得了"相反的结果。)

(36) 你放心吧,这种墨洗得掉。——(说明与所担心的"洗不掉"相反的结果。)

除了意义的理解有差异外,学习者出现的较多的问题是在没有任何预期的情况下,在一般叙述时用了有明确过去时间的表达方式。例如:

(37) *昨天下午我去得了商店。

(38) *中午你留的那些饭我都吃得了了。

另外,有描写性状语或时间过程的描述时一般不用可能补语;侧重描述时,一般用结果补语。

例如:

(39) *我好不容易才弄得懂了。
    我好不容易才弄懂了。——(叙述一种事实。)

这与我们上面谈到的可能补语的表达焦点有关,前面(1)(2)(3)的病句也属此类型。

2.3 肯定与否定相对存在

可能补语句表达肯定时,是针对语境中的否定;表达否定时,是针对语境中的肯定。例如:

(40) 我吃不了了。——(针对原预测可吃得了。)

(41) 她说不下去了。——(说的时候是希望说下去的。)

(42) 我实在走不动了。——(开始走的时候,自己认为能走。)

可能补语主要是对原有预测的否定,所以它主要的使用形式是否定句,肯定句的使用往往是有条件的,如针对问句的答句、辩驳等。也正因为它表达与预期情况的不同和发生的改变,所以句末常常用"了"。

2.4 直接用"得"的可能补语句

直接用"得"的可能补语句有劝阻、警告的功能，它与表可能的能愿句不同，说话人已看到某种不合规、不好的事情发生或要发生，所以进行劝阻和警告。例如：

（43）你可大意不得呀，据说考官很严格。——（已有大意的言行表现。）

（44）皮肤已经灼伤了，晒不得了，快进屋里吧！——（已在外面晒出问题了。）

3. 关于可能补语的教学问题

3.1 重在理解语用意义

学习者使用可能补语句最容易出现与能愿句、结果补语句混淆的情况，这主要是因为学习者不能准确理解各自的语法意义和语用意义，所以教师讲清其语法意义和语用条件很重要，可结合具体语境和结构上的限制条件进行讲解。教师所选的例句要简单易懂，并能通过上下文，让学习者准确理解说话人的语用目的。

3.2 注意结构形式上的使用限制条件

3.2.1 可能补语肯定式结构前仍可与"能"连接，即"能＋V＋可能补语肯定式"

"能"表示某种可能的前提条件、能力等，补语部分则表示在这种条件下可能出现的结果。例如：

（45）他很聪明，准能学得会。

（46）他在学生宿舍里能住得惯吗？

否定式多用"不会"，表示推测，补语部分也要用否定式。例如：

（47）他不会来不了了吧？

(48) 他那么聪明,不会学不会的。

但这两种结构一般不能相反,即"能"的肯定式不用否定形式,"不会"的否定式不用肯定形式(反问句除外)。例如:

(49) *他在学生宿舍里不能住得惯。

(50) *他会来不了了吧?

3.2.2 可能补语句的谓语动词多用单音节形式

因为可能补语是在动结式或动趋式中间加了"得/不",所以它仍保留了动结式或动趋式结构的基本特点,即谓语动词多用单音节形式,动结式的补语部分也多用单音节形式。例如:

(51) *他很聪明,准能学习得会。

(52) *我们队很强,一定打得失败他们。

3.2.3 宾语位置

因为可能补语句的表达焦点一般是可能的结果,所以多数情况下,说话人都会把宾语提到句首成为话题或提到主语位置成为主语,把句末让位于补语,使之成为表达焦点。例如:

(53) 学生宿舍我住得惯。

(54) 我相信这项任务他一定胜任得了。

这与可能补语的表达功能有关,前面谈到,使用可能补语时,说话人往往有预设,即可能被认为有相反的情况,所以话题很明确,而可能的结果则是说话人要表达的最新信息,因此,位于焦点位置更符合表达意图。

3.2.4 连动句中的第一个动词后不能用可能补语

例如:

(55) *我回不了家拿书了。——(我不能回家拿书了。)

(56) *自行车坏了,我去不了电影院看电影了。——(我不能去电影院看电影了。)

说话人在这些句子中实际要表达的是做某事的前提可能,所以应该使用能愿句。

3.2.5 可能补语不能与"把"字句、"被"字句同现

"把"字句、"被"字句都与施事对受事进行处置或主体对事物施加影响有关,其动词后的部分是处置或施加影响的情况,不是可能性,所以可能补语不能与"把"字句、"被"字句同现。例如:

(57) *她非常喜欢吃饺子,她把这些饺子吃得了。

(58) *衣服上洒上的墨汁被他洗得下去。

总之,形式结构通常是由语法意义决定的,所以教师让学习者注意形式规则的同时,也要点拨其语法意义或语用意义。这些规则分布于各要点的学习中。如果是提高性的专门语法教学,教师可以在全面总结后,再做简明扼要的专项讲解。教师讲解时,形式与意义一定要结合,不能仅仅讲解抽象意义。

【分析思考题】

1. 汉语补语句有什么特点?有哪些类型?
2. 举例说明在结果补语中,谓补结构对词有什么限制条件?
3. 请分析下列句子的偏误类型及原因。

   (1) 弟弟把花瓶碎坏了。

   (2) 他昨天晚上睡觉香了。

   (3) 填写表格完了就交上去。

   (4) 以前汉语水平太低,不能听老师讲的语法,今天都听了,心里很激动。

(5) 你常常到我这里去帮助我,我很感激你。

(6) 如果天气再冷起来,我会难受的。

(7) 你已经错了,不要再坚持起来了。

(8) 你们打算什么时候回去日本?

(9) 联欢会给我们带友谊和快乐来了。

(10) 他骑自行车不小心把人撞下去了,他赶紧跑过把那人扶上来。

(11) 他们正在上课呢,你进不得教室。

(12) 我这个月没打工,房费不能交给你,下个月一起交好吗?

(13) 你别再给我盛饭了,我连这碗饭都不能吃了。

4. 趋向补语如何分类便于汉语教学,为什么?

5. 举例说明可能补语与用"能"字的能愿句的主要区别。

第十章　汉语语序的教学要点与策略

在第二语言教学中,语序教学特别重要。语序是说这种语言者思维方式的直接体现。学习者受到母语和思维定式的影响,容易生成第二语言语序上的偏误,其偏误生成后也比较顽固,从出现偏误到语序正确,会经历一段反复的过程。

宏观上说,语序问题至少包括两大方面:一是句结构内的语序问题。这种语序可以脱离应用环境,只受句法规则制约,是语法的语序,我们把它看作静态语序;二是受交际及语境影响的语序,这种语序会受到语境即说话人、上下文、对话环境等的制约,说话人会根据交际意图、上下文、对话环境等,选择对应的语序,我们把这种语用语序看作动态语序。静态语序需严格按照句法规则来确定句法结构。动态语序则是根据说话人表情达意的需要来调整语序,是一种相对灵活的语序。

汉语是一种不依赖形态标记的语言,这种语言对语序有很强的依赖性。汉语对语序的依赖比印欧语要多得多。在汉语表达中,语序一旦调整,其结构关系和意义关系就发生改变,甚至会限定某些词的语法意义,因此语序教学在汉语教学中至关重要。

下面我们从以下两个方面来谈汉语的语序教学:

一是修饰语的语序,涉及定语语序和状语语序及其教学策略问题;

二是句法范畴语序,涉及词、短语、句子构成顺序的基本规律,包括话题与焦点对语序的影响及其教学策略等问题。

第一节　修饰语的语序教学要点与策略

修饰语的语序通常指的是定语语序和状语语序。

汉语的定语与状语都属于修饰语。定语修饰的主要是体词性成分充当的中心语成分,状语修饰的主要是谓词性成分充当的中心语成分。汉语的修饰语无论其修饰的中心语属于什么性质,都整齐划一地出现在被修饰语的前面,规则简洁明确。即：

　　定语修饰语　+　中心语（体词性成分）

　　状语修饰语　+　中心语（谓词性成分）

所以,如果了解汉语的这一特点,并能辨识哪些是定语或状语,掌握定语、状语与中心语之间的语序应该是比较容易的事情。

但是,由于多项定语、状语均出现于中心语之前,对于汉语为非母语的学习者来说,还是会引发下面的难题:多项定语或多项状语如何排序？如何理解不同类别的定语、状语与中心语之间的远近关系？

从本质上看,汉语修饰语与中心语的远近关系仍体现为汉语语序的象似性原则。那么,在汉语教学中,采用怎样的教学方法,能够让学习者从认知的角度更好地理解并掌握汉语语序？下面我们从两个方面来讲解。

(1) 表示定中关系的"的"的隐现和多项定语的排序；

(2) 表示状中关系的"地"的隐现和多项状语的排序。

1. 定语与"的"的隐现及多项定语排序

1.1　定语与"的"

1.1.1　关系紧密度

首先,学习者可以从关系紧密度上来认识修饰语与中心语的关系。

如果结构关系紧密,是整体指称事物的,就不加"的";如果结构关系松散,是非整体指称事物的,就要加"的"。

例如：凉茶　红花　硬汉子　丝袜子　西式楼房　实木家具

凉丝丝的茶　钢铁般的汉子　西洋式的楼房　昂贵的家具

已知的关系一般是隐含的,即只需指称,无须做专门的陈述或描写。因此,越靠近事物的本质,即事物越本质、固有、稳定、持久的属性,越不加"的"。离事物的本质较远,即事物外在的、临时的、不稳定的、非本质的属性,就要加"的"。例如：

透明的丝袜子　　　新建起来的西式小洋楼

"丝"是袜子的材质,是袜子的本质属性,之间不加"的",而"透明"则是外在的、临时的现象,所以要加"的";"小洋楼"可直接指称,"西式"是小洋楼的本质属性,所以都不加"的";"新建起来"是临时的、外在的、不稳定的属性,所以要加"的"。

1.1.2　认识事物属性

因为学习者很难辨识事物的属性,所以教师在教学中,要明确告诉学生如何确定并区分事物的本质属性。

1.1.2.1 事物本质的、固有的、稳定的、持久的属性

表现事物本质的、固有的、稳定的、持久的属性,无须加"的"。主要类型有：

(1) 区别词

事物属性一般都具有相对的或对立的区别性特征,能够据此对事物加以区分,区别词就是表示事物属性的词类。由于区别词表示的是该事物的本质属性,所以只能用来做定语,修饰体词性中心语时,通常无须加"的"。例如：

人造丝绵、天然湖泊——(原本形成的特点)

长期目标、短期行为——(固有的时间特点)

金首饰、银碗——(材质特点)

民用物资、军用材料——(功能特点)

急性肺炎、慢性病——(性质特点)

国营单位、私营公司——(经营属性)

(2) 表示事物(中心语)材质、功能、类属的,属于事物的本质属性,一般无须加"的"。例如:

紫檀木家具　　石子小路　　水晶镜片　　琉璃瓦房顶
防爆装置　　　保暖衬衣　　孩子脾气　　老人心理

(3) 表示事物(中心语)国籍、出生地、专业、职业、阶层等的,也属于事物的本质属性,一般无须加"的"。例如:

美国朋友　中国老师　四川人　外科大夫　汉语教师
警察叔叔　幼儿园阿姨　绅士风度　雷锋精神　专家水准

(4) 单音节形容词。汉语的单音节形容词大多直接用来表示事物性状等的本质属性,与名词结合紧密,几近一个词,可以用来指称事物,所以一般不加"的"。例如:

大房子　小汽车　红苹果　白墙　宽马路
旧衣服　老朋友　新邮件　硬指标　冷空气

(5) 限定性数量定语。汉语的量词通常根据形状、属性、功能等特点对事物进行范畴化指称,它们与事物的这些本质属性紧密相关,因此做定语时无须加"的"。例如:

一条领带　几滴眼泪　一座山　一本书　几根头发
三片面包　一套西装　两双鞋　一张床　一伙歹徒

1.1.2.2 事物非本质的、临时的、不稳定的、不持久的属性

表现事物非本质的、临时的、不稳定的、不持久的属性的,需要加"的"。主要类型有:

(1) 领属关系

领有者与事物的关系是临时的、相对任意的,事物一般不会因领有者的改变而发生改变,因此它们的关系较为松散,之间需要加"的"。例如:

  我的眼镜 学校的图书馆 朋友的话 母亲的期望

在汉语中,定中关系属于亲属关系时,常常可以不加"的",这可能跟亲属关系是亲近而固定的有关。例如:

  我姐 他爷爷 你父亲 咱妈

(2) 时间、处所

时间、处所对事物来说,也都是外在的、非本质的属性,不会对事物本质产生影响,与事物的关系相对疏远,所以做定语时也需要加"的"。例如:

  昨天的会议 去年的一天 刚才的事 周末的计划
  墙上的画   空中的月亮 心里的梦 岸边的游人

(3) 描写性数量

"量"虽与事物的质有关,但是描写性数量不是为了表示确切的数量,而是通过数量来表现样态,其数量往往是通过一种描写手段表现出来的,是事物外在的样子,不是事物的本质,所以通常需要加"的"。例如:

  一千来人的会议 二十余斤的大西瓜
  20多岁的小伙子 300来页的书
  一头的汗 一肚子的怨气 一身的土 一脑门子的问号

"一头的汗""一肚子的怨气""一身的土""一脑门子的问号"的数词"一"都表示"全""满""遍"等意思,加"的"突出所描写的"多"的样子。不加"的"也可以使用,但描写性稍弱。

(4) 双音节形容词

起形容作用的双音节形容词大多表现事物外在的样子,所以一般需要加"的"。例如:

浩瀚的大海　苍白的脸　茫然的样子　严肃的态度
痛苦的表情

但少数双音节形容词也可用来表示质的区别,表示类别,可以合起来称谓人或事物,这时不加"的"。例如:

老实人　漂亮妈妈　干净衣服　重要文件　正确思想
客气话　关键时刻

这种现象仍应从其与中心语的远近关系、是否表现事物属性和能否指称事物等角度来分析。在双音节形容词的定中短语中,如果形容词倾向于外在描述,带有一定的临时属性,就要加"的",其结构没有指称作用;如果倾向于内在属性,形成的是有区别意义的类属,其结构有指称作用,就无须加"的",如"先进人物""优秀学生"等,可指某个类别。

(5) 状态形容词、形容词重叠式

状态形容词及重叠式与性质形容词显著不同,它与名词性中心语组合时要加"的",这是因为它表示事物外在的或样态的部分。例如:

雪白的墙　绿油油的庄稼　大大方方的样子
冰冷的水　冷冷的表情　土里土气的衣着

(6) 动词性定语

述谓性的修饰限制语属于纯粹临时的、外加的东西,因此必须加

"的"。此外,这个"的"还有重要的区别结构关系的作用,也就是说,动词性定语添加"的"具有强制性。例如:

摆的书　　录取的学生　　传来的消息　　复印的书——(定中关系)
摆书　　　录取学生　　　传来消息　　　复印书——(述宾关系)

(7) 短语类型

短语本身是临时形成的组合关系,修饰事物时自然带有临时性,所以都要加"的"。例如:

很大的房子　　他听到的消息　　满山遍野的野花
各种各样的想法

总之,与表形体、颜色的定语相比,表质料、功能的定语,能更为自由地隐去"的"。教师在汉语教学中对上述关系,可以用具体实例一一说明,以便学习者理解并掌握。

1.2 多项定语排序和排序中"的"的隐现

1.2.1 学习者习得定语的常见偏误

(1) *他带我们来到又干净又便宜的一家饭店吃饭。——(他带我们来到一家又干净又便宜的饭店吃饭。)

(2) *接待我们的是面带微笑穿着得体大眼睛的一个姑娘。——(接待我们的是面带微笑穿着得体的一个大眼睛姑娘。)

(3) *今天去商店逛了逛,买了纯棉的非常漂亮的一条连衣裙。——(今天去商店逛了逛,买了一条非常漂亮的纯棉的连衣裙。)

(4) *那个工厂生产了塑料的优质的产品很多的。——(那个工厂生产了很多优质的塑料产品。)

(5) *我很爱惜那本精美的我的汉语词典。——(我很爱惜我的那本精美的汉语词典。)

(6) ＊我去邮局取回一个包裹,里面是非常暖和的妈妈亲手缝制的一件棉衣。——(我去邮局取回一个包裹,里面是一件妈妈亲手缝制的非常暖和的棉衣。)

(7) ＊她的衣服漂亮的很多。——(她的漂亮衣服很多。)

(8) ＊我喜欢安静的图书馆的环境。——(我喜欢图书馆安静的环境。)

(9) ＊一辆刚买来我的自行车被人偷走了。——(我一辆刚买来的自行车被人偷走了。)

(10) ＊他心里有痛苦的说不出来一股味道。——(他心里有一股说不出来的痛苦的味道。)

(11) ＊昨天我去看了一个我的朋友。——(昨天我去看了我的一个朋友。)

(12) ＊他们被分配在不同的工作的地方。——(他们被分配在不同的地方工作。)

1.2.2 多项定语的排序

(1) 领有者

领有者对事物的影响跟事物属性对事物的影响有本质的不同。事物一般不会因领有者的改变而改变,却一定会因属性的改变而改变,领有者和事物的概念距离一定比属性远。多数情况下,领有者位于距离中心语最远的位置。例如:

＊那本精美的我的汉语词典
我的那本精美的汉语词典

(2) 时间、处所

时地(时间、处所)与事物的属性多少有点儿联系,但关系比较远,

具有临时性,因此,它的位置距离中心语也比较远。例如:

*好的大学时代的一位朋友

一位大学时代的好朋友

(3) 数量

量跟事物属性有关,但数具有临时性和不稳定性,所以数量距离中心语也相对较远。例如:

*好的大学时代的一位朋友

一位大学时代的好朋友

但数量的所属范围不同,是会有前后位置变化的。如上句,如果这个"好朋友"是大学时代的,就可以说成"大学时代的一位好朋友"。

(4) 动词、动词性短语或介词短语

动词、动词性短语或介词短语属于事物外在的情况,距离中心语也相对较远。例如:

*有痛苦的说不出来一股味道

有一股说不出来的痛苦的味道

(5) 表情状的形容词性词语

表情状的形容词性词语,如状态形容词、形容词性短语等,得放在表性质的形容词前。例如:

*买了长的非常漂亮的一条连衣裙

买了一条非常漂亮的长连衣裙

(6) 表属性的形容词、名词、区别词

在表属性的形容词、名词、区别词中,其基本顺序是:"形体—颜色—质料—功能"(陆丙甫,1988)。例如:

大号白色呢子防风大衣　新型不锈钢保温杯

形容词性词语多半放在表质料的词语前,质料大多放在表功能的词语前,形体和颜色的次序有时可以调换,但它们一定在表质料或功能的词语之前。

综上所述,多项定语的"优先语序"通常为:

领属＜时地＜数量＜动词或各类谓词性短语＜情状形容词性词语及复杂式＜双音节形容词＜单音节形容词＜区别词＜名词＋中心语

1.2.3　定语排序中"的"的隐现

作为事物外在的、临时的、不稳定的、非本质的单项修饰限制语,需要加"的"来表现其与中心语的关系,但是当多项定语修饰中心语时,既要把关系表达得准确清楚,又要本着省简原则,就会出现多项定语排序中"的"的隐现情况。在多项定语排序中,"的"的隐现原则主要体现在可共用性和结构强制性两个方面。

1.2.3.1　可共用性

"可共用性"指两项或两项以上的定语修饰语均需用"的"时,在不改变意义的前提下,几项定语共用一个"的"。例如:

(13) 他是我(的)中学时代的好朋友。

(14) 她穿的竟是她妈妈(的)年轻时(的)穿过的土布衣服。

(15) 该书记载了我军(的)多年来(的)发展壮大的历史。

(16) 他们克服了工作中(的)所有(的)意想不到的难题。

当几项修饰语分别指向中心语时,只要不发生不正确的结构关系,不导致歧义等问题,就可以把前面修饰语需要用的"的"隐去,保留后一项修饰语与中心语之间的"的",形成几项修饰语共用一个"的"的情况,由此实现语句表达的省简原则。例如:

单项定语时应为:

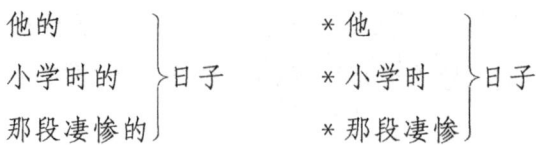

也就是说,如果是单项定语,各项均属加"的",不加"的"不对。但是,当它们组合成一个句子时,情况就变了,只要保留最后一个、最靠近中心语的"的",前两项的"的"可以隐去,这样不会改变句子的内部结构和意义,它们事实上共用了最后的一个"的"。即:

(张师傅想起了)他 小学时 那段凄惨 的 日子。

1.2.3.2 结构强制性

"结构强制性"是指标记定中关系的"的"如果不出现,结构关系就会发生改变,意义也会因此出现差别,所以这个"的"必现。

必现"的"的通常是谓词性成分的定语,主要是动词性结构,其次是描写性强的形容词性结构,其也会制约着"的"的出现。动词性结构之所以对"的"要求最强,是因为"的"一旦隐去,就会造成其结构关系的改变,使定中关系变为动宾关系,不符合表达意图,因此此处的"的"对结构具有强制性,不可隐去。例如:

(17)她是专程来参加纪念活动的斯诺的姐姐。

(18)组织很想了解一下这个单位中存在的日益尖锐的矛盾。

(19)照片显示的是女孩圆睁着的惊恐的眼睛。

定语语序和"的"的隐现是汉语学习者出现问题较多的地方,原因在于:

(1)学习者母语中修饰语的位置或语序,与汉语有较大差异,这种差异或许反映的就是思维方式上的差异,所以较难掌握。例如:日语中的"の"在表示定语与中心语修饰关系时,相当于汉语的"的",但是它在

表示多项定中关系时是不省略的。例如:

  彼は私の中学時代の親友です.
  (他是我中学时代的好朋友。)

因此,母语为日语的汉语学习者,通常会在多项定语中使用很多"的"。

(2) 学习者不会对汉语的定语进行分类,找不出汉语多项定语排序的基本规律和"的"的隐现规律。

(3) 教师在教学中没有给学习者明确的讲解和有效的训练。

所以,汉语教学中应有关于定语语序和"的"的隐现的专项教学,教师要对此做简明扼要的讲解,并设计有针对性的练习。

2. 状语与"地"的隐现及多项状语排序

2.1 学习者习得状语的常见偏误

(20) *跟父母亲常常应该在一起。

(21) *他们只要肯努力,汉语一天比一天会进步的。

(22) *约翰也明天要去泰山。

(23) *我从大门口刚才看到了圣诞老人。

(24) *我起床七点半每天。

(25) *他认真地在写作业我看到他时。

(26) *你跟他见面在什么地方?

(27) *张师傅说他就很快过来。

(28) *这些人都也坐这辆车。

(29) *我觉得还看行,太写难。

(30) *父亲给我详细地还说了一些这儿的情况。

(31) *他在这里给他的父母不从来打电话。

(32) *这样记,才我把我的语法完全不忘记。

(33) *听到这个消息,她伤心哭起来了。

(34) *那个人朝前不顾一切跑去。

(35) *从旁边一个青年骑自行车过来了。

2.2 状语与"地"及"地"的隐现

状语与"地"及"地"的隐现从本质上看,跟定语与"的"的关系一样,同样遵循的是距离原则,只是状语的表义类型、结构类型与定语有所区别。

动作的发生通常离不开以下条件:时间、处所、工具、对象、方向、依据等。如"抄"的动作用手和借助工具笔、参照物(所依据的物)、时间、处所,这些都是做动作的必要条件。

这样就可能出现以下的结构类型:

(他)正在教室里用笔照书抄课文(呢)。

由于这些条件是必备的,属于动作属性之一,所以都不需要借助"地"。即与动词的概念内涵紧密相关的、属于动作本质的东西,一般都不需要借助"地"。

但是,如果状语表现的是动作临时的样子:你的和他的不一样、这次的和下次的不一样等,或者状语所做的描述,语义指向的是主语、宾语时,通常需要借助"地"。从认知上看,是因为这种描述是动作外在的东西,与动作的关系相对疏远。例如:

(36) 他大大方方地走上台来。

"大大方方"的样子、情态对于"走"来说不是必然的,而是临时的,属于"走"外延的东西;此外,"大大方方"从语义指向上看,它指向的是动作者,表现动作者不紧张、不怯懦、潇洒自然的情态。这两点都说明它不是"走"的属性,具有不稳定性,与中心语关系疏远,所以两者之间的"地"不能省略。再如:

(37) 他清楚地写下了自己的名字。

"清楚"与"写"也不具有必然关系,"写"与笔、纸等工具、处所具有必然关系,属于"写"的属性,所以"用笔在纸上写"这两个状语均不需加"地"。"清楚"从语义指向上看,它指向的是写出来的字,即宾语,具有临时性、不稳定性,与中心语关系疏远,所以两者之间的"地"也不能省略。

还有一种类型——双音节形容词。形容词一般都带有一定的描述性,可是双音节形容词做状语时,常常会出现加"地"与不加"地"两可的情况。为什么会出现这种情况呢?什么时候该加"地",什么时候不该加"地"呢?原理同上,说话人如果把这种属性看成动作固有的,就不需要加"地";反之,说话人重在描述动作的样子,那就应该加"地"。另外,如果凸显描述的样子,就会使动作的过程相对延长;反之则相对紧凑,这也是有"地"和无"地"的区别。所以此处的加不加"地",主要看表达意图。例如:

(38) 仔细检查,一个地方也不要漏掉。——("仔细"已成为检查的一个要求)。

(39) 他不厌其烦地仔细地翻看着。——("着"的进行状态,表明他翻看的样子。)

动作的正在进行或持续状态,往往对描写性状语中"地"的出现有一定制约性,因为此时表现样态的可能性更强。例如:

(40) 我看到他时,他正在认真地写着信呢。
 ＊我看到他时,他正在认真写着信呢。

总之,属于动作本质属性的,状语表现的是动作的时间、处所、工具、对象、方向、依据等的,无须加"地";形容词、数量短语所充当的描写性状语,凸显动作样态或表现动作过程时,需要加"地"。如果描写性状语的语义指向是主语或宾语,则必须加"地"。

2.3 多项状语排序

2.3.1 多项副词状语的排序

汉语副词的主要功能是充当状语,做谓词性成分的修饰限制语。而副词在修饰限制谓词性成分时,是可以两三个连用的,这样就出现了副词连用时的排序问题。

在前面的副词部分提到,如果我们把副词分为范围副词、时间副词、程度副词、情态副词、语气副词、否定副词六类的话,它们共现时的基本排列顺序大致为:

语气副词＜时间副词＜范围副词＜程度副词＜否定副词＜情态副词

例如:

(41) 那些小说他也许已经都读过了。——(语气副词＜时间副词＜范围副词)

(42) 简直太不像样子了!——(语气副词＜程度副词＜否定副词)

(43) 一定再逐个检查一遍。——(语气副词＜时间副词＜情态副词)

少数情况下,有的副词可能在某个副词的前后均能出现,这通常是由其组合的内在意义决定的,表现在应用上,是由说话人的表达意图所决定的。例如:

奶奶很不放心　他们全不参加
奶奶不很放心　他们不全参加

范围副词"都""全"的分布有时较为灵活,它通常置于被遍指的词语之后。例如:

（44）客人们都已经到齐了。

（45）她把散落在地上的米粒一粒一粒都捡了起来。

2.3.2 多项状语的排序原理

从本质上看,汉语状语修饰语与中心语的远近关系仍体现为象似性原理。即表示动作、性状本质属性的修饰限制语,离中心语近;表示条件、依据、途径等非动作、性状本质属性的限制修饰语,离中心语远。

动作通常离不开以下条件:时间、处所、工具、对象、方向、依据等,这些条件距离中心语的远近是有差别的。

(1) 某些陈述性的前提条件,结构相对复杂,通常作为全句条件置于句首,这样它们就成为离中心语最远的状语。例如:

（46）根据天气预报,明天将会有大到暴雨。

(2) 时间、处所通常属于动作的背景,是动作所必备的,但却是外在的、临时的条件,它们一般不能决定动作的本质属性,所以当有多项状语时,它们通常位于离中心语较远的位置。

但是同样都是时间状语,性质的不同也会产生位置的差异。如具体时间等,它们是完全外在的、临时的,所以会位于最远的位置;而时间副词表示的并不是一个具体、明确的时间点,跟动作的进行、完成等关系密切,它们的位置要比具体时间离中心语近一些。例如:

（47）那时候,孩子们正在院子里捉迷藏呢。

因此如果有时间状语和处所状语,那么其基本语序通常为:
具体时间＜时间副词＜处所
"已""已经""曾经"等少量表示过去时间或凸显完成时间的时间副词,也有可能出现在处所之后。例如:

（48）我刚才在门口已经见过公司经理了。

(3) 语气副词主要用来表达说话人的情态,是动作外在的、临时的东西,所以它们通常离主语较近,离中心语较远。例如:

(49) 他们居然连声招呼都不打就走了。

其他各类副词大多依次在语气副词后排列。但是,对于形容词、心理动词等而言,程度副词所表示的程度是性状的本质属性的一部分,所以程度副词往往紧贴形容词、心理动词等,最靠近中心语。

(4) 描写性的状语,如果其语义指向的是主语或宾语的话,从语义关系上看,它显然离中心语要远;而如果描写性状语直接描写的是动作的话,那么离中心语会近。

描写性状语有"地"和没"地"的差别也会影响到排序。有"地"的描写性状语更加注重动作外在样态的描写,而没"地"的描写性状语则更多地表现动作属性,所以离动词更近,尤其是单音节形容词,一般不用"地",紧贴动词,几近一个词。例如:

(50) 爷爷开心地哈哈大笑起来。

(51) 这些都是易碎品,你们一定要非常小心地轻拿轻放。

"开心"的语义指向爷爷的情绪,需要加"地",其位置离中心语"笑"最远;"哈哈"描写动作的声音,不加"地",离中心语"笑"稍近;"大"表现"笑"的动作属性,离中心语"笑"最近。

"非常小心地"的语义指向主语,离动作"拿""放"远;"轻"表示动作"拿""放"的属性,所以紧贴动词。

由此可见,描写性状语的基本语序通常为:

语义指向主语、宾语带"地"＜描写动作带"地"＜描写动作不带"地"＜单音节形容词

(5) 各类介词结构状语的排序。由于介词结构的类型较多,很难整齐划一地概括,只能大致地分类。总的来说,"用""以"或"照""凭"等工

具性、依据性的介词结构所引介的部分,属于动作相对外在的部分,离动作有距离;用"跟""对""给""把"等引介的动作对象,离动作关系稍近一些;表示方向、路线类的介词结构离动作的关系要再近一些。例如:

(52) 他用小刀把嵌在墙皮里的子弹撬了出来。

状语语序不稳定,也受到说话人表达角度的影响,特别是副词、介词结构等有很大区别,所以下面的多项状语排序只是大多数情况下的排序:

前提、条件、根据、目的等＜具体时间＜语气副词＜时间副词＜其他副词＜处所＜描写指向主语、宾语＜对象、方向等介词结构＜描写动作＜单音节形容词＋ 谓词中心语

例如:

(53) 她很想妈妈,刚才还在邮局里给她妈妈寄了一件东西呢。

(54) 他居然不顾一切地一下子跳到深坑里去救人。

(55) 天色已晚,她还在跟会计认真地核算着。

第二节 句法范畴的语序教学要点与策略

1. 与时间、大小等顺序相关的构句语序问题

戴浩一、黄河(1988)从次序象似性的角度提出的"时间顺序原则"是一个很好的总结,这个原则概括了汉语里大量以动词为中心的、表面上互不相干的句法范畴的语序表现,的确符合汉语的一些实际情况。例如:

(1) 事物出现或发展的先后顺序

　　昨天、今天、明天　　中高级　　初中高　　发展壮大

(2) 事件发生的先后顺序

(1) 往香港寄信。——(确定寄往方向先于"寄",着眼于起始点。)

(2) 信寄往香港。——("寄"先于寄往处,着眼于终结点。)

(3) 在椅子上坐着。——(着眼于所坐处。)

(4) 坐在椅子上。——(着眼于坐后处所,处所改变。)

(5) 下课以后来找我。——(先下课,后找我。)

(6) 去银行取款。——(先去银行,后取款。)

(7) 老板开车回家了。——(先开车,后回家。)

(8) 妹妹哭得很伤心。——(先"哭",后有伤心状态。)

(9) 她气红了脸。——(先"气",后有脸红状态)

(10) 黑板上的字擦掉了。——("擦"先于"掉"。)

(11) 我看到树上绽开的花朵,从枝头飞过的小鸟和蓝天上白色的云朵。——(视线按时间顺序转换、延展。)

(12) 看到这情景,他一句话也没说,转身忙去了。

(13) 我们要改掉坏习惯,发扬好传统。

(14) 虽然失败了很多次,但是他并不灰心。

(15) 看到别人有困难,他总是热情帮助。

(16) 尽管他的错误是不可原谅的,但你也不该发那么大的脾气。

(1)到(16)句都是前面的情况先于后面的情况,正如戴浩一、黄河(1988)所说:"两个句法单位的相关次序决定于它们所表示的概念领域里的状态的时间顺序。"他们认为汉语在句法单位之间的语义关系主要靠语序,把动词作为中心参照点,按照时间顺序来排列跟动词有语义联系的成分,其语序跟汉语的思维方式一致。

当然,汉语中以动词为中心的词语的结构顺序并不都是由时间顺序所决定的,由时间顺序所决定的语序大多是较为客观的陈述和描述。

汉语中还有由语用因素决定的语序,使一些句子并不都是按照上述时间顺序进行排列。汉语比很多别的语言更典型地使用这种时间顺序的临摹手法。这种手法表现的语序直观、具象,教师如果恰当引导,学习者会比较容易认知这一语序规律。

学生认知连动句语序时,常见的偏误是语序偏误,如"*我借书去图书馆"。我们可以先不告诉学生该怎么调整语序,只启发学生想一想,"借书"和"去图书馆"哪个在先,哪个在后,然后让他按照实际发生的先后顺序来组织句子,学生很快就能把顺序排正确了。可见,这种教学方法不仅具有可操作性,还可使学习者了解说汉语者的思维方式,从而引发其学习兴趣。

汉语语序的主要理据跟临摹性相关,下面我们用一些汉语实例来说明。

(3) 由大到小、先整体后局部。例如:

2000 年 3 月 22 日/星期三下午两点半/一个冬天的早晨——(时间)

中国天津南开大学汉语言文化学院办公室/南开区白堤路 58 号爱大会馆 3 楼 206 号房间——(地点)

父母/兄妹/师生/省、市、县——(辈分与级别)

广场中央/马路旁/树上——(位置)

象鼻子(长)/他能力(强)/教室里灯(开了)/大型汉语(辞典)——(事物)

黎天睦(Timothy Light)等(1981)曾指出过汉语的一个十分强烈的趋向:"在名词组里甚至在小句里,当整体和部分成为问题的时候,整体总是放在部分的前面。"

(4) 修饰限制语位于中心语之前。例如:

老对手/冷板凳/绿色食品/马路两侧/昨天的昨天/一位不速之客/前两天还活蹦乱跳的孩子——（名词性中心语）

快吃/早来晚走/不打算/现在就开始/跟他一起去/从这儿往岸边游/严格要求/一字不落地记了（下来）/高兴地笑着/一遍一遍不厌其烦地诉说着——（动词性中心语）

可见，这种语序规律不仅有普遍性，还有一贯性，即使是复句，也体现出这种规律。

（5）先因后果，原因、条件类分句总是位于结果分句之前。

偏正复句中，偏句总是为正句说明某种原因、条件等，正句则表示在这种原因、条件下出现或可能出现的结果，所以在汉语的自然语序中，偏句一般总是位于正句之前。例如：

（17）觉得不舒服就说一声。——（假设因果）

（18）只要条件允许，咱们就干。——（条件结果）

（19）即使不合作了，我们不也还是朋友吗？——（让步因果）

（20）有他在这儿挡路，咱们再怎么努力也白搭。——（原因结果）

金立鑫先生(1999)在分析语言的一些普遍的语序功能时谈到，偏正结构可以分为两种：顺行结构和逆行结构。汉语主要是逆行扩展，即向左扩展。在该文统计的 VO 式语言关系从句的位置中，"有 60 种语言的关系从句在名词的后面，只有 1 种语言（就是汉语）的关系从句在名词的前面。"可见，汉语的这种语序是很有特点的。它的普遍性和一贯性充分体现了汉语语法简明、经济的特点。汉语教学应充分利用这个特点，强化语序教学，提高教学效率。

2. 与话题、焦点表达相关的语序及教学问题

以上谈到的主要是自然语序。Osgood(1980)区分出自然语言中有两种语序:自然语序和特异语序。自然语序立足于概念,特异语序则传达着说话人的心绪等。因此特异语序的形成要复杂得多。汉语的特异语序除受制于话题、焦点等因素外,还跟有定、无定等有密切关系。

2.1 汉语语用优先于句法

刘丹青先生(1995)在为汉语语言类型归类时指出人类语言的句法形式手段主要有:(1)格形态(区分主谓、动宾、定中、状中等);(2)一致关系(表明主谓、定中等);(3)时形态(表明主谓关系、短语间的主从关系等);(4)语序;(5)结构性虚词——介词、连词、结构助词等;(6)词类的外部标记(帮助区分句法成分)。汉语基本不具备(1)(2)(3)(6)的手段。(4)(5)两种是汉语的主要句法手段,而这两种手段在汉语中同时也是语用手段。汉语话题必须是有定或已知的成分,主谓间不存在一致性标记,在句子的基本结构方面,汉语有语用优先于句法的倾向。

可见,语序在汉语中具有十分重要的作用,语用因素会使汉语的语序具有更多的灵活性,但总的来看主要体现为以下规律:汉语客观叙述描写事件(以时间、处所为客观条件)时,即在自然语序中,主要采用的是 SVO 语序。但是,如果说话人要突出某一方面时,采用的手段之一就是改变语序,即采用特异语序。这种语序的改变主要取决于表达的需要,与话题、有定成分、焦点信息等关系密切。所以汉语语序的基本情况可概括如下:

一般叙述句的语序为自然语序,焦点信息为尾焦点,时间顺序居多,并以 SVO 为主序。

特显叙述句的语序为特异语序,焦点信息为对比焦点或尾焦点,语序通常为变序,类型较多。

2.2 汉语中由语用特显因素导致语序改变的句型或句式

2.2.1 被动句,尤其是无标记被动句

汉语口语中,实际上存在着相当数量的被动句类型。例如:

(21) 门被谁撬开了。/最难的题倒叫小张猜着了。/这么粗的树都给刮倒了。

(22) 新娘娶回来了。/衣服已经晾干了。

(23) 作业交了吗？/脸洗了吗？

(24) 信老张已经送来了。/自行车我骑走了。——（主谓谓语句，表被动。）

(21)都是有标记被动句。(22)可以加上被动标记，但不加被动标记，意思很清楚，所以一般不需要加。(23)属于被动句，但很难加上被动标记。(24)是主谓谓语句的结构类型，但表示的是被动意义。为什么会有这么多的被动句类型？有标记被动句还可以说是说话人要突出被动语态，其他类型并不是要突出被动语态，为什么要变成被动语序的类型呢？其实就是语用意义制约了其结构形式。尽管被动句形式各异，但共同的一点是：位于主语位的受事都是确指成分，是已知信息。在汉语的表达中，这样的成分常常作为话题成分，所以它们位于句首的话题位置。一般的叙述中，句末往往是表达的焦点所在，即未知信息。已知的受事移走后，动作的结果或标志着动作完成情况的相关成分就自然地成为句末的成分，也就是句子表达的焦点所在，这样符合表达意图。

2.2.2 "把"字句

有人把"把"字句看成汉语中 SOV 结构形式的典型句式。汉语中的主要结构是 SVO 形式，为什么还会出现少量 SOV 的结构形式呢？实际上，它们跟上述被动句一样，也是受制于语用的表达需要。在"把"字句中，"把"引介的成分是事实上的宾语，它之所以置于谓语中心语前，是因为它是确指成分，是已知的信息。"把"字句的谓语动词对受事具有处置或影响的作用，而处置或影响的结果情况(发生改变的情况)正是"把"字句所表达的焦点信息，所以要把这部分内容放在句末。

例如：

(25) 我看到他把钥匙交给小李了。

"钥匙"是受事，是已知信息；通过动作"交"使它从"他"位移到"小李"，而位移到"小李"是该句所表达的新信息，即焦点信息。

如果该句不通过"把"改变语序，表达的就是另外一个焦点信息。例如：

(26) 我看到他交给小李一把钥匙。

这里的"一把钥匙"是未知信息，位于句末，成为该句所表达的焦点信息。

2.2.3 汉语表存在的句子中"有"字句与"在"字句的对立

汉语表存在的句子既有"有"字句，又有"在"字句，这两个句式都含有处所、存在的人或事物和表存在意义的动词。在语序形式上有交叉关系，即：

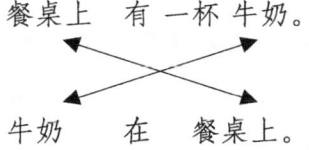

之所以存在这两种语序上对立的句式，依然与已知信息和表达焦点有关。在"有"字句中，处所是已知信息，存在的事物是未知信息，即表达焦点；在"在"字句中，存在的事物是已知信息，处所是未知信息，即表达焦点，所以它们的处所和存在事物的语序是交叉的。

2.2.4 涉事主语句

这种句子的主语通常是谓语关涉的某方面，结构形式是主谓谓语句。例如：

(27) 这件事情我们的看法有分歧。

该句的涉事部分"这件事情",按汉语的自然语序应为用介词"对/对于"引出的状语成分,但它现在无标记地置于句首,身份地位发生了根本的转变,成了话题,句法成分也就变为了主语。之所以发生这种语序和标记性身份的改变,仍然与语用表达的话题,即已知信息、传递未知焦点信息"有分歧"直接相关。

2.2.5 施事宾语句

汉语中还有类似"来客人了"的施事宾语句,它与"客人来了"形成鲜明对比,选择哪种语序恰恰是说话人的语用意义所在。刘丹青先生(1995)指出,汉语语序"常以牺牲语序的句法作用为代价,前述话题优先即是表现之一,再如'来客人了',宁可缺少主语也要让无定新信息'客人'(施事)居动词之后"。

2.2.6 状语与补语的对立

汉语中还有一个非常明显的因语序的不同而产生的语用意义的对立现象——状语与补语的对立。状语与补语的对立表现在以下方面:

(1) 时间上

除了用"都"等指示一个范围的时间外,状语表示的时间通常是时点性的,即标示着动作的起点;而表示时间的补语则通常是时段性的,标示动作已经或将要经历的时间过程。语序的差异赋予了时间的不同意义,决定了汉语时点、时段的不同位序。

(2) 状态上

"仔细地查看"表示正在查看的情况,"查看得很仔细"则表示已经查看完或查看完的部分的情况。除此之外,有时不仅会造成状态上的差别,还会造成表达上的差别。例如:

她慢慢地适应着。——(在适应的过程中,说话人对此持相对积极、肯定的态度。)

她适应得很慢。——(已看到她适应一个阶段的结果情况,说话人对此结果持消极、否定的态度。)

(3) 处所方面

到外面走走。——(还没有实施走的行为,是一种预备行为,人还在屋里。)

他走到外面。——(是已实施的行为,人已经到了外面,"走"的结果已显现。)

(4) 传信方面

状中关系中,谓语中心语是谓核,是传信中较为重要的信息,状语表示的只是谓核的附属信息;谓补关系则不同,补语倒成了表达的重心,而谓词更像是某结果状态的形式表现。如"走慢了",其中的"走"也可换成"跑","慢"的结果不变,而造成"慢"的形式既可以是"走""跑""跳",也可以是"开(车)",显然谓补的语义重心已经倾斜到补语成分上了。从表达焦点看,补语的位置或者已经居于句末,或者接近于句末,是语句信息的焦点所在。可见,由于状语、补语在句中具有不同的位序,使它们从句法功能、到语义、语用的信息传递上都有着较大的差别。

2.2.7 强调性否定句——一(个)……也＋否定词＋V

这种句子通常被称为强调句,例如:

(28) 会场里一个人也没有。

(29) 谢师傅一滴水也没喝。

这种句子实际上是由另外一种语序变化而来的,原语序为:

(30) 会场里没有(一个)人。

(31) 谢师傅没喝(一滴)水。

原语序的(30)(31)句是一般叙述句,看不出说话人对没有人、没喝水的态度,而语序调整后,增加了数量"一个"就有了强调性,即连最小数"1"都没有,句中蕴含着说话人对此事的评价和态度。只有把"一个"的位置调整到谓词前,才会产生这样的语法意义和语用效果,位于宾语中心语前则通常只是计量,所以如果是否定句,一般不需要数量限定。

(32) 她什么也没说。

(32)句也是如此,"什么"本是表疑问的代词,用以对人或事物表疑问,所以它主要分布于主语、宾语的位置。现在将它调整到主语后的位置,它的语法意义也因此发生了改变,即只能表示"任指",所以该句的表达功能不再是疑问,而是陈述。

2.2.8 因果倒置复句

汉语复句中前因后果的语序规律符合事物因某原因发展而出现某结果的自然规律,是说汉语者临摹自然世界思维方式的直接体现。但是在汉语中也存在少量的因果语序倒置的情况。

例如:

(33) 之所以不主张开工,是因为到目前为止条件还不成熟。

正常的前因后果句反映的是事物发展的顺势规律,但是一旦果置前,因居后,通常就预设了一种非正常情况的存在。如(33)句,正常的结果是应该开工,但是目前不正常,没开工,所以遭到质疑,用果前因后的形式传递未知信息,即"没开工"的原因,起到解释的功能作用。

3. 重视汉语语序的研究和教学

美国语言学家伯纳德·科姆里(Bernard Comrie)(1989)曾指出,汉语句子的统一性是非语音的手段,如语序、虚词等。汉语"词的位置相对是灵活的,这跟它'法'(语法标志)的缺乏有关"。某种组合,当它具有某种语法结构关系和语用意义后,它的位序就必须固定。随意变动位序,就意味着改变结构关系和意义关系。习惯于语法标记的人往往对汉语语序的这种重要程度理解不深,当然也是由于汉语没有普遍意义上的语法标记的提示,使他们容易对汉语的句法结构迷惑不解。因此,汉语教学中教师可以适时地进行细化教学,做具体的语序对比,包括汉外、汉内的不同方面。如汉语、英语和日语等的时点、时段分别是如何分布的等,这样以英语、日语等为母语的学生就会对汉语语序有更加深入的认识。

另外,教师在教学中不能只教静态的语法结构,还要让学习者了解不同语境对语序的制约。我们在教学中经常会发现学习者选用不同语序的问题。例如:初学"把"字句时,许多学生由于不会使用"把"字句而采取回避策略,在应该使用"把"字句的语境中很少用"把"字句。当较为深入地学习"把"字句后,部分学生又过度泛化,滥用"把"字句,说明他们对"把"字句语境的制约条件还不够理解。类似情况的出现既说明在一定语境中选用合适的语序进行表达是教学难点,也反映出语序教学所存在的问题。相对来说,静态的句法结构较容易学会,它没有太多变量,可以通过单纯的结构练习强化训练。但是语言学习是为了应用,我们还是要重视语序教学。

较为理想的做法是:

(1) 设计练习时,体现出不同语序的语境,让学生通过选择,领会其差异,从而学会正确运用不同句式。例如:

(34) 阳光很强烈,____①____,我赶忙喊来弟弟,叫他赶快____②____。

  ① a. 晒蔫了花盆里的花　　② a. 端花盆到阴凉处
   b. 把花盆里的花都晒蔫了　　b. 到阴凉处端花盆
   c. 花盆里的花晒蔫了　　c. 把花盆端到阴凉处

(2) 教师设计情景,让学习者进行真实的交际表达,把所学的句型恰如其分地运用到交际中去。如把教室里的灯关掉,让学生用"把"字句表达开灯的愿望。

总之,汉语体现了对客观有序世界的临摹性,也体现了从已知到未知的认识世界的程式。鲁川先生(2001)对戴浩一先生等的研究成果进行了以下归纳:

(1) 时空事理先后律——时空早的先说,时空晚的后说。原因条件先说,结果推理后说。

(2) 时空地位大小律——时空大的先说,时空小的后说。地位高的先说,地位低的后说。

(3) 信息新旧轻重律——旧知信息先说,新传信息后说。次要信息先说,重要信息后说。

上述语序规律的第(1)(2)条临摹的是自然世界,第(3)条临摹的是认知世界。

这种归纳非常符合汉语的实际情况,简洁易懂。对于汉语作为第二语言教学而言,认识和研究语序规律太重要了。汉语语序教学既要重视汉语语序的规律和临摹性、具象性的特点,也要重视不同语言认知规律的差异性;既要加强对这一问题的研究,也要把研究成果应用到教学中去,这样汉语语序教学才能取得较为理想的效果。

【分析思考题】

1. 举例说明汉语定语、状语排序的共同规律。
2. 举例说明汉语定语"的"的隐现规律。
3. 举例说明汉语定语排序的基本规律。
4. 举例说明汉语状语排序的基本规律。
5. 请分析下列句子的偏误类型及原因。

(1) 在中国的时,我经历了有趣一个事情。

(2) 北京旅游长城,我成了很好回忆。

(3) 在这儿我以前买过东西多次了。

(4) 这些学者们都以前去过那里。

(5) 他好半天找了,把手机才找到了。

(6) 爬到山顶时候,我累死了,没关系,我几天休息好好儿。

6. "他骑走了一辆自行车。""他把自行车骑走了。""自行车被他骑走了。"有什么不一样?什么原因造成的不同?请你通过设计不同的语境分析它们的差别。

第十一章 汉语句式的教学要点与策略

第一节 常见7种句式及其教学要点

1. 连动句

连动句的突出特点是句中的动作施事者发出连续的动作,一个句子结构中含有两个或两个以上的谓核(谓语核心),共同叙述、描写、说明主语的情况。例如:

(1) 他去图书馆查资料了。

连动句主要是连续的动作,但个别时候也有"动作＋形容描写"的情况,如"她看了信很伤心",所以有时也被称为"连谓句"。这里讨论连谓句的主要形式——连动句。

连动句的连续动作之间主要有以下几种关系类型:

(2) 我去医院看一个病人。——(目的关系)

(3) 姐姐拉开门出去了。——(动作依序发生)

(4) 老李每天骑自行车上班。——(方式关系)

(5) 她紧紧地拽住我不放。——(正反关系)

(6) 他们有权利投票。——(条件关系)

连动句中的谓语动词有时也可以用动词重叠式,但要重叠后一个动词;如果要表示动作的量,也应该放在后一个动词的后边。例如:

(7) 我去外面散散步。

　　*我去去外面散步。

(8) 我去外面散一会儿步。

　　*我去一会儿外面散步。

教师对连动句的教学,除了让学习者理解动作的前后关系外,还可把握汉语临摹性的时间顺序原则进行教学,这是其构句的一个重要规律,会取得事半功倍的效果。

2. 兼语句

兼语句的突出特点是句中的谓语部分,这部分是由述宾短语跟主谓短语套叠而成的,宾语与主语套叠在一起的部分被称为兼语,即既是主语,又是宾语。例如:

(9) 这个报告就 让　小孙　起草 吧。

"小孙"是"让"的宾语,又是"起草"的主语,既是宾语,又兼主语,所以是兼语。

形成兼语结构式主要因为兼语前的动词是使令性动词,这类动词会致使其后的名词性成分再发出动作,从而形成兼语结构。兼语结构还常常和连动句连用,形成更复杂的结构形式。例如:

(10) 你别逼他去说。

(11) 叫小唐来帮一下忙,好吗?

兼语句虽然结构形式复杂,但是不难理解,教师只要讲清兼语前动词的特点和其后所构成的关系,再进行一定的强化训练,学习者还是能够掌握的。

3. 主谓谓语句

主谓谓语句的突出特点是句中谓语由主谓短语充当。句中主语的语义类型有受事、(大小主语之间)领属关系等。例如：

(12) 教室同学们打扫干净了。

(13) 她头发长长的、眼睛大大的。

(14) 这件事情我们的看法有分歧。

(15) 谁他都不信任。

主谓谓语句的形成主要是由话题因素决定的,因为主语是话题,所以需要放到话题的位置。主谓谓语句的表达功能是说明、评价与描写。

教学中需要注意的是:由于它是汉语句型中较为特殊的类型,一些语言如英语中没有类似的结构,加之主语复杂的语义类型,学习者不太容易掌握,所以教师应在语境中让学习者理解其主语成为话题的必然性。

4. 双宾语句

双宾语句形式上的显著特征是：句中的谓语动词带着两个宾语——近宾语(间接)和远宾语(直接)。近宾语一般指人,远宾语一般指事物等,即两个宾语跟谓语动词的连带关系是：V 谁、V 什么。之所以形成双宾语句,是因为句中的谓语动词是具有授受意义的动词(有方向性)。例如：

(16) 他给我一本英汉词典。　　他 英汉词典　　我

(17) 交通警察罚了他 200 元钱。　　交通警察　他 200 元钱

当直接宾语指事物时,学习者还比较容易掌握;当直接宾语指话语时,会出现复杂结构或小句,学习者就不易掌握了。例如：

(18) 他告诉我 明天早上 7 点在校门口集合。

所以在学习该句型结构时,教师要注意让学习者理解其内在的结

构关系。

5. 能愿动词句

该类句式的特殊性在于能愿动词后面所带的一定是谓词性成分。例如：

(19) 老王一定能来。

(20) 应该让他知道这件事的利害关系。

如果只用一个动词回答问题，应该用能愿动词，而不是其后的动词。例如：

(21) 你能来吗？

——能。（——＊来。）

如果用肯定否定相叠的方式提问，也应该是能愿动词采用正反疑问形式。例如：

(22) 你能不能来？（＊你能来不来？）

也就是说，能愿动词在句中承担着主要谓语动词的角色，所以相当一部分学者把它看作谓语动词。

教师要让学习者充分了解它的基本功能，并能够熟练运用。此外，否定词否定的是能愿部分，一定要把否定词置于能愿动词前；如果限制成分限制的是动作部分，就要把限制成分置于动作前。例如：

(23) ＊这件事我能不告诉你。——（这件事我不能告诉你。）

(24) ＊我身体不舒服，跟你们不能去北京了。——（我身体不舒服，不能跟你们去北京了。）

6. "被"字句

"被"字句属于有标记被动句，较为显著的形式特征是：句中有用介词"被/叫/让"构成的介宾短语,该短语引出的大多是动作的施事,跟动词有连带关系的宾语(多为受事)置于主语位,成为话题。例如:

(25) 明明被爸爸狠狠地教训了一顿。

用介词"被"引出施事的"被"字句大多含有遭受义,隐含不如意,且多用于书面语。而用"叫/让"引出施事的被动句较中性,如意、不如意均可,口语、书面语均可。但是,"被""叫""让"作为介词自身的语义差异,会影响它们在句中的具体使用,不可任意选用。

用介词"被"引出施事的"被"字句,如果说话者不知、不想或认为不必将施事者明确表现出来,也可以不说,这一点与用"叫/让"引出施事的被动句不同,"被"在这一点上与一般介词的用法也不同。例如:

他的账号被人盗了。　　　　他的账号叫人盗了。
他的账号被(　　)盗了。　　*他的账号叫(　　)盗了。

"被"字句的传信焦点重在说明处置或影响所形成的结果、改变了的状态等,所以通常形成以下基本结构:把已知的宾语信息置于主语位,成为话题,把焦点位置让位于结果;大多不能是光杆儿动词,因为"被"字句的核心义是由于施事动作的处置或影响,使其连带成分产生某种结果或改变成某种状态。因此,"被"字句的基本结构为"(受事)+被NP(施事)+V+其他"。

(26) 我家院子里的<u>大树</u>被<u>台风</u>刮倒了。

"被"字句的习得要点是:教师要让学习者理解其表达的被动意义,尤其是大多数"被"字句的不如意的意思;语序上注意施事、受事位序的改变,施事、受事位序的改变是由于在交际语境中,受事成为已知信息的缘故;还要注意具有处置义的动词和动词后需要出现的其他成分。

7. "连"字句

"连"字句是凸显对象的介词"连"与副词"都/也"等前后呼应的一

种句式。基本结构为"连……＋都/也＋动(……)"。

例如：

(27) 我们班的三个外国学生连《红楼梦》都能看懂。

(28) 罗拉连那么高的音都能唱上去,真厉害!

(29) 整个假期他连一天也没休息。

"连"字句的教学要点是"连"字句的意义和"连"字句的结构。

7.1 "连"字句的意义

7.1.1 隐含比较

"连"字句在意义上的最大特点是隐含比较。例如：

(30) 连动物都知道关爱孩子,何况人呢？

　　普通动物→知道　　　高级动物→人→更应知道

借助介词"连"引介比较的对象,凸显一个极端事物或现象,即最不可能或最有可能具有某种特性的事物,以此与通常情况形成暗比,说明一个常理或表明一个观点等。例如：

(31) 他上大学的时候,连住的宿舍都要他妈妈来收拾。

大学生自己住的宿舍当然要自己收拾,这是人之常情。那么大的人住宿舍还要妈妈来收拾是一种极端现象,是极不可能的事情。极不可能的事情发生在他身上,说明他不具备起码的生活自理能力。

(32) 怎么连梅梅也没来？

梅梅是最有可能来的人,最有可能来的人却没来,说明一些该来的人都没来。

学习者常常出现的问题是用"连"引介的不是极端的情况。例如：

(33) *她学习努力,连作业都自己写。

(34) *我(现在在中国读书)连中国的电视都看过。

(35) ＊北京的冬天很冷,连雪都下了。

(36) ＊连所有的事我都处理完了。

7.1.2 关于"都/也"的选用

首先,意义上要有所区分。"都/也"都有强调作用,但"都"倾向于指向范围中的每一个,"也"倾向于指向相同点。

其次,从大多数情况看,"都"多用于肯定句,"也"多用于否定句。例如:

(37) 连李老师都唱歌了。——(李老师是最不可能唱歌的,他唱了,就不用说王老师、张老师等了,一定都唱了。)

(38) 连王老师也没唱。——(王老师是最应该唱的,可他竟跟李老师、张老师等一样没唱,说明没有人唱。)

7.2 "连"字句的结构

7.2.1 "连"字句的基本结构是"连……＋都/也＋动(……)"

用"连"引介对象时,通常要用副词"都/也"呼应一下,有突出极端情况的强调作用。学习者的常见问题是漏掉相呼应的"都/也"。例如:

(39) ＊她可真笨,连我的狗比她聪明。

(40) ＊从昨天到今天他连一个小时没睡觉。

还有不理解极端的焦点在哪里,造成"连"的位置不当。例如:

(41) ＊我连不会买菜,更不用说做菜了。

7.2.2 "连"字句的几种常见结构类型

了解"连"字句的常见结构类型有助于学习者正确掌握句子结构。

a. 连＋名词/短语/小句＋都/也＋动(……)

(42) 连农民都用上了互联网,何况我们大学生呢?

(43) 连他叫什么名字我也想不起来了。

b. 连＋动＋都/也＋动(……)

(44) 有这样的事？我连听也没听说过。

(45) 他连坐也没坐一下就走了。

c. 连＋数(一)量短语＋都/也＋否定词＋动(……)

(46) 他太霸道了,连一句话也不让别人说。

(47) 整个假期王老师连一天也没休息。

总之,教师在教学时要注意从表达上、结构类型上指导学习者掌握"连"字句的构句要素及其形式。

第二节　存现句的教学要点与策略

1. 存现句的主要特点和类型

1.1　存现句的主要特点

存现句有别于普通句式的最大特点是句子的主语主要由表处所或时间的名词充当。它的基本结构为"处所/时间＋存现动词(＋定语)＋宾语"。

形成存现句的主要原因是处所/时间名词或短语做了话题,这表明谓词描述的是处所,因此,一般情况下,处所/时间词语前无须加介词,它的作用不是为谓词引介处所或时间。存现句的形成还因为句中的谓词由存现类动词或"动词＋着"形式构成。存现句的宾语前之所以大多带有数量定语,是因为该宾语大多是具体而无定的事物,是该句的传信焦点所在。

1.2　存现句的类型

根据存在和隐现的不同,我们可以把存现句分为两大类型:存在句和隐现句。

1.2.1 存在句

存在句表示某处所、某时间存在什么人或什么事物,可分成两小类:

(1) 静态存在句:句中的动词不表动作性,只表存在的状态。

一种谓语部分由"有""是"构成。例如:

(1) 离海边不远有一个小村庄。
(2) 河边是一片白色的沙滩。

一种谓语部分由"动词+着"构成。例如:

(3) 大厅的沙发上坐着几位客人。
(4) 石碑上刻着几个大字。

(2) 动态存在句:句中的动词表示正在持续进行的动作状态。

(5) 天空中飞着一架飞机。
(6) 路上走着几个孩子。

"动词+着"类的静态与动态存在句的区别在于:

静态存在句的动作是动作完成后留存的状态,而非进行的动作状态,所以可以用"了"替换"着",也可以将其变换为"动+在+处所"的结构形式。例如:

(7) 大厅的沙发上坐了几位客人。
(8) 几位客人坐在大厅的沙发上。

动态存在句的动作则还在进行着,是持续状态,所以不能用"了"替换"着",也不能将其变换为"动+在+处所"的结构形式,但可变换成"在+处所+动着"的结构形式。例如:

(9) *天空中飞了一架飞机。/*飞机飞在天空中。
(10) 飞机在天空中飞着。

1.2.2 隐现句

表示某处所、某时间出现、消失了什么人或什么事物。隐现句中的动词表示移动、出现、消失、增减等意思。例如：

(11) 路口走来一个人。

(12) 屋里少了两张桌子。

2. 学习者习得存现句的常见偏误

(13) *在北京有很多好玩的地方。

(14) *在家里来了很多客人。

(15) *在昨天发生了一件有趣的事。

(16) *在桌子放一个大生日蛋糕。

(17) *屋子有一台彩色大电视。

(18) *河边围着人。——(具体场景,非对举语境,"人"不确定,应有数量限定。)

(19) *操场上站着运动员,等着接力比赛。——(话题应是运动员。)

(20) *座位上放那个学生的书包。

(21) *学校有图书馆东边。

(22) *公园门口没停着一辆车。

(23) *旁边在天坛公园。

(24) *西边的阶梯教室上百个座位。

(25) *后边跑一个小伙子来。

(26) *窗外一阵阵地传来歌声。

(27) *墙上在挂着两张图片。

由以上偏误可见,学习者习得存现句的主要问题集中在以下五个方面：

(1) 存现句的话题和主语是一致的,都是处所,谓语部分是对处所存在、出现、消失等进行描述,存现句的处所不是对谓语发生处所的限定,所以通常无须用介词引介。学习者受母语的影响,看到处所就习惯性地加上介词,所以这种类型的偏误率比较高,见(13)—(16)句。

(2) 在汉语中,处所名词可以直接用来表示处所,普通的人与事物名词不能表示处所,如果表示处所,就要加上适宜的方位词,构成方位结构,使其具有处所义。英语中的介词后能带普通名词表处所,汉语在这一点上跟英语不同。学习者受到母语负迁移的影响,常常用普通名词(非处所词)做主语,此类的偏误率也较高,见(16)(17)句。

(3) 存现句的主语通常是已知信息,而宾语通常是传信焦点,即未知信息,所以它位于句末的传信焦点位置。如果描述的是存在的某个、某些具体的人或事物的话(非类指),宾语前通常带有数量词语或描写性的修饰语来表明它的未知身份。学习者不了解这一点,容易造成光杆儿宾语的情况,见(18)—(21)句。当然,也存在学习者不清楚话题的语序,把话题的已知信息置于宾语位的偏误。

(4) 存现句主要是表示某处所存在、出现、消失的情况,一般不用否定类型,尤其是有数量定语时,见(22)句。

(5) 其他偏误:混淆"有"字句与"在"字句、语序问题、缺少存现类谓语动词、误加副词"在"等等,见(23)—(27)句。

3. 存现句的教学要点

存现句的教学要点主要有三个方面:

3.1 关于表达意图

教师要让学习者理解存现句在交际中的表达意图——话题与传信焦点,要讲清语用意义与形式结构相符合的特征,如已知话题、未知宾语等。

为了实现这一教学目的,最好的方式是采用图片法进行教学。图片可以直观地引导学习者描述处所内的事物,较容易把握话题与描述事物之间的关系。教师还可指定处所让学习者描述,如描述房间或教室的布局、描述书包里的东西或钱包里的钱等。

3.2 关于处所义的名词及其短语的认识

汉语中有的名词可以直接做处所词,如"附近、周围、远处、后边、火车站、客厅"等。但是表人与事物的普通名词大多不能直接表处所,教学中教师需让学习者了解这一点,了解汉语方位词的作用。方位词与表人与事物的普通名词组合起来,构成方位短语才能表处所。教师要让学习者认知表人与事物的普通名词与方位词,如"眼""身""桌子"等都仅是普通事物名词,它们都不能表处所;"前""上""旁"等是方位词,普通事物名词只有与方位词组合成方位短语,才能表示处所,如"眼前""身上""桌子旁"等。教师可以利用实物指示具体位置,让学习者能够熟练地将普通名词与方位词准确组合起来,进行造句练习。

3.3 理解宾语的具体所指与类指之间的区别

"教室里有桌子","桌子"是类指,表示有这一类东西,至于有多少,并不是说话人要表达的内容。但是"教室里有三十张桌子"这句话里的"桌子"则是具体的一张张桌子,是对教室里存在的一定数量的桌子的描述。学习者在表达这种意图时,一定要有数量定语。存现句大多是具体描述存在事物的,所以在大多数情况下,句子中都有数量定语。

为了强化这一点,教师可利用实际语境或图片,让学习者看着场景中的事物进行描述。因为学习者可以感知,所以就容易说出准确的句子。如果学习者忽略了数量,教师还可以通过直接点拨的方式,提醒学习者注意。

第三节 "比"字句、"不如"句的教学要点与策略

"比"字句、"不如"句都属于汉语中的比较句,汉语中的比较句是用

来比较性质的,所以它们的谓语部分(谓语、补语等)主要由性质形容词充当,状态形容词是不能进入的。非比较性程度副词也不能修饰比较句的谓语部分。例如:

(1) 这床毛毯比那床厚。

(2) *这床毛毯比那床厚厚的。

(3) *这床毛毯没有那床很厚。

下面我们分别介绍"比"字句及其相关的否定句和"不如"句。

1. 学习者习得"比"字句的常见偏误

1.1 添加"很"类程度副词

学习者在形容词谓语前添加"很""非常"类程度副词。例如:

(4) *有的国家,男孩比女孩很厉害;有的国家,女孩比男孩很厉害。

(5) *她诚不诚实比她是什么人种重要得很多。

1.2 省略项有误

比较的AB两项,一般应该A项信息全,B项在表达清楚的前提下,可把与A项相同的信息省略掉。而学习者有时会相反,不省略。例如:

(6) *北京比天津的外国人那么多。

(7) *她的考试成绩比我的考试成绩好得多。

1.3 缺少或选错比较性质的核心谓词

(8) *这次考试,她的出错比我多了。

(9) *她的腿比我的腿很笔直。

1.4 否定及语序问题

否定词应位于引介比较对象的介词短语之前,同时还有用"不"还

是用"没有"进行否定的问题。例如:

(10) *他虽然是计算机专业的,可是专业技术比我不强。——(他虽然是计算机毕业的,可是专业技术没有我强。)

(11) *我身体比你不健康。——(我身体没有你健康。)

(12) *他比我不能吃辣的。——(他没有我能吃辣。)

其他词语的语序问题:

(13) *(当时)中国东北、西北地区还比沿海地区落后得多。——("还"的位置有误。)

(14) *罗伯特学了比我多三门课。——(罗伯特比我多学了三门课。)

1.5 其他问题

(15) *这位售货员比别人热情地卖东西。——(这位售货员卖东西比别人热情。)

(16) *我比坐飞机更爱坐火车。——(与坐飞机相比,我更爱坐火车。)

(17) *我家比水上公园不远。——(引介距离等用"离"。)

1.6 与其他比较形式混淆

将用"比"引介的对象与用"跟"引介的对象混淆。例如:

(18) *女人可以比男人一样。

(19) *大沙发比小沙发一样新。

1.7 否定式"不比"与"没有"混淆

(20) A:你们俩谁高?
　　　B:*我不比她高。——(我没有她高。)

(21) *他不比我能吃辣的。——(他没有我能吃辣。)

2. "比"字句的教学要点与策略

2.1 "比"字句的基本结构

汉语"比"字句是指由介词"比"引介对象充当状语的一种比较句。它的构成一般由 AB 两个比较项和一个比较焦点 D 构成。即：

  你的演技 比我 高明。
   A   B D

ABD 三项是"比"字句，也可以说是比较句的三要素。这三个要素不可或缺，尽管有时因为语境或表达的需要会有所取舍。

"比"字句的基本结构式为"A＋比 B＋形容词/动词性词语"。

它的基本结构扩展式为"A＋比 B＋形容词/动词性词语＋量度词语"。

例如：

（22）他虽然没有挣很多钱，但在精神上比很多人富有。

（23）马克比我喜欢吃辣的。

（24）这家商店的东西比别处贵了不少。

（25）她比以前成熟多了。

"比"字句的基本结构式表示的是通过比较，说明 A 项比 B 项具有什么属性，即 D，因此此类句式的 D 前不能添加"很""非常"类程度副词。用"很""非常"类程度副词修饰形容词的话，其主要作用是描写，而不是比较。不能将汉语的"很""非常"类程度副词等同于英语中的比较级，学习者在这一点上负迁移明显。

"比"字句基本结构扩展式重在通过比较，说明 A 项比 B 项所具有的属性，即 D 的量度有多少。用汉语的时间顺序原则解释其语序，应先有属性，后有量度，量度是该句式的传信焦点，即表达重心在多少量度上，因此位于句末。

量度可以用多、具体数量、微量等等来表示。例如：

（26）这次去参观的人比上次多多了。

（27）他比你高10厘米呢。

（28）这次的HSK试题好像比以前的难一点儿。

2.2 "比"字句的一般否定式

客观地表示A项比B项不具有某种属性，即否定形式，应选用"没有"进行否定，不要简单地在"比"前加"不"进行否定，"不比"往往含有其他语用含义。

用"没有"进行否定时要特别注意形容词的色彩。用"有""没有"表示的是一种达标式的比较，即确定一种标准，以此进行衡量，所以比较焦点D应具有积极色彩，一般都是希望的、如意的或偏高大上方向的。如"聪明、干净、结实、高、长、重"等等，而不是"笨、脏、虚弱、矮、短、轻"等。例如：

（29）这家宾馆的设施没有那家好。

＊那家宾馆的设施没有这家差。

（30）儿子没有爸爸聪明。

＊爸爸没有儿子笨。

（31）他没有我高。

＊我没有他矮。

2.3 "不比"句的语用意义

"不比"是"比"字句形式上的否定，相对称的否定一般指形式上加否定词，意义上跟肯定式相对。然而，"不比"在意义上却有着与肯定式不相对应的一面。例如：

（32）他的学问不比你高，要相信自己。——（可能A项低B项高。）

(33) 他的学问不比你高多少,我没看出多少差距来。——(AB项接近。)

(34) 他的学问不比你高,我觉得你们俩差不多。——(AB项几乎一样。)

(35) 别看他是教授,可是他的学问并不比你高。——(本应A项高,实际B项略胜一筹。)

从(32)到(35)的后续句和前提句上可以看出,"不比"句不是"比"字句的简单否定。从语用的角度看,这跟说话人的预设有关系。"不比"句的否定主要是对话语前提条件的否定,通常否定的是对方、某人此前的某种认识或人们普遍存在的某种认识。

"不比"句通常含有这样的预设:B项被(某人、某些人、社会、事理)认为比A项有正差距,实际上不是,即A项与B项或者相差无几,或者有一定的负差距。例如:

(36) 这家精品屋的商品竟然不比日本的便宜!

(37) 现在有些地区的农民,其生活水平一点儿也不比城里人差。

(35) 句的预设前提是:"他"是教授,按理"他"的学问应高于非教授,而事实上,"你"不是教授,"你"的学问却可能高于"他"这个教授。

(36) 句的预设前提是:日本的商品毫无疑问比中国的商品贵,然而事实上,这家精品屋商品的价格却让她惊讶,因为它与日本的差不多。

(37) 句的预设前提是:城乡生活水平有差距,农村的生活水平肯定低于城市,然而现在一部分农民的生活水平已经跟城市差不多甚至高于城市。

2.4 "不比"句与"没有"句的区别

(1) 表达的意思

"不比"句不是为了表达 A 项与 B 项相对或相反的属性,而是为了说明与对方或人们的一般认识有差别,所以常常用来说明两者几近相当,差别不大。"比"字句的基本结构扩展式不能构成"不比"句,正是因为"不比"句不是要表达 AB 两项所具有的属性、量度,而是二者属性几近相当的虚指数量,不是实际数量。所以"不比"句的比较焦点 D 后可以连接类似"多""几""哪儿"等构成的非疑问式,表示相差不多的虚指数量。

例如:

(38) 他没比你早来多长时间。

(39) 他不比你重几斤。

(40) 我的情况不比小王好哪儿去。

但是,如果这种形式用于"比"字句,则会变成对实际数量的疑问。例如:

(41) 他比你早来多长时间?

(42) 他比你重几斤?

而"没有"句就是用来比较 AB 两项的不同属性的,某人或事物或者具有此属性,或者具有彼属性,在句中直接否定 A 项,不能表示二者差不多。例如:

(43) 他是工程师的助手,技术当然没有工程师高。——(工程师技术高,助手低。)

(44) 虽然是工程师的助手,技术却不比工程师低多少。
——(助手跟工程师差不多。)

(45) 他没有你来得早。/你没有他来得早。

(46) 他没有你重。/你没有他重。

(47) ＊他没有你重多少。/＊你没有他重多少。

(2) 感情倾向

表示肯定或否定的态度倾向。

(48) 这件衣服真是又好看又便宜啊！

＊那件也好看,可是不比这件便宜。

那件也好看,可是没有这件便宜。——(对那件否定,倾向这件。)

那件更好看,价钱不比这件贵。——(对那件肯定,倾向那件。)

用"不比"否定时,有时含有辩驳语气。

(49) 我不比他笨,我怎么就不能参加比赛了?

(50) (谁说我做的菜比他差),我做的菜不比他差嘛!

其中隐含着反驳别人认为我比他笨、我做的菜比他差等含义。

(3) 选词倾向

"不比"句对形容词的积极色彩、消极色彩、如意与否没有限制,都可以选用。

(51) 我的房间不比你的大,你的房间也不比我的小。

(52) 她身体虽然不太好,可力气并不比我弱。

"没有"句则不一样,它的基准是积极倾向的或如意的,所以选词倾向也是积极肯定的。

(53) ＊你的房间没有我的小。

(54) ＊她的力气没有我的弱。

汉语中,"没有"比较句会明显地选择褒义色彩的形容词,而非贬义的,如漂亮、聪明、大方等。在一部分量度形容词中,也多选择积极方面的。但是量度形容词本身的褒贬情感倾向并不明显,所以在有些情况下似乎都可选择,但一旦选择了这个形容词,说话人的情感态度就会倾向于B项。例如:

(55) 这件行李没有那件轻。——(说话人倾向选择轻的。)

(56) 那件行李没有这件重。——(说话人倾向选择重的。)

(4) 基本结构

"不比"句—— A＋不比＋B＋谓词短语(＋多少/哪儿去)

"没有"句—— A＋没有＋B＋谓词短语(积极倾向)

(57) 他的英语水平不比我低哪儿去。

(58) 他没有我劲儿大。

总之,教师要在教学中讲清这些要点。为了让学习者更容易理解"不比"句,教师还可以设计实际情景,让学习者体会预设前提。因为"不比"句有一定的难度,学习者在初级汉语阶段不必学习,可以等汉语水平高一些,能够理解说话人隐含的交际意图时再学。另外,B项的省略问题、语序和分布问题等也是教学中需要特别注意的地方。

3. "不如"句的教学要点与策略

"不如"句有两种基本结构:

(1) A＋不如B＋谓词短语

(2) A＋不如B＋那么＋谓词短语

例如:

(59) 女儿不如妈妈漂亮。

(60) 授人以鱼不如授人以渔。

(61) 我不如她那么会说话。

"不如"句是否定 A 项、肯定 B 项的比较,表示"A 比不上 B"的意思,即对 A 的满意度达不到 B 的水平。与"没有"句比,"不如"句更注重表明说话人的态度倾向,主观性较强。"没有"句则相对客观,所以成为"比"字句的否定式。

"不如"本身是动词,自身可以构成比较,但要把比较的方面在之前说清楚。比较的方面也可以在 B 项后加上形容词或谓词短语。基本结构如下:

| (某方面) A ＋ 不如 ＋ B |

| (某方面) A ＋ 不如 ＋ B ＋ 形容词/谓词短语 |

(62) 为人上,老张不如老赵。

(63) 他跑一百米不如我跑得快。

"不如"句的比较要注意以下方面:

(1) 比较的方面一定要清楚明确。

(64) ？他不如我。——(语境不清楚时不知道所指是哪一方面。)

"不如"句比较时要说出具体方面。如:

(65) 论人品,她不如你好。

论身材,她不如你苗条。

论相貌,她不如你漂亮。

(2) 句中 B 项通常表达了说话人的态度倾向,所以形容词或动词性结构一般具有积极意义或如意倾向,这一点跟"没有"句相似。

(66) 这张照片不如那张(照片)好/清晰。

＊那张照片不如这张(照片)差/不好/模糊。

第四节 "把"字句的教学要点与策略

1. 关于"把"字句

"把"字句是一种有以下特征的句式:

(1)"把"字句是以介词"把"或"将"为标志构成短语,并置于谓语动词前的句式。例如:

(1) 你把那本词典递给我。

(2) 值班人员将此事上报了有关领导。

(2) 介词"把"或"将"的主要作用是引出受事,即接受动作的人或事物,有时引出的只是动作的连带成分或者致使对象。例如:

(3) 把照片拿给我看看。——("照片"是受事。)

(4) 听到这个消息,简直把她乐疯了。——("她"是致使对象。)

(3)"把"字句属于主动句,主语大多是动作的施事者或影响者。例如:

(5) 老师把小王批评了一顿。——("老师"是批评的施事者。)

(4)"把"引介的受事大多是已知的,是确指的或类指的,个别还有有定的,因此大多数情况下,表受事的名词前不接数量形式;个别时候在受事是有定的情况下,有可能接数量形式。例如:

(6) 我把作业交上去了。——(受事是确指的,听说双方都知道是哪个作业。)

(7) 那种气氛能把人逼疯。——(受事是类指的,指那种气氛下的人。)

(8) 一不小心,把个老太太撞倒了。——(受事是有定的,即说话人内心所指的撞倒的那个老太太。)

(5) "把"字句表示的语法意义:动作对受事加以处置使之改变,或致使受影响者受到某种影响,即通过动作使受事或受影响者发生某种(样式上的)改变。因此,"把"字句在结构上对动词后的其他成分或个别类型的状语具有强制性限制,即要求动词后连带其他成分或有特定的状语等,以显示其处置影响的结果或状态。例如:

(9) 把字写清楚。/把头转过来。/把机器检查一遍。

(10) 把画儿挂在墙上。/把他的朋友介绍给我。/把汤全喝了。

(11) 把她气坏了。/把大家激动得不得了。

(12) 气得他把门一摔就走了。/把眼睛使劲地瞪着。

(6) 因为"把"字句所表示的特定的语法意义,所以必然对入句的动词有限制。有些动词如果不能连带受事,或不能发生处置性、影响性,就不能充当"把"字句的谓语动词。不能进入"把"字句的动词类型主要有:不及物动词、趋向动词、能愿动词、判断动词、感觉类和认知类动词、"有/没有"等。例如:

(13) *把假期休息了。/*把他着想了。/*把朋友家去了。

(14) *把课文会背了。/*把我属于这个班级了。

(15) *把气氛感觉到了。/*把那件事知道了。/*把机会有了。

(7) "把"字短语和动词之间一般不能加否定词或能愿动词,否定词或能愿动词应置于"把"字之前。例如:

(16) *我昨天晚上把作业没写完就睡了。——(我昨天晚上没把作业写完就睡了。)

(17) *玛莎把这件事能说清楚。——(玛莎能把这件事说清楚。)

(8) "把"字句的语用功能

"把"字句的传信焦点在于说明对某个确定或有定的人与事物的处置或影响所形成的结果或改变了的状态。因此从信息焦点位于句末的角度来说,"把"字句通过"把",把已知和相对已知的信息置于谓语动词之前,把传信焦点置于句末,即处置或影响所形成的结果或改变了的状态。因此,在"把"字句中,真正的传信焦点就是动词及动词后的成分。正因为如此,"把"字句在结构上,谓语动词一般不是光杆儿动词,其后要有其他成分,或者要有特定的状语表现其状态,见(9)—(12)的例句。

2. 学习者习得"把"字句的常见偏误

(18) *你把这杯茶喝吧。

(19) *同学们正在把椅子搬。

(18)(19)句的动词后缺少其他成分,不符合"把"字句传信焦点的要求。

(20) *你把一张照片拿来了吗?

(20)句里的照片应是确指的,却用了无定的数量成分。

(21) *我每天把饭吃在食堂里。

(21)句表示习惯在哪里做什么,不应用"把"字句,(21)句的传信焦点不是对"饭"进行处置。

(22) *我今天很难过,把父母、朋友想了一天。

(23) *马瑞克把中国来了三次。

(24) *他们一来中国就把自行车有了。

(25) *我在上海把朋友遇见了。

(22)到(25)句都不能用"把"字句,它们的谓语动词都是不带处置义的动词。

(26) *她摆那些书书柜里。

(27) *我放书到桌子上。

(28) *他交给设计图表经理。

(29) *我马上送作业本老师办公室。

(26)到(29)句表示因具体动作致使确指的事物发生处所改变,通常必须用"把"字句。

(30) *我把试题没做完就交卷了。

(30)句中的否定词,一般情况下应置于"把"字前。

(31) *我把明天考试的内容打算复习一下。

(32) *你们把不明白的问题应该问问老师。

(31)(32)句中的"打算""应该"都是指向动作的,动作与"把"所引介的宾语是一个整体,所以这种意义的词语出现时,应位于"把"字结构前。

另外,像(32)句,还要注意不要把介宾成分跟话题成分或其他成分混淆。(32)句可改为"有不明白的问题你们应该问问老师。"

3. "把"字句的教学要点与策略

3.1 对"把"字句构句模式的认知和理解

3.1.1 "把"字句的基本结构

教师对"把"字句进行教学,首先要让学习者认知和理解"把"字句的基本结构。即：

S＋把NP＋V＋其他

3.1.2 "把"字后N或NP的类型

a. N或NP是确定性的、确指或之前所指的。例如：

(33) 小王已经把钥匙取走了。——(听说双方都知道指的是哪把钥匙。)

(34) 把词典递给我。——(在语境中说话人有指示动作，听话人清楚所指。)

(35) 把这(那)支笔给她吧。——(用"这/那"等确指。)

b. N或NP是类指的，相当于确指。例如：

(36) 救援官兵把政府的关怀送到每一个灾民心中。

(37) 把知识学到手才有为人民服务的本领。

同时要强调的是，以上类型的"把"字宾语前不用数量形式。

c. N或NP是有所指的，即有定的，不是任意的。例如：

(38) 把好好儿的一件衣服给烧个大窟窿。——(说话人所指具体明确，即烧坏的衣服。)

(39) 她今天上街，把一个老太太给撞倒了。——(具体所指的是被撞倒的那个老太太。)

要理解为什么要用"把"把宾语提至谓语动词前，是因为它是已知信息，汉语中已知的人或事物前不用数量形式。

3.1.3 谓语动词后的其他成分——强制性条件

教师要让学习者理解谓语动词后的其他成分是该句式表达的传信焦点，即未知信息。"把"字句不能缺少这个部分。这个部分的主要类型有：

(40) 把事情说清楚了。——(结果补语)

(41) 把机器检查了一遍。——(数量补语)

(42) 把新娘娶回来了。——(趋向补语)

(43) 把她高兴坏了。——(程度补语)

(44) 把他肚子饿得咕咕叫。——(情态补语)

(45) 把老师的话记在了心里。——(介词结构补语)

(46) 小王把事情都告诉我了。——(宾语)

(47) 把自行车丢了。/把眼睛使劲地瞪着。——(助词)

谓语动词后的主要类型是各类补语,后接宾语的类型很少,通常是少量授受类动词,后接助词的类型也很少,限制条件较多。能接助词"着"的一定是描写状态的,要有特定的状语;能接助词"了"的,动词一般具有分离义,"动+了"组合能表现被处置事物的分离或消失等意义。例如:

(48) 把毛衣脱了。/把票撕了。/把饭全吃了。/把东西都扔了。

3.2 选择哪种表达式

3.2.1 特殊的"把"字叙述句与一般叙述句

多数"把"字句从结构形式上可以转换成一般叙述句。例如:

你把报名费带来了吗? ⟶ 你带来报名费了吗?

妈妈把屋子收拾干净了。 ⟶ 妈妈收拾干净屋子了。

因此,学习者学习"把"字句时,遇到的一个问题就是:在具体的交际语境中选择哪种句式进行表达?

我们在教学时发现,学习者没有学过"把"字句时,该用"把"字句时往往选择一般叙述句来表达,这属于回避策略,但并非主观有意回避。当学过"把"字句后,由于不会判断或判断不准,又可能出现另一个极端——不管合不合适都用"把"字句来表达。教师教学时一定要突出如何在不同的语境下选用合适的句式,讲清楚"把"字句的基本意义和语用条件。

要让学习者理解"把"字句的表达焦点问题,教师可以进行对比教学。例如:

我拿来了一本书。

我把那本书拿来了。

学习者通过比较,可以理解一般叙述句的宾语部分是未知信息,是说话人要传递给听话人的信息(即表达焦点),所以要位于句末;"把"字句的宾语是已知信息,是说话人和听话人在实际语境中都明确的人或事物,说话人和听话人未知的是这个人或事物被处置或被影响后的结果或状态,所以要用"把"字将宾语置于谓语动词前,把句末让位于谓语动词后的表达焦点。这种表达方式与构句方式是一致的,是说汉语者思维方式的体现。

3.2.2 "把"字句应用的主要场景

一是实际的、可感知的场景,多用于祈使句。教师可将这种类型作为"把"字句的切入点来展开教学。例如:

(49) 请大家把书打开。/把书翻到第 25 页。/把书放到桌子上。

(50) 教室里很热,某某同学请你把窗户打开。

(51) 把桌子往旁边移一下,好吗?

(52) 谁有词典?/把词典借给我用一下好吗?

(53) 课后大家把第 9 课复习一下。

学习者可以确认哪个是被明确的事物,以及它们被处置后改变成的样子。然后,教师可以让学习者再模仿,用"把"字句发出请求进行实际的表达练习。

二是用于叙述事件。教师为了让学习者感受到被明确的事物，可以采用图片进行教学。图片可以是某人打开窗户的样子、擦玻璃后玻璃很亮的样子、杯子掉到地上摔碎的样子等等，让学习者用"把"字句看图说话。

当然也可以用上下文填空的方式让学生练习。例如：

(54) A：听说你上周去旅游了，是吗？

B：是啊，去了好几个地方。

A：一定拍了不少好照片吧？

B：当然。

A：＿＿＿＿＿＿＿＿＿＿＿＿？（要照片看）

(55) A：听说你买了一本小说挺好看的，借给我看看好吗？

B：没问题。（下午看到 A）我 ＿＿＿＿＿＿＿＿＿＿＿。（带来小说）

【分析思考题】

1. 举例分析"有"字句与"在"字句在使用语境上的区别。

2. 在比较句中，"不比"句与"没有"句有什么区别？为什么会产生这种区别？

3. 针对下列偏误，设计一个比较句的教学课件。

(1) 这次考试，她的出错比我多了。

(2) 她的腿比我的腿很笔直。

(3) 我没有他矮。

4. "把"字句为什么要用"把"把宾语成分置于谓语动词前？为什么"把"字句的谓语动词一般不是光杆儿动词？

5. 请分析下列句子的偏误类型及原因。

(1) 你别他做那样的事。

(2) 还是个大学生呢,连我弟弟比他懂事。

(3) 在公司门口围着多人。

(4) 北京比天津大楼很高,人也多了。

(5) 听说他的书可多了,我的书不比他那么多。

(6) 以后我一定要越来越很努力。

(7) 我已经交辞职信老板了。

(8) 你把这件事打算不说出去吗?

第十二章　汉语复句的教学要点与策略

第一节　关于汉语复句

1. 单句与复句

汉语教学时,教师首先要帮助学习者从结构上区分单句和复句。单句是指由词或短语所组成的语言单位,有一定的语气语调,表达完整的意义,不可再分析出分句。

汉语单句的基本结构是:

单句的六大基本成分 { 主要成分——主语 ＿ 谓语 ＿
　　　　　　　　　 连带成分——宾语 ～ 补语＜　＞
　　　　　　　　　 附加成分——定语（　）状语［　］

例如:［昨天］(一向不起眼儿的)张伟 ‖ ［倒］做＜成＞了(一件)(大)事。

复句由两个或两个以上意义相关,结构上不互为句子成分的分句组成。在复句中,每一个结构类似单句而没有完整句调的语法单位叫分句。复句在全句的句末有句调,跟单句一样,用"。""?""!"表示。

学习者判断是否是复句,可从以下方面入手:

(1) 语气上是否有小的停顿——分句之间有逗号或分号;

(2) 有停顿语气时,结构成分之间是否相互包含——互为句子成分;

(3) 关联词语具有一定的标志作用,但并不是说使用关联词语的句子就是复句。

分辨下面的句子:

(1) 月光下,我隐隐约约看到一个人溜进院子里去了。——(单句)

(2) 只有他才能帮助你。——(单句)

(3) 门开了,里面走出一个人来。——(复句)

(4) 当你让淋浴喷头尽情喷洒时,你想到过西北缺水地区的人们连喝一杯水都要费尽艰辛吗?——(单句)

(5) 让山区的孩子都念上书,是我们应尽的责任。——(单句)

(6) 说的是高兴的事,倒流起眼泪来了。——(复句)

2. 复句的类型

根据复句中分句之间的关系,我们一般把复句分为两个类型:联合复句和偏正复句。大多数复句会以关联词语即连词或起关联作用的副词为标记,来表示它们的关联关系和逻辑关系。

2.1 联合复句

联合复句是指各分句之间的意义关系是平等的,没有主次之分。主要有以下类型及其关联词语:

(1) 并列复句。常用的关联词语有"也……,也……""既……,又……""一面……,一面……""一边……,一边……""有的……,有的……""一……,二……""是……,不是……""不是……,而是……""相反""反之"。例如:

上有天堂,下有苏杭。

他会计算机,还会几种外语。

她既年轻,又漂亮。

我们一边喝酒,一边聊天。

这不是成功,而是失败。

(2) 顺承(承接)复句。有的顺承(承接)复句按照时间顺序,不用关联词语;顺承(承接)复句常用的关联词语有"一……,就……""刚……,就……""(首)先……,然后……,最后……""开始……,接着……,后来……"。例如:

她披上衣服,轻轻走出屋去。

她一告诉我,我就来了。

咱们先去吃饭,然后再谈合作。

(3) 递进复句。常用的关联词语有"不但……,而且……""不仅……,还……""不但(不)……,反而/反倒……""尚且……,何况……(让步递进)""别说……,就连……"。例如:

她不但人长得漂亮,而且还特别能干。

天气不但没暖和,反而更冷了。

别说是这么小个孩子了,就连大人都手足无措。

(4) 选择复句。常用的关联词语有"或者……,或者……""是……,还是……""不是……,就是……""宁可……,也……(先取后舍,倾向选择前者)""与其……,不如……(先舍后取,倾向选择后者)"。例如:

或者明天去,或者下星期去。

(是)我一个人去,还是我们一起去?

不是你去战胜他,就是他来打败你。

宁可站着死,也不跪着生。

与其闲着无聊,不如做点儿什么。

(5) 补充(解说)复句。有的补充(解说)复句是注释式,补充说明句

子或词语,常用的关联词语有"即""就是说"。有的补充(解说)复句是总分式,先总后分或先分后总。例如:

> 他请我吃了顿晚饭,是他亲自下厨房做的。
> 会议解决两个问题:一是发展规划问题,二是人员安排问题。
> 一种是教条主义,一种是经验主义,两者都是主观主义。

2.2 偏正复句

偏正复句是指各分句之间的意义关系是不平等的,有主次之分。一般主句是正句,即复句的基本意义所在,偏句是从句,意义从属于正句。主要有以下类型及其关联词语:

(1) 因果复句。表示说明原因的关联词语有"因为……,所以……""之所以……,是因为……""由于""因此""以至于"。表示推论的关联词语有"既然……,就……""可见"。例如:

> 之所以把这件事告诉你,是因为我相信你。
> 病情发作得很突然,以至于连老伴都没看上一眼就故去了。
> 既然她不喜欢,就别买了。

(2) 转折复句。表示重转的关联词语有"虽然/尽管……,但(是)/可(是)……却……"。表示次重转的关联词语有"但是""可是""然而""却"。表示轻转的关联词语有"只是""不过""倒"。例如:

> 虽然困难重重,但他却没有一句怨言。
> 学的生词倒不少,可没过几天就都忘了。
> 房子是小了点儿,不过三五个人还住得下。

(3) 条件复句。表示有条件的关联词语有"只有……,才……""只要……,就……"。表示无条件的关联词语有"无论/不管/任凭……,都/也/还/总……"。表示排除条件的关联词语有"除非……,才/否则/

不然……"。表示倚变条件的关联词语有"越……,越……"(邢福义,2001)。例如:

你只有得到他们的帮助,才能取得成功。
只要自己动手认真地做了,那就是一种成绩。
不管什么天气,我都要去。
除非种上草木,才能避免黄沙侵蚀。
除非得到允许,否则你就别想去。
你越怕时间过得快,时间过得就越快。

(4) 假设复句。表示假设—结论的关联词语有"如果/假设/倘若/要是……(的话),就/那么/便……""万一……,(就)……"。例如:

你如果不收下这些钱,我就要生气了。
要是贵的话,就别买了。
万一他有个三长两短,他们家可就惨了。

(5) 让步复句。表示假设让步—结果的关联词语有"即使/就是/哪怕/纵使/纵然……,也……"。例如:

即使困难再大,我们也不能退缩。
就是天塌下来,我们也不怕。
他就是有天大的错,你也不能这样对待他。

(6) 目的复句。表示行为、目的的关联词语有"以便""省得""以免"。例如:

他特意搬到奶奶楼下住,以便照顾奶奶。
到了赶快给家里打个电话,省得家里担心。
该处罚的坚决处罚,以免造成更大的负面影响。

第二节　汉语复句及其关联词语的常见偏误

这部分除复句及其关联词语的偏误外,还包括少量单句的连词误用类型,因为连词部分没有专门讲述,所以在这部分一起讨论。

1. 连词误用、混用,造成表达不准确或逻辑关系错误

(1) *他汉语说得不错,而且不会写汉字。——(前后分句形成转折,不应顺接递进。)

(2) *太娇惯孩子,孩子会很自私,和过分依赖父母。——(应是递进关系,"和"无此功能。)

(3) *他年岁已经很大了,不过却没有几根白发。——(重转折会表达得更好一些。)

(4) *不管我们很少见面,但是我们的感情加深了。——(应选用转折关联词"虽然""尽管"等,后句用副词"却"呼应一下,加强转折语气。)

(5) *无论我唱得不好听,反正我不紧张了。——("无论"应连带不确定的条件。)

(6) *她的表演太精彩了,以致观众们都热烈地鼓掌。——("以致"多用于不如意的结果,此处是因果关系,应用"所以"。)

(7) *你因为不高兴,为什么不到外面去散散心?——(应选用表示推论的关联词语"既然"。)

(8) *这里交通秩序很乱,既然开车的人常常不遵守交通规则。——(应选用表示说明原因的关联词语"因为"。)

(9) *他没有找到工作,不是没有人赏识他的才能,就是他的成绩不好。——(此句不表示选择,是确定的对立关系,后句应用关联词语"而是"。)

(10) *结婚前,他们有自己的时间而很自由。——(应选用表递进的"而且",这里不是一般的顺接。)

(11) *她的眼睛也大也漂亮。——(表示性状的添加,应选用关联词语"又……又……"。)

(12) *有一次她问我:"你喜欢天上的太阳或者水中的月亮?"——(表示选择疑问,应选用关联词语"还是"。)

(13) *她真是一个好姑娘,聪明、漂亮和温柔。——(形容词做谓语,并列连接不能用"和"。)

2. 连词和表示连接关系的副词位置有误

(14) *他对中国比较了解,由于他太太是中国人。——("由于"大多位于前句,"由于"引导出的原因是出现某种结果的缘由。)

(15) *我来中国为了不但学习汉语,而且了解中国文化。——("不但……而且……"连接的是来中国的两个目的,所以应在"不但"后边用"为了",后句用表示添加意义的"还/还要"连接。)

(16) *王伟不但得了奖,董钧也得了奖。——("不但"关联的是两个主体时,应位于前句的主体前。)

(17) *只要你来,才他高兴。——(前句应选用"只有",后句"才"应位于主语后。)

(18) *要是我有钱,就我请你。——("就"应位于主语后。)

(19) *越看书,越知道的事情就多。——(后句随前句条件改变的是"多",所以"越"应位于"多"前。)

(20) *老师尽管说得很快,还是我听懂了。——("尽管"应覆盖老师,位于"老师"之前,"还是"是关联副词,应位于"我"之后。)

3. 关联词语遗漏或误加

(21) *他们幸运地买到了飞机票,座位不错。——(应选用表示递进的关联词语。)

(22) *老师怎样批评我,我听。——(应选用表示无条件的关联副词"都"连接。)

(23) *他汉语学习很努力,进步不快。——(应选用表示转折关系的关联词语。)

(24) *你说话不算话,得不到别人信任。——(应选用表示因果关系的关联词语。)

(25) *你刻苦学习,学习成绩好。——(应选用表示因果关系的关联词语。)

(26) *最近工作很忙,由于因此不能参加这次旅行。——(误加"由于"。)

第三节　汉语复句及其关联词语的教学要点与策略

1. 汉语复句及其关联词语的教学要点

1.1　关联词语的分布问题

在汉语复句中直接起到关联作用的主要是连词,还有一定量的副词和少量其他词类。连词与副词的句法功能不同,尤其在后一分句的连接中,起关联作用的不少是单音节副词。单音节副词虽然起到关联作用,但其主要功能仍是修饰谓词,所以它一般分布于谓词前。常见的有"才""都""再""又""还""也""却""就""倒"等等。

可是汉语学习者常常分不清哪个是连词,哪个是副词,将其置于分句之首(主语前),从而出现偏误。第二节中(17)到(20)均属这种偏误类型。因此关联词语的分布位置是汉语复句教学的重点之一。

1.2 易混淆关联词语的辨析问题

有些关联词语在形式上较接近,如"只有……才……""只要……就……""不是……就是……""不是……而是……""既然""虽然""尽管""不管"等等。有些关联词语在意义上有相似点,如"也""又""都""才""一边""一面""或者""还是"等等,这些都是学生易混淆的关联词语,教师在教学中对这些关联词语进行辨析也是重点、难点之一。

1.3 复句关系及其关联词语的理解问题

有的复句本身具有某些强制性的构句条件,学习者在不能认知其构成条件时,总是丢三落四,出现各种偏误。无条件句出现得最多的偏误类型是没有构成无条件的条件,偏句部分或者肯定、或者否定,给出的都是确定的条件;正句部分则又不能与无条件的偏句匹配,表达不出任何条件下结果不变的逻辑内涵。第二节中(4)(5)均属这种偏误类型。因此复句要加强句结构的教学,但只是强调句结构是不够的,教师还得让学习者理解其构句条件才不会出错。

还有些关联词语,学习者不清楚其意义和用法,使用时会发生偏误,如"既然""就是……(让步)""……倒……"等。像"就是……(让步)",学习者常误以为是一个表判断的"是"字句;像"……倒……",学习者常简单地把"倒"等同于"但是"。因此复句关系及其关联词语的理解也是教学重点和难点。

1.4 关联词语的选用及所表达的逻辑关系问题

关联词语所表达的逻辑关系问题是一个较为复杂的问题,因为其本质不是语法问题,而是逻辑问题。例如下面这个学生的语段表达:

售货员告诉他:"二百元。""啊?太贵了!"**可是**马克决定**了**还价:"老板,便宜一点儿吧。"售货员说:"不可以啊!这双鞋**比什么好**。一是,质量很**高**;二是,样子**最**好看!""算了,我不买了。"老板同意了:"**好的,一百五块**可以啊。""**好厉害**!谢谢,老板,可以付现金吗?""**还可以刷卡**。""**好吧,给你一百五元**。再见,老板!"

这段话除了有语法和词汇偏误(黑体处)外,逻辑表达上至少有三处问题:

(1)因为太贵了,马克决定还价,应是因果顺接,不是逆向转折。(2)"算了,我不买了。""老板同意了",这里的逻辑没有衔接到位,主体应是因果顺接,老板不情愿,不应该直接同意,而应有其他勉强同意的表达,如"好吧,150就150吧"。(3)如果顾客问老板是否可以付现金,应该是倾向于付现金的,老板就没必要说"还可以刷卡"。老板说了可以刷卡,马克说"好吧",应指向同意刷卡,后面却支付了现金。

这段话语法上的问题并不大,逻辑问题却比较大。可见,在成段表达中,逻辑关系的表达更加重要。

教学实践表明,教师教给学生一组关联词语时,学生可以准确地造出新的句子来,但如果给学生一段文章,让学生在合适的位置填上相应的关联词语,或者给学生几组关联词语,让学生在写短文时加以运用,学生就会错误百出。因此,在成段表达的教学中,学生的逻辑表达能力是重点和难点。教师在教学中应尽量让学生在具体应用中把握逻辑关系,培养汉语的思维方式。

2. 关联词语及相关复句的教学

2.1 关联词语在复句中的位置

复句中的关联词语不只是连词,还有起关联作用的副词。连词和副词在复句中虽然都起关联作用,但它们毕竟分属不同的词类,具有不同的句法功能。教师在教学中,首先要让学习者分清哪些是连词,哪些是副词,认识连词与副词的不同句法功能;其次要让学习者了解汉语复句中关联词语的搭配关系。这一点跟一些语言不同,所以教师要在教学时强化。

为了梳理清楚这个问题,我们可以把关联词语分成两类:一类是连词,包括单用和前后搭配的类型;另一类是连词与关联副词等的搭配或单用关联副词的类型。

2.1.1 连词在复句中的位置

汉语复句中前后搭配均为连词的主要有"一边……一边……""或者……或者……""不但/不仅……而且……""不但……反而……""因为……所以……""由于……因而……""虽然……但是/可是……""尚且……何况……"。

汉语复句中经常单用的连词主要有"于是""并且""以至""从而""不过""然而""以便""不然""否则",它们的分布位置大多是在后一分句(主句)之首。

汉语复句中,前一分句的连词可能有两个位置,而后一分句的连词只有一个位置,另外,后一分句不管有没有主语,连词都位于分句句首。即:

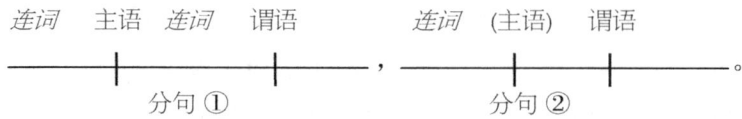

前一分句的连词有两个位置可选择,到底应该位于哪个位置,需要根据表达意图。一般来说,如果该复句的前后分句各有主语,连词最好位于主语前;如果前一分句的主语是整个复句的主语,连词则最好位于主语后。例如:

(1) 因为<u>他</u>坚决不答应,所以<u>我</u>只好放弃了。
(2) <u>我</u>因为腰痛,(所以)今天没有去上班。

(3) 虽然上级领导已经批准了,可是下面坚决不执行。

(4) 今天虽然下雪了,但是一点儿也不冷。

(5) 或者我去,或者他去,我们只能去一个人。

(6) 我或者骑车去,或者打的去,你就别管了。

2.1.2 连词与关联副词在复句中的位置

汉语复句中,连词与关联副词搭配表达某种关联关系的有"只要……就……""只有……才……""即使……也……""既然……就……""如果……就……""虽然……却……""无论……都……""除非……才……""宁可……也……""因为……才……""既……又……"等。

由于连词和副词的句法功能不同,在句层面上,连词的主要作用是连接句子;副词虽然起到关联作用,但它的本质仍是谓词性成分的修饰限制成分,所以它们在复句中的位置自然也有所不同。即:

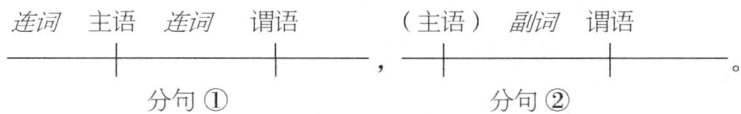

前一分句的情况跟上面相同,这里就不重复了。后一分句的关联副词也是只有一个位置,但不是在主语前,而是在谓语前,即如果后一分句有主语,关联副词要位于主语后谓语前,这一位置是由副词修饰谓词的功能所决定的。例如:

(7) 即使小王不说,我也会说的。

(8) 他宁可选择死,也不会再听你的摆布。

(9) 既然你不喜欢,我也就不勉强了。

(10) 我虽然不聪明,却能够分清是非好坏。

(11) 虽然你们几个坚决反对,但是主管领导却同意了。

(12) 如果天气允许,我们就照常出发。

以下的句子都是错句:

(13) *不但北京的冬天很冷,还常常刮风。

(14) *他真是个好大夫,医术不仅好,还很热情。

(15) *尽管春天已经来了,还是天气比较冷。

之前我们举过的偏误中,第二节中的(17)到(20)也属于此种类型。

2.1.3 关联词语的错位会影响逻辑关系的表达

例如:

(16) 同学们不但唱了歌,还跳了舞。

(17) *不但同学们唱了歌,还跳了舞。——(同一主语,"不但"要位于主语后。)

(18) *同学们不但唱了歌,老师们也唱了歌。——(不同主语,"不但"要位于主语前。)

(19) 不管你吃什么,我都吃面条。

(20) *你不管吃什么,我都吃面条。——(不同主语,"不管"位于主语前。)

2.2 关联词语及相关复句的具体教学

2.2.1 准确把握关联词语的连接功能

2.2.1.1 连词"和"

连词"和"对于说汉语者来说,使用起来很简单,可是对于母语为非汉语者却有一定难度,这是因为在不同的语言里相似的关联词语所关联的事物不同。英语的"and"跟"和"有相似的意义和连接功能,但是"and"连接的对象很广泛,汉语的"和"则主要连接名词性成分。例如:

亲戚和朋友　规章和制度　美丽的春天和凉爽的夏天

汉语中"和"的作用就是把不受时间、空间乃至条件、因果等关系影响的独立个体连接起来,因此"和"所连接的名词性成分在句中通常充当的是主语、宾语、定语等。

动词做谓语时往往受到时间、空间、因果、目的、连接对象等的影响和制约,大多数情况下不能用"和"连接。例如:

(21) *他们在台上唱和跳。——(唱和跳分别有自己的过程、方式和连接对象。)

(22) *拿出和打开书。——(动作呈现不同的时间顺序和结果。)

(23) *上街和买菜——(自身有目的关系,同时有时间顺序。)

(24) *躺着和看书——(有方式与动作的关系。)

如果连接的动词是相关并列的两项,相当于一个成分,可以用"并"连接。例如:

(25) 我们讨论并通过了两项决议。

(26) 法官宣布并执行了这项决议。

(27) 国家提倡并鼓励下岗职工自谋出路。

并联的形容词做谓语是对一个事物具有不同性状的描述,而不是两个分别独立的个体,所以也不能用"和"连接,可以用"又""而"等连接。例如:

又高又大　又便宜又好看　聪明而美丽　勤劳而勇敢

从连接的成分上看,英语中表关联的"and"跟汉语表关联的"和"有较大的差别:

(1) 属性差别

"和"主要连接名词性成分,"and"既可连接名词性成分,也可连接谓词性成分。

a. 与汉语相同的

you and I
（你和我）

habits and customs
（习惯和风俗）

warm spring and cool autumn
（温暖的春天和凉爽的秋天）

b. 与汉语不同的

The room was dim and cool and quiet.
（房间昏暗、阴冷且安静。）

(2) 单位差别

"和"主要连接词语，不连接句子，"and"既可连接词语，也可连接句子。例如：

I'm tall and thin and he's short and fat.
（我又高又瘦，他又矮又胖。）

(3) 关系差别

"和"所连接的成分之间是平行关系，"and"既可连接平行关系，也可连接偏正关系。例如：

He felt sick and dizzy and then passed out.
（他感觉恶心、眩晕，接着就昏倒了。）

The system is archaic and unfair and needs changing.
（这个制度早已过时而且不公平，需要改变。）

The phone rang and rang and nobody picked up.

（电话铃响了又响，但没人接。）

(4) "和"连接平行的二者，因此二者不能缺少，需要同现；而"and"则可以位于句首，起到转换话题、引出下文、缓解思考等作用。例如：

A：We talked for hours.（我们谈了好几个小时。）

B：And what did you decide?（那么你们做出了什么决定?）——（转换话题）

所以，在学习"和"的时候，如果只简单译成"and"，那么学习者就有可能发生负迁移。例如：

(28) *太娇惯孩子，孩子会很自私，和过分依赖父母。

(29) *他找到钢笔和写了一张留言条。

(30) *天在下雨和道路是湿的。

(31) *故宫很漂亮和很广大。

(28)到(31)句是学习者的常见偏误，这说明"和"的教学不能仅靠简单的翻译，还要进行语法讲解和对比教学。

2.2.1.2 "……一方面……，……(另)一方面……"的并列关系

对于说汉语者来说，"……一方面……，……(另)一方面……"所表示的并列关系复句很容易理解。但在汉语教学中，学习者还是会出现以下偏误：

(32) *我一方面要上班，一方面不要上班，因为我感到很累。

(33) *她一方面要去商店，一方面没有汽车，很麻烦。

(34) *我一方面想来上课，一方面我生病了不能来上课。

"……一方面……，……一方面……"所连接的两个方面共同属于某件事情或跟某件事情直接相关。例如：

(35) 一方面缺技术，一方面缺资金，接这个项目我们有困难。

"一方面缺技术，一方面缺资金"都是这个项目的必备条件，都含消极义。

(36) 商务部一方面加快灾区商业网点的恢复重建，另一方面打击地方上的（商业）不法行为，以保障灾区群众的日常生活。

这里的"……一方面……，……另一方面……"都是针对商业活动的，跟群众日常生活有直接关系，而且商业网点的恢复重建、打击不法行为对群众来说都是利好行为。

可见，"……一方面……，……一方面……"是围绕一件事的两个方面展开的，这两个方面是互为补充、并列存在的。(32)句的两个方面是相互对立的，这两个方面不能成为后句因果关系中的结果，逻辑关系表达混乱。(33)句说的只是一件事，即用什么方式去商店，两个方面构成的其实是条件结果关系。(34)句说的是相互对立的两件事，说明学习者对"……一方面……，……一方面……"的并列关系及其逻辑关系的理解还不够。教师在教学时应针对学生的问题，进行专门的讲解和训练。

2.2.2 简要区分几组意义相近的关联词语

(1) "不是……就是……"与"不是……而是……"

"不是……就是……"是选择性判断，不确定，两者均有可能。例如：

不是他来帮我，就是我去帮他，我俩总是这样互相帮助。

"不是……而是……"是转折性判断，确定后者。例如：

他本来要来帮我的，可实际上，不是他来帮我，而是我帮他了。

这两种关系复句都是由判断构成的,两者最关键的区别在于是否确定。关联词语"不是……就是……"只是摆出两种均有可能的情况供选择,并没有认定是哪一种,而"不是……而是……"则不同,它并非提供两种可能的情况选择,而是已经明确表达了自己的判断,即否定前句,确定后句。

学习者的常见偏误如:

(37) ＊有时候人口多不是缺点,就是一种力量。

(38) ＊娶了她不是福气,就是很重的负担。

这两句说话人都表达了自己的观点、看法,有明确的判断,即否定前句,确定后句,因此均应选用"不是……而是……"。

(2) 表示并列关系的"一边……,一边……""……也……,……也……""……又……,……又……"

"一边……,一边……"表示同一时间做两种动作或两件事情,二者都是情理上可同时发生的。例如:

一边跑,一边喊。

一边学习,一边打工。

"……也……,……也……"表示不同主体的相同条件、状况等。例如:

我也病了,他也病了。

风也停了,雨也住了。

"……又……,……又……"表示相同主体有两种关联的、方向一致的性状。例如:

她对病人又关心,又体贴。

这里的竹编工艺品又好看,又便宜。

学习者的常见偏误如：

(39) * 我们一边比赛，一边加强友谊。

(40) * 她一边走着，一边伤心着。

(41) * 虽然时间也晚点儿，可是礼物也到了。

(42) * 今天的天气又晴朗，又很冷。

(39)(40)两句反映了学习者对"一边……，一边……"同时做两种动作或两件事情理解有误。(39)句的前一分句是做事，后一分句表其目的，并非同时做两件事；(40)句前一分句是做动作，后一分句是表示动作方式，不符合"同时做两种动作"的要求。(41)句前一分句是时间晚，后一分句是收到礼物，这两件事不具有相同条件、状况等，不符合用"……也…，……也……"的条件。(42)句"晴朗"和"很冷"虽然都在说天气，但是这两种性状的方向不一致，不能用"……又……，……又……"。

(3) 表条件的"只要……，就……""只有……，才……"

"只要……，就……"表示的是必要条件，例如：

只要吃了这个药，病就会好的。

"只有……，才……"表示的是唯一条件，缺此不可。例如：

只有肯付出，才能有收获。

这两组关联词语在形式上较相似，学习者极易弄混。教师在教学中要强调必要条件不是唯一条件，"只有……"说的是唯一条件，缺此不可。教学时教师可以创设语境，让学生理解什么是唯一条件，什么是必要条件。

(4) 表目的的"……以便……""……以免/免得/省得……"

"……以便……"表示创造条件是为了实现某一目的，例如：

我就住在这儿,以便好好照顾她。

"……以免/免得/省得……"表示创造条件是为了阻止、避免某种情况发生。例如:

到那儿就赶快打电话,以免/免得/省得我们担心。

学习者有时会把这两种情况弄反了。例如:

(43) * 你们来之前,最好先打个招呼,以便认不出来对方是谁。

(44) * 我要做好充分准备,以免我很安心。

(5) 表选择的"……或者……""……还是……"

"……或者……"表示陈述性选择,例如:

周六去或者周日去都可以。

"……还是……"表示疑问或不确定性选择,例如:

周六去还是周日去?

我记不清那天是周一还是周二了。

学习者容易弄混这两种选择。例如:

(45) * 你能给我讲一个故事还是笑话吗?——(应用"或者"。)

(46) * 如果太累了还是写的时间太长了,字就写不好了。——(应用"或者"。)

(47) * 我在网上买机票,是我付钱或者我妈妈付钱?——(应用"还是"。)

教学时,教师首先要从形式上利用凸显特征,将疑问句类型和陈述句类型区分开。这个凸显特征就是有没有提出问题。当然(45)句有例外,"讲故事、讲笑话"不是问题,是供选择的两种情况,所以应该选用

"或者"。句子的难点在于这个选择成为是非问句中的一个组成部分,所以句末有问号,学生难以辨别。如果仅从形式上看是否有问号,就会出现偏误。教师需要在教学时帮助学生理解句子层次。

更难区分的其实是表达疑惑性的这种陈述句形式,要选用"还是"。例如:

(48) 我也不知道是该跟他说呢还是不该跟他说呢。

教师要让学习者理解(48)句中的"该跟他说呢还是不该跟他说呢"是不确定的部分,但这部分只是"不知道"的内容,是"不知道"的连带部分,而谓语"不知道"本身是确定的,因此这个句子的整体不是疑问句,而是陈述句。

2.2.3 在理解意义的前提下,利用公式凸显强制性条件

有的复句只做意义上的讲解,学习者仍难理解,这时教师可用公式来展示,凸显其强制性条件,便于学习者掌握其结构形式,例如无条件句。

所谓无条件,并不是什么条件也没有,而是在所说的条件范围内不加以条件限制,即在所说的条件范围内选择任何条件都可以,结果都是一样的。正因为如此,该句的条件部分就是任指性的或可选择性的。即:

$$\text{不管/无论} \begin{cases} \text{疑问词} \\ \text{肯+否} \\ a \text{还是} b \end{cases}, \text{都/也/还} \cdots\cdots$$

例如:

$$\text{不管天气} \begin{cases} \text{怎么样} \\ \text{好不好} \\ \text{刮风还是下雨} \end{cases}, \text{我们都去。}$$

在教学中我们发现,如果不凸显这一点,学习者总是很难理解所说

的条件范围内不加限制的无条件,在构句形式上也会出现以下问题:

(49) *不管父母不同意,她都要跟那个外国人结婚。

(50) *不管这些作品艺术性太差,他们还是买了不少。

(51) *不管你做决定,我同意。

这三个句子的无条件部分都没有构成多种条件下的无条件选择。此外,无条件句的逻辑关系是选择任何条件,结果都不变,因此,无条件句需要"都/也/还"等副词来搭配,表达这一逻辑关系。因为学习者没有理解这一逻辑关系,所以常常会在后一分句上出错。例如:

(52) *老师怎样批评我,我听。

2.3 注意理解复句中的逻辑关系

复句的学习有两个方面的问题不是单纯语法教学能够解决的:一是复句中逻辑关系的理解和表达问题,二是跟语境密切相关的语用问题。例如:

(53) *这种水果我没有吃过,更没有见过。

表面上看,这个句子的语法没有什么问题,但是分析一下句子的逻辑关系,就发现问题了。如果将"吃这种水果"和"见这种水果"分出先后的话,应该先见后吃。也就是说,已经吃过这种水果了,就不太可能没见过;而见过这种水果,却有可能没吃过。所以构成递进的逻辑关系时,表递进的分句应该是"吃",而不应是"见"。可见该句不符合通常的逻辑。

另外,汉语中哪些关联词语表示顺接,哪些关联词语表示逆接,也需要弄清楚,否则,表达的逻辑关系就会非常混乱。例如:

(54) *这个地方非常穷,但是文化方面也很落后。——("穷"与"落后"是顺接,不应转折。)

(55) *北京很好,可是我想再去一次北京。——(前后分句是顺理成章的因果关系,不应转折。)

(56) *虽然我们在纽约一起玩儿了,但是我晚上累得不得了。——(前后分句的逻辑关系没有表达出来。)

(57) *我很后悔没去医院,以致喝热水就好了。——(这个复句看不出要表达什么逻辑关系。)

汉语中"但是/可是"类一定是逆接,可是(54)(55)两句都用在顺接复句里了。(56)句中的"累"不是"玩"的必然结果,所以该句缺少必要的逻辑条件。(57)句的"以致"应该是顺接,通常应连接不理想的结果,却连接了理想的结果,前后分句之间的逻辑关系是混乱的。

汉语表达转折通常会分出不同等级,例如:

"虽然……,但是/可是…… 却…… "——(常用于重转。)

"……,可是……;……,却……""……,然而……"——(常用于次重转。)

"……,只是/就是……""……,不过……""……,倒……"——(常用于轻转。)

重转(含次重转)与轻转之间的关联词语一般不能互换。例如:

(58) 房间干净整齐,就是小了点儿。

这个句子前后分句逆接,但只是轻微转折,表示略微的遗憾,如果换成重转的"但是/可是"类的关联词语就不合适了。

在这一点上,跟英语中表示转折关系的"but"有所不同,"but"应用的转折类型更加广泛。例如:

The bike is rusty but usable.(自行车虽然生锈了,但是还能骑。)——(重转)

I did remember, but only dimly.(我的确记得,只是记不太清

楚了。)——(轻转)

这种差别的存在也容易造成学习者汉语重转、轻转关联词语选择不当。

可见,学习者较难理解并掌握这些逻辑关系。复句教学是成段表达和篇章教学的基础,是中高级阶段汉语教学的重点。教师在教学中可以从单一关联关系的复句入手,学生达到熟练水平后,再进行多层套叠关系的复句练习。

【分析思考题】

1. 举例说明汉语单句与复句的区别。
2. 为什么说汉语的复句不是单句的简单相加?
3. 举例说明关联词语在复句中的分布及其所表示的逻辑关系。
4. 举例说明汉语连词"和"与英语表关联的"and"的区别。
5. 如何帮助学习者理解并掌握汉语的无条件复句?
6. 请分析下列句子的偏误类型及原因。

    (1) 他不太聪明和挺善良的。

    (2) 我想学法律还是国际经济,你觉得呢?

    (3) 不管他说了那么多,我不清楚。

    (4) 这个电影太感人了,我不但哭了,也我的同屋哭了。

    (5) 参加比赛的人很多,有些乱,那么有意思的。

    (6) 在这个大公司工作不是幸运,就是挣的钱多一点儿。

第十三章 汉语语法教学中的偏误分析与操练检测

第一节 汉语语法教学中的偏误分析与原则

偏误分析与操练检测,前者是针对习得过程而言的,后者是针对学习结果而言的。如何从学习者习得汉语语法的过程中发现问题,并进行分析解释;如何针对相关问题进行汉语语法教学的评估,实现教学过程的双向反馈,这些都是本章要解决的问题。

1. 偏误分析的目的和作用

汉语语法偏误分析的目的是从学习者某语法项的习得过程中,寻找学习者出现偏误的原因。通过偏误分析,教师可以发现哪些是学习者受母语负迁移的影响、哪些是学习者泛化的结果、哪些是学习者不懂的等等。可见,语法偏误分析可以帮助学习者认清偏误所在,了解汉语语法习得的相关知识和规律,帮助学习者学会偏误分析的方法,并能将此应用到汉语学习中。偏误分析还能够让教师明确教学重点和难点,知道如何针对学习者语法习得的问题,采取有效的教学方法与策略,使教学效果事半功倍。汉语语法书由于受篇幅所限,不可能对具体的偏误问题做详尽的解析。所以,教师在课堂上为学习者做偏误分析就是一个重要的学习环节。在培养汉语师资时,我们也要重视提高其语法知识储备和偏误分析能力,这样他们才能在今后的汉语教学中应对自如。

2. 偏误分析的原则

偏误分析可以帮助学习者解决汉语学习过程中遇到的问题,建立汉语的思维方式,并培养其举一反三的能力。下面是偏误分析的几个重要原则:

(1) 针对性原则。偏误分析要针对偏误要点进行分析,不能泛泛而谈,更不能把无关的或关系不大的问题牵扯进来。教师要让学习者关注核心问题,针对核心问题具体分析。

(2) 简化原则。复杂的问题要简单化,而不是相反,这是偏误分析的一个重要原则。案例分析要切合学习者的汉语水平,用简洁易懂的语言去解释分析,不用或少用术语概念。如果问题很复杂,那就将知识的要点分解后教给学生。

(3) 认知原则。偏误分析不能停留在表层结构或意义上。教师要对偏误做深入的解析,从认知角度剖析其致错原因,归纳语法规律。

(4) 交际性原则。教师要将偏误分析的要点确定在表达意图和语用条件上,而不是仅仅用是否合乎语法来衡量句子的对错。

以下为10个典型偏误的案例分析。

3. 典型偏误的案例分析

(1) 动宾结构动词(或动宾式离合词等)问题

　　＊我昨天晚上聊天儿了中国朋友。

　　改为:我昨天晚上跟中国朋友聊天儿了。

该句的问题是由动宾结构动词"聊天儿"造成的。致错原因有两种可能:一是受母语负迁移影响,母语中聊天儿的对象放在谓语动词后;二是受前学规律类推影响,认为在谓语动词后连带宾语是汉语的规律。

解决这类偏误要从两个方面入手：一是让学习者了解动词"聊天儿"的结构是由"动语素＋名语素"构成的。因其词汇化程度还不高，名语素"天儿"的宾语角色还存在，所以其后不能再连带宾语。这类动词是离合词。常见的有"见面""洗澡""结婚""送行"等。二是解决"聊天儿"的对象"中国朋友"放在哪里的问题。现代汉语中，伴随动作出现的时间、地点、方式、工具、对象、原因等，在语序上要置于谓语之前。"中国朋友"是聊天儿的对象，所以要置于动词"聊天儿"前。"聊天儿"的动作是由主体"我"跟"中国朋友"共同完成的，所以要选用介词"跟"来引介"中国朋友"，组成"跟中国朋友聊天儿"的结构。

（2）近义动词的混淆问题

如"看""看见"：

*我看老师来了。

*这个句子你看见明白了吗？

改为：我看见老师来了。

这个句子你看明白了吗？

这两个句子出现偏误的原因是两个动词的意义接近，学习者分不清其差别。解决这两个词的混淆问题，不能仅靠解释这两个动词一个有结果，一个没有结果。教师还要在指出二者的意义差别后，从用法上进行辨析。

汉语"看"的动作，是指视线停留在人或物上，因此动作本身没有结点。它可以跟表示动作持续、动量、结果和状态等的词组合，如"看着我、在看书、看一遍、看清楚、看得很认真"等等。

而"看见"是指看而得的动作，动作是有结点的，它不能跟表示动作持续等的词组合，不能说"*看见着、*在看见、*一直看见"等。因为它已经有"见"的结果，所以其后不能连接如动量、结果和状态等的词，如"*看见一遍、*看见清楚、*看见得很认真"等。

(3) 比较句的比较和语序问题

　　＊这双鞋比那双很好。

　　＊这双鞋很好比那双。

　　＊她比我两岁小了。

　改为:这双鞋比那双好多了。

　　　她比我小了两岁。

这几个句子是学习者经常出现的偏误,致错原因有两种可能:一是受母语负迁移影响,如印欧语系中的比较级和印欧语系中比较句的语序;二是不了解汉语比较句中形容词的属性。在比较句中,形容词都是表性质的,表示的是是否具有这种性质,因此形容词前不能添加表示程度义的词,除非这个表示程度义的词本身也能表示比较。例如:

　　＊今天比昨天非常热。

　　＊天气越来越很热。

　　　今天比昨天更热。

汉语比较句能够表示性质所具有的量差。因为比较时先有比较,后有量差,所以按此思维方式,汉语比较句的语序是"A比B＋形容词＋量差"。例如:

　　今天比昨天热多了。

　　今天比昨天热五度。

量差可以是抽象的程度,如"多、远、不得了"等,也可以是具体的数量,如"小两岁、重五斤"等。

在现代汉语中,比较时先确定比较对象B,再进行性质的比较,所以语序上是比较的主体A和被比较的对象B都要位于谓词前。

(4) 定语中"的"的隐现及定语语序问题

＊每天的我的生活都很愉快。

＊这是我的儿时的学做小泥猴子，精致的、可爱的。

＊墙上的中国的古老画吸引了我。

＊在中国，我经历了有趣事情。

＊而今我已经是一个大学生外国留学。

改为：我每天的生活都很愉快。/我每天都生活得很愉快。

这是我儿时学做的精致而可爱的小泥猴子。

墙上一幅古老的中国画吸引了我。

在中国，我经历了一件很有趣的事情。

而今我已经是个在国外留学的大学生了。

这里的问题比较复杂，涉及定语标记"的"的隐现、使用和定语语序问题。汉语表达的经济原则使"的"可以根据表达的清晰度和是否造成歧义等进行隐现，通常在最后一项需要用"的"的定语前，其他用"的"的定语的"的"可省略。一种情况例外，动词或动词性短语做定语时，"的"不可省略。这是因为如果省略了"的"，可能会产生动宾关系的歧义。因此，"我的每天的生活"可省掉前项定语"的"，而保留后项"每天"的"的"。"我儿时学做的精致而可爱的小泥猴子"中，因为"学做"是动词，其后虽有带"的"的形容词短语——"精致而可爱的"，但这里的"的"不能省略。这两个"的"都在后项上，所以"我的"的"的"可省。"儿时"与"学做"构成的是状中关系，无须用"的"。

汉语定语语序的基本原则是距离原则，即其修饰限制关系跟中心语越近，其分布的距离就越近，反之则远。所以，"泥猴子"直接决定了它的材质，这是最本质的部分，因此距离最近；"精致而可爱的"是对它的评价，远于材质；"我"跟"泥猴子"只是领属关系，比起其他关系来，是最远的关系，所以位置离中心语"猴子"最远。

"的"是定语的标记,但并不意味着定语都要用"的"。汉语定语用"的"的原则,一是修饰语表示的是中心语的本质属性,通常不加"的",如区别词和表材质、专业、职业、国籍等,都是不加"的"的;而描写、评价等定语,都是需要加"的"的(没有加"的"的属于我们前面讲到的隐现问题),所以"他是一名优秀的工人"和"他是一名优秀工人"有区别,前者评价他"优秀",后者说他有"优秀工人"的荣誉。二是受音节韵律影响。通常单音节名词、形容词等做定语都不加"的",这跟表示本质属性是一致的,如"白衬衫、大狗、泥瓦、古国"等等。

(5) 时间、处所、状语、补语、定语等问题。

*我朋友今天看了书在图书馆。
*我每天的生活说对他。
*她一边笑着,一边坐了在椅子上。
*我的自行车常常出毛病,我三次去了修车。
*她的房间有一幅画在墙上。

改为:我朋友今天在图书馆看了一天书。
我向他讲述了我每一天的生活。
她一边笑着,一边在椅子上坐了下来/坐到了椅子上。
我的自行车常常出毛病,我已经去修了三次车了。
她房间的墙上有一幅画。

这些句子主要涉及与动作相关的时间、处所、对象、动量等的语序问题。在现代汉语中,一般属于伴随动作发生的时间、处所、对象等都应位于谓语之前,所以,相关部分的语序调整为"在图书馆看了""向他讲述""在椅子上坐了下来";属于动作发生后改变的位置或动量,则要位于谓语后,这是汉语具象临摹思维方式的体现,如"坐到了椅子上""修了三次车"。

"她房间的墙上有一幅画"是个特殊句式,汉语称之为存现句,即描述某处存在什么。处所在交际语境中已被涉及,是个已知信息,所以"墙上"这个处所应位于主语位,也就是话题。"一幅画"是未知信息,也就是表达焦点,应位于句末,这是存现句的语用问题。

(6)"动"后"了"的使用条件问题

＊我下了课。

＊我朋友今天在图书馆看了书。

＊他星期天做了作业,看了电视。

改为:我下了课再说。

我朋友今天在图书馆看了一天书。

他星期天做了几项作业,又看了一会儿电视。

或:他星期天做了作业,看了电视,把想做的都做了。

汉语的"了"通常被看作两个:"动"后"$了_1$"、"句"后"$了_2$"。我们这里谈的是典型的"动"后"$了_1$",即"动"后有宾语,不会存在"动$了_{1+2}$"的问题。"动"后"$了_1$"的使用是有条件的,其主要条件是动作过程的影响。这个过程常常体现在动作或事物的数量上和动作的趋向上。有了这个条件,独立成句的可能性就大,反之则小。如"我下了课、看了书、做了作业、看了电视"都不是独立的完整的句子。例如:

＊我下了课。

下了课干什么?这个句子没说完,它可能用于这样的语境:

A:我们去超市吧?

B:我下了课再说。

可见,"我下了课"只能作为后续表达内容的一个条件,它不是一个独立的表达,其使用依赖于语境。

当我们添加一定的动作量、事物量后,这些句子就可以完整表达了：

　　看了一天书。

　　做了几项作业。

　　看了一会儿电视。

究其原因,或许跟汉语一般叙述句的表达焦点有关。有了数量后,宾语是个未知信息,数量和宾语就可以构成句子的传信焦点了;而没有的话,宾语就可能是个已知的、专指的事物,那就需要语境来提供其他条件了。例如：

　　他星期天做了作业,看了电视,把想做的都做了。

做作业、看电视都是他之前想过的,是专指的事物,所以我们加上这个条件后,这个句子就完整了。

(7)"连"字句的表达问题

　　＊他是一个好学生,连作业都按时完成。

　　＊他在中国连感冒都得过。

改为：他是一个好学生,每天都按时完成作业。

　　他在中国连感冒都没得过。

"连"字句里的介词"连"引介一个比较对象,这个比较对象是一个极端事物或现象,即最不可能或最有可能具有某种特性的事物,以此与通常情形成暗比,说明一个常理或表明一个观点等。例如：

　　她结婚了,连我都不告诉。

说话人之所以用"连"引介"我",是说明我和她的关系不一般。按人之常情,最应该告诉的人是"我"(最可能被告知的人)。"我"都不告诉,那一般关系的人更不可能告诉,说明结婚是比较私密的事情。

因为好学生按时完成作业是通常的情况,不是极端情况,所以这句话不能用"连"来引介。同理,感冒是常见病,不足为奇,也不是极端情况;反过来,他不得感冒才说明他的身体不一般,很健康,因此,改成否定句更符合使用"连"字句的条件。

(8) 复句的构成及其逻辑关系问题

＊不管父母反对,我要跟他交朋友。

＊北京很好,但是我想再去北京。

＊他很有钱,他乱花钱。

改为:不管父母如何反对,我都要跟他交朋友。

北京很好,所以我想再去一次北京。

他虽然很有钱,但是由于胡乱花钱,所以钱常常不够花。

"不管父母如何反对,我都要跟他交朋友。"这是个条件结果关系的复句,由"不管"构成无条件分句,表达的逻辑关系是在任何条件下,结果不变。因此,条件部分要具备两个及以上的可能条件,而"如何"表示了各种可能形式的反对,所以该句成立。

因为北京好,所以想再去,这应该是顺接的因果关系。因此"北京很好,但是我想再去北京。"的关联词语"但是"要改为"所以"。

"他很有钱,他乱花钱。"的逻辑关系不清楚。该句可能想表达他有钱是事实,但是由于他乱花钱,钱不够花。因此第一层关系应选用表示逆接的转折连词,第二层关系则应选用表示因果关系的关联词语。

(9) 已知、未知信息的分布语序问题

＊她把钥匙找了好半天,才找到。

＊我搬花盆窗台上。

＊在那儿风景很美丽。

改为:她找了好半天,才把钥匙找到。

我把花盆搬到窗台上。

那儿风景很美丽。

在交际场合下,某些句子成分常常发生位置改变,这多半是因为语境条件或说话人凸显的交际用意。汉语语序的一般原则是"已知＋未知(传信焦点)"。在交际中,我们要根据语境条件的动态变化而不断调整语序。如"她找了好半天,才把钥匙找到"的前一分句的焦点在"找了好半天",后一分句中找到的钥匙是确指,因此需用"把"字将"钥匙"置于谓语前,而"找到"是传信焦点,位于句末。

"*我搬花盆窗台上"表达的是我怎样处置花盆,这个"花盆"在语境中是确指的,所以需用"把"字将"花盆"置于谓语前。

"那儿风景很美丽"里的"那儿"是被陈述的主体,即"那儿"怎么样?对"那儿"的描述是"风景很美丽",因此无须用介词引介。

(10) 得体的表达问题

*(对老师)你再说。

*老师,你为什么才来?

改为:老师,请您再说一遍好吗?/麻烦您再说一遍好吗?

老师,路上是不是堵车了?

汉语从语法体系上来说,是没有敬语系统的,但汉语有很多表达尊敬的方式:用"您/请/麻烦/不好意思"等表示礼貌、用动词重叠式或动量短语"V一下"表示舒缓语气、用"好/行/可以吗"表示征求语气等等。

"(对老师)你再说"的表达就不礼貌,没有用"您",动词"说"后面也没有表示舒缓语气的部分,这会让人感到没把"老师"当作尊长,很不客气。

"老师,你为什么才来?"的表达也不够礼貌。一是"为什么"有追问、要求回答的语气,不适合用于尊长;二是副词"才"的错误使用。副词"才"表示的是比预期的时间晚的意思,让人感到说话人有指责的语气,不适合用于尊长。那么如果想表达"老师来晚了"该怎么说呢？我们可以使用其他委婉的表达,如"路上是不是堵车了？",既表达出"老师来晚了",也表达出对老师的关心。

第二节　汉语语法教学中操练的基本原理与方法策略

操练是指在语法教学过程中以句法形式、意义关系等为习得内容的练习。在认知性语法教学中,教师的讲解要提纲挈领、抓关键要点,操练要配合教师的讲解要点。

1. 汉语语法教学中操练的基本原理

汉语语法教学中操练的目的是使学习者把所学的语法规则转换为语言知识和语言能力。这就涉及学习者学习过程的三个重要环节：(1)对所学语法知识的理解与认知；(2)对所学语法知识的编码与记忆；(3)对所学语法知识的熟练运用。

1.1　语法知识的理解与认知

一个语法点讲解完了,学习者能不能把它用起来,其前提在于学习者是否真正理解、认知了该语法点的知识。我们可以从以下四个方面加以检测：

(1) 是否掌握了该语法规则的表层结构；

(2) 能否从表层结构转换生成交际话语；

(3) 是否从意义上理解所生成的交际话语及其各组成成分之间的关系；

(4) 生成的交际话语是否合乎语境。

我们还可以从以下两方面检测学习者是否理解并掌握一个具体的语法知识点：

一是能否快速分析、输入并归入记忆网络的类属系统,即"分解—

输入—处理—记忆";

二是能否准确地从记忆网络系统中把它提取出来,输出动作描述或次序命题,完成交际任务。

如果学习者的这两个过程都表现得快速、准确,那就是真正掌握了这个语法知识点。

理解也有不同的层次,一种是理解词语或固定结构,另一种是理解语篇的意义和关系。显然,前一种是低层次的,后一种是高层次的。但前一种不容易与实际表达发生关系,后一种则更容易些。

1.2 操练可以实现目的语得体运用的自动化

我们之所以能迅速处理数以千计的句子,是因为句子结构依靠规则来制约。听说双方默契地传递和接收信息,因为他们遵循了共同的语法规则。而我们并没有意识到听说时在执行什么规则约定,那是因为这些规则化的过程都已经"自动化"了。

语言的理解过程就是从句子的表层结构到深层结构的过程,而语言的产出过程则是从深层结构到表层结构的过程。在这个过程中,长时记忆起着重要的作用。语法规则的理解与掌握,就是为了使学习者实现真正意义上的长时记忆。可只靠记忆是不能实现自动化的,自动化要以理解认知为前提,反复"激活—输出—激活—输入"才有可能实现。

操练就是对两种类型的语言知识进行激活:一种是陈述性知识(静态的),激活的结果是使信息再现;一种是程序性知识(动态的),激活的结果是使信息得到转换。

1.3 针对教学要点,设计操练内容与模式

1.3.1 语法操练的模式

根据不同的语法项、教学要点和教学目的,操练可有以下模式:

(1) 针对讲解要点——要点分解的操练;

(2) 针对句型或语法项——局部整合的操练;

(3) 针对句型或语法项应用——结合情景和实际生活的操练。

以上三种模式又可归为两类:

一类为静态训练,即(1)(2)项,侧重格式、分布、搭配、语序等形式为主的理解训练,教学目的在于强化记忆、形成习惯、构建规则等;

一类为动态训练,即第(3)项,侧重语法形式、语法规则、限制条件在实际情景中的应用,教学目的在于根据实际情景和交际目的,选择合适的表达方式。

1.3.2 操练设计

任何一项操练设计都要让练习角度、要点与教学重点一致,要让语法教学中的每一个讲解点都在操练中得到具体体现。

1.3.2.1 单项操练设计

如果以结果补语的"果"作为语法教学中的一个要点,我们就可以根据学生的水平,把他们学过的具体动作动词尽可能多地找出来,进行"动结"的组合练习。这一设计的指导思想是:动结之间必须有一致的语义特征。例如:

　　扫的结果——扫干净

　　扫的情况——扫完

　　贴的结果是附着——贴上

　　脱的结果是分离——脱下/掉衣服

　　吃是从外到内的动作——吃进

　　吃的结果是饱腹——吃饱

这种练习角度和形式会有效地帮助学生理解并掌握动结关系。

再如,以介词"随着"作为教学要点。"随着"的难点之一是介词结构中心语的选择问题。"随着"的介词结构中心语偏向书面语,由双音节动词或双音节以上的动词性短语充当,教学中需突出这一点,否则学生就会因为不会使用双音节动词或双音节以上的动词性短语而出现问题。练习的设计也应突出这一点,可采取单项训练模式,即根据提示词语,选填中心语。

  例如:随着国家经济的发展/进步,老百姓的生活水平有了很大的提高。

    随着时间的推移/流逝,我越来越习惯这里的生活了。

即由"经济"决定了中心语的选择是"发展/进步",由"水平"决定了搭配的词语是"提高",由"时间"决定了中心语的选择是"推移/流逝"等,帮助学习者从意义上理解并掌握。

1.3.2.2 多角度的综合操练设计

  一个好的操练设计,应该是多角度、多形式、针对讲解点的综合操练,这样可以使学习者更好地理解讲解要点,反复"激活—输出—激活—输入"。

  仍以"随着"为例:

(1) 练习双音节中心语——将中心语部分空出,让学生填空。

(2) 中心语部分有错误:少"的"、写成单音节词或写成错误的双音节词等。例如:

  *随着汉语水平提高/*随着老师的说/*随着春天的来/*随着生活水平的增加

(3) 中心语部分语序错误,让学生改正。例如:

  *随着来临春节/*随着流逝时间……

(4) 给出主句,让学生根据主句写出"随着"的动态条件。例如:

  _____,我的汉语水平有了很大的提高。

因为该主句部分必须是动态的,所以也可以反过来练习主句:

随着汉语水平的提高,我用汉语说话的次数_____。

(5) 根据所给的条件,用"随着"转换重组句子。

我有很多朋友了。

他比以前懂事多了。

1月份通电话10次。二月份通电话5次。三月份通电话2次。

(6) 实际运用:根据自己的情况,用"随着"说一说有关改变。

总之,教师可以把教学要点体现在操练内容和模式上,学习者只要充分练习,就可以掌握。

2. 语法要点静态操练的方法策略

语法要点的静态操练是指不与表达目的相联系的、非实际情景应用的操练模式。它的训练角度主要在于:使学习者准确地从记忆系统中提取规则,强化规则所含有的意义关系,利用规则对相关信息(词语)进行加工、整合。

尽管这种训练侧重语法形式方面,但不是机械的、无关联的、孤立的操练模式。这种训练要达到的目的是:学习者通过高强度的反复激活,拥有熟练运用的能力。在运用中实现程序性知识的深层转换,有效处理信息(词语),使加工、整合过程达到熟练化、自动化程度,进而构建起目的语的知识系统。

语法要点的静态操练主要从语法的分布、搭配、句式、语序等方面展开。

2.1 分布与搭配

分布是强化一种聚合性的关系,搭配是强化一种组合性的关系。二者的角度不同,但关系密切。教师可采取以下的一些方式训练。

(1) 提供词语、提供典型格式,即模仿套用。

例1：

A. 双音节动词重叠式——ABAB

提供词语：调查、研究、组织

学习者模仿典型格式练习：调查调查、研究研究、组织组织

B. 双音节形容词重叠式——AABB

提供词语：清楚、干净、红火

学习者模仿典型格式练习：清清楚楚、干干净净、红红火火

例2：时点、时段的分布。

典型格式：时点＋动词/动词＋时段

提供词语：五点（开会）、几分钟前（才离开）、一个钟头（睡）、一会儿/白天（休息）、放假时/几天（去那儿住）

学习者模仿典型格式练习：五点开会、几分钟前才离开、睡一个钟头、白天休息一会儿、放假时去那儿住几天

这种操练属于初级操练，简单模仿、机械套用的痕迹明显。例2的练习比例1难一点儿，它在套用前需对哪个是时点、哪个是时段进行判断，然后进行套用。但这种操练仍是需要的，这样的强化训练有助于提高学习者使用的熟练度。

(2) 提供词语，画线连接。

例3：分别提供量词与名词，画线连接。

三张　　　朋友

两个　　　雨伞

一本　　　报纸

两把　　　词典

例4：分别提供状语与补语，画线连接（仅限连接一次）。

正在	写完了
常常	吃饭
已经	闯进来
突然	一个人吃饭

(2)项练习比(1)项难，做练习时学习者需要对所学的词语意义和构成条件做整合，然后进行判断。例3的难度略低，只需做单项整合即可，即名量词对事物的限制；例4则需做多项整合。如"正在"，不仅要判断它有表示进行状态的时间意义，还要判断它是否对动作及其他条件进行制约，即"正在"制约着动词后不能有表示结点义的内容，因此"写完了""闯进来"都不能与"正在"连接。这种练习属于副词的综合性练习，需要学完这些副词后再进行。

(3) 填充词语。

A. 给出词语，选词填空。

例5：提供词语：举行、商量、谈话、打算、照顾

给出句子：① 我们_____一件事情。

② 一班_____明天早晨走。

③ 领导下午跟我_____。

④ 你好好儿_____奶奶。

⑤ 周末_____一次联欢会。

这是一项动词小类的练习。练习设计的出发点在于让学习者初步判断哪些动词能连带宾语，能带宾语的动词可以连带哪种类型的宾语，不能连带哪种类型的宾语。

B. 给出的词语多于填充的空儿（限用一次）。

例6：提供词语：最、太、再、又、没、不、光、就、都、还

给出句子：① 有机会，我（　　）想（　　）去一次北京。

②(　　)一年开始了,我该怎样走自己的路呢?

③这次应聘,(　　)博士(　　)有十几个。

④(　　)想到,这次见到的人是我(　　)(　　)想见的人。

这是一项副词选择的填空练习,学习者需对这些近义副词进行辨析。给出 10 个副词,句中仅有 8 个空儿,设计的目的在于不给学习者留有猜测的空间。

C. 不提供词语,由学习者根据语素等填空。

例 7:给下列词加上适当的词缀,使之变成名词。

盖＿＿	夹＿＿	讲＿＿	管理＿＿
强＿＿	学＿＿	念＿＿	打字＿＿
甜＿＿	记＿＿	看＿＿	受害＿＿
盼＿＿	新＿＿	湿＿＿	重要＿＿

这是一项强化汉语名词标记及理解词义的练习。学习者需要了解词的本义,选择合适的词缀,同时了解添加词缀后词义的变化等。汉语名词词缀和准词缀加起来不算少,但准确地选择并说明改变的意思不是一件容易的事情,有一定难度。

(4) 判断选择。

A. 给出词语,判断选择。

例 8:提供词语:才、都、就

给出句子:① 这孩子(　　)十来岁,(　　)懂那么多事情。

② 球队成立(　　)一个月,队员(　　)已经发展到四十来人了。

③ 我十二岁(　　)离开了家乡,直到四十岁后(　　)回去。

④ (　　)九点了,你怎么(　　)走?

⑤ (　　)一个星期(　　)把设计拿出来了。

这是一项副词辨析的练习,目的在于强化学习者对"才""都""就"的理解,同时掌握这几个词构句时不同的显性特征,如"了"的使用等。

B. 判别正误。

例9:判别正误(正确的画"√",错误的画"×"):

① A 每到春天我们总要去郊游一次了。(　　)

B 每到春天我们总要去郊游一次。(　　)

② A 他刚刚到家,坐船回来的。(　　)

B 他刚刚到家,坐船回来了。(　　)

这是一项时态助词判断正误的练习,目的在于强化学习者对时态助词的理解与运用。

2.2　格式与句式

(5) 提供短语的典型格式,模仿套用。

例10:程度副词+形容词——更好

如:很美/非常结实/相当完美

例11:介词+名词或名词性短语——朝东

如:在这里/沿着河边/根据调查结果

例12:动+结果补语——洗干净

如:做完/打中/缝结实/摆放整齐/调查清楚

例13:动词+趋动$_1$+处所词+趋动$_2$——跑回宿舍来

如:爬回洞里去/跑上楼来/走进黑暗中去/端上桌来

例14:不+单音节形容词 A+不+单音节形容词 B(A 的反义)——不胖不瘦

如:不好不坏/不多不少/不冷不热/不紧不慢

以上这几种练习都是为了强化某一结构格式,是相对简单的模仿,属于初级操练。

(6) 提供句式的典型格式,模仿套用。

例15:A+比+B+形+多了——今天比昨天冷多了。

如:她比你认真多了。/这个小品比电影好看多了。

例16:A+动$_1$(使令)+B+动$_2$——小王叫我关上门。

如:老王叫我来问问怎么回事。/这件事让我感到头痛。

这两种形式都是为了强化某一种句式,是模仿性的,但由于句式较为复杂,各构成成分之间的制约条件较多,所以对学习者来说,还是有一定难度的。

(7) 改写表达式或句子。

例17:用概数表达法表示下列数字(表示方法不得重复)。

3天—5天　　　　29天、30天、31天

三小时零两分钟　　11岁—12岁

例18:模仿例句,用"这""那"做定语,改写下列句子。

例如:立交桥旁有一座高大的楼房。它就是中国人民银行。

改为:立交桥旁那座高大的楼房就是中国人民银行。

① 对岸有一只小船。它叫风吹跑了。

改为:河对岸那只小船叫风吹跑了。

② 桌子上有一支笔,不好用。我手里拿了一支笔,好用。

改为:桌子上那支笔不好用,我手里拿的这支笔好用。

(8) 转换表达式。

例19:将句中的相关内容改用借用量词进行表达。

① 他从上到下穿的全是新衣服。→他穿了一身新衣服。

② 用斧头砍了两下木头。→砍了两斧头木头。

例20：将句中的时间改用时段方式进行表达。

① 从三月开始搞这个设计到九月中旬才搞完。→这个设计搞了6个多月才搞完。

② 他们从晚上一直热闹到第二天早上。→他们热闹了一个晚上。

例21：将下列肯定句改成否定句、否定句改成肯定句。

① 今天天气很好，我们出去玩玩儿吧！→今天天气不好，我们不出去玩儿了吧！

② 昨天晚上我没去小王那儿。→昨天晚上我去小王那儿了。

例22：将下列句子改用"把"字句表达：

① 饭被我做糊了。→我把饭做糊了。

② 他说那封信已经寄走了。→他已经把那封信寄走了。

例23：将下列句子改用反问句表达。

① 连自己都不会照顾，当然不会照顾别人。→他连自己都不会照顾，怎么会照顾别人？

② 今天是你们俩的喜日子，我肯定要来祝贺。→今天是你们俩的喜日子，我能不来祝贺吗？

改写和转换表达练习已不属于纯粹的静态练习，但由于已将基本内容提供出来，创造性的成分较少，所以还是归入静态操练项目中。

2.3 构句与语序

(9) 选择填空与判别正误。

例24：把括号中的词语放到句中abcd唯一合适的位置上。

① a 我们 b 回到宿舍,c 张老师 d 来了。(就)

② a 下午 b 我们 c 上街 d 买东西。(常常)

③ a 他 b 参加了会,c 还 d 做了发言。(不但)

例25:判别正误。

① a. 我一个小时看电影了。(   )
   b. 我看了一个小时电影。(   )

② a. 老师批评了他一顿。(   )
   b. 老师批评了一顿他。(   )
   c. 老师一顿批评了他。(   )

(10) 提供词语,组词造句。

例26:将下列词语组成带有趋向补语的短语。

① 下去   滚

② 鼓掌   起来

例27:给出中心语,做局部语序练习。

(1) 用括号中的词语,把句子扩写成含有多项定语的句子:

① 孩子病了。(一个   她   男   不满一周岁)

② 是照片。(彩色   一张   从画报上剪下来)

(2) 用括号中的词语,把句子扩写成含有多项状语的句子:

① 我住在乡下。(就   跟奶奶一起   从小)

② 聊了起来。(非常亲切   慢慢   跟我)

例28:提供词语进行组句。

① 教室里   人   没有   一个   也

② 教室里   他   一个   在   人

(11) 提供典型格式,扩展构句。

例29:给出例句——他看了书。

  他昨天下午看了一下午的书。

  他昨天下午在阅览室里看了一下午的历史书。

  他昨天下午在阅览室里跟我一起看了一下午的中国历史书。

模仿例句,扩展下列句子。

  ① 李宏复印材料。

  ② 朋友参观展览馆。

这是状语、定语的扩展性练习,通过练习要达到三个目的:一是了解有哪些状语,一般该位于什么位置,基本位序是怎样的;二是了解有哪些定语,一般该位于什么位置,基本位序是怎样的;三是强化汉语定语、状语语序排列的熟练度。

(12) 给出不同的分句,组成复句。

例30:将下列每组句子组成一个完整的复句。

  ① 它却使我们觉得光明无处不在
    星光在我们的肉眼里虽然微小
  ② 你如果想攻读硕士学位
    既然外语成绩不合格就不能录取
    就要好好复习这门课程

此项练习一方面可以引导学习者以关联词语为标志快速、准确地掌握复句语序,另一方面也有助于学习者更好地理解复句的逻辑关系。

总之,静态操练模式的主要目的在于强化记忆、构建规则。之所以设计诸多操练形式,是为了让学习者有更多的机会去提取、加工、整合、激活和再编码。心理语言学认为,一个概念愈是长时间地受到加工,释放激活的时间也越长(王甦、汪安圣,1992:127)。当然,操练要选好形式,恰当的练习形式既有助于学习者掌握语法要点,又能提高他们的学习效率。

3. 语法要点动态操练的方法策略

语法要点的动态操练指学习者根据一定语境,练习受语用目的支配的汉语表达方式。动态操练是高级规则的整合训练,所谓高级规则是指将学过的简单规则加以重新组合而得到的新的规则,以应用于范围更为广泛的具体情境(徐子亮,2020:29)。因此它是一种高级操练模式。

高级规则的操练体现在复杂句式上。如学习"把"字句时,学习者在静态环境中,可以根据"把"字句、"被"字句、一般叙述句的基本规则,准确造句并进行替换,但在实际的交际环境中,却常常用得不得体。这是因为在实际交际中,语境会对表达造成很大影响。如果不清楚这个问题,学习者就无法选择"把"字句、"被"字句和一般叙述句。

下面简要介绍7种动态操练形式。

(1) 选词填空。

例1:给下列词加上适当的词缀后填空。

    想 老头 吃

① A:没想到你做的菜还挺有_____的。

  B:就是为了给你留个_____,才拿出看家本事的。

② 人家姑娘都不怕,你一个大_____还怕什么呀?

③ 王平的爷爷可真是个好_____ _____呀!

这部分的填空不同于前一部分,它需要做多方位的思考,既要考虑词本身可与哪些词缀构词,又要考虑具体语境的限制条件。如②③两例都可选用"老头"这个词填空,但是两句的感情色彩差异较大,限制了选择词缀的自由。②句不带喜爱色彩,只能在"老头"后加"子";而③句带有喜爱色彩,"老头"后需加"儿"这个词缀。

例2:根据下文的意思,选择适当的副词填空。

① 李伟用了整整两天时间做了一只大风筝,这只风筝(　　)是(　　)漂亮了!我(　　)喜欢它了!一写完作业,我(　　)想去放风筝,求了半天,李伟(　　)勉强同意。我高兴(　　)了,拿起风筝(　　)跑了出去。

② 风筝越飞越高,我(　　)越玩越高兴。一个多小时过去了,(　　)(　　)想收兵。突然,风筝(　　)快地向南飞去,一下子(　　)缠到一棵高大的杨树上。我急忙用力往下拽,风筝不但(　　)下来,反而缠得(　　)紧了。我(　　)紧张了,(　　)一次使足了劲儿。劲儿用得(　　)大了,绳子自己飘了下来。

该部分的填空是在一个有情节的段落中进行的,这段叙述构成一个情景,形成上下文表达上的严格限制,比起简单句来,制约性强,不能任意选择。

例3:用括号中的副词完成对话(注意顺序)。

① A:你每天下午都去打网球吗?
　　B:＿＿＿＿＿(不)(都),一个星期只去三天。

② A:你习惯这里的生活了吗?
　　B:＿＿＿＿＿(不)(太),不过越来越习惯了。

③ A:你们怎么这时候才来,途中不顺利吗?
　　B:＿＿＿＿＿(不)(很),处处塞车。

这种练习是一种完句形式,根据上一句组织下一句,根据后一句,判断所给副词的构句顺序,即利用上下文和前后句的制约条件选择运用。

(2) 改错。

例4:针对不同的教学要点和学习者的偏误类型,设计练习。

A. 针对概数表达

① *我有十个来中外朋友。

② *我已经在这里学习八个左右月了。

B. 针对副词选用

③ *他找了好半天,就把钥匙找到。

④ *在这里我获得了真珍贵的人生体验。

C. 针对复句的逻辑关系和关联词语的配合

⑤ *东郭先生救了狼,却狼没有感谢他,反而要吃他。

⑥ *我没有病,但是身体有点儿不太舒服。

在改错练习中,学习者要克服母语的负迁移和某些惯性思维,把握汉语的相关规则、用法,才能进行准确的判断和修改。

(3) 用规定词语、句式完成对话或句子。

例5:就句中带"."的部分提问并回答。

① 他买了一个又甜又沙的大西瓜。

② 她一句一句认真地教着,样子可爱极了。

例6:用所学代词,根据下列条件说话。

A. 遇到下列情况怎样表达

① 我嫌你的屋子太脏了。

② 他跑的速度太快了,我当然追不上他。

B. 遇到下列情况怎样发问

③ 弟弟的手在出血。

④ 他正在发很大的脾气。

例7:用规定词语完成句子。

① ＿＿＿＿＿＿,还能照顾别人吗?(连)

② ＿＿＿＿＿＿,好让他能够理解你。(把)

以上操练都属于半情景式,语境有限,选择的表达形式既有一定的自由度,也有一定的限制性。

下面的类型属于在一定语法项目规定范围内的全情景性练习,要求学习者创造性地运用所学的语法规则进行表达。

(4) 根据描述的情景或条件,用规定的词语、句式表达。

例8:根据所给条件表达。

① 根据所给条件,选择合适的比较表达法。

AB两人,A身高1.81米,B1.80米,A原来认为他比B高多了,一比才知道不是那样的。

② 用"连"字句表达下面的内容。

王阳是小李最好的朋友,他竟不知道小李有女朋友。

③ 根据所给的内容,选用五种比较形式造句,表达要符合原文。

春节是中国最重要、最古老的节日,早在上古时代就开始了这一节日活动。春节期间常常举行一系列的民俗活动:请神送神、放鞭炮、吃团圆饺子、拜年、宴请等等,热闹非凡、盛大而隆重,典型地表现了中国的历史文化。

八月十五中秋节也是中国民间十分重视的节日,但起源较晚,大概源于唐代,有观赏明月吃月饼的习俗。秋天天高气爽,夜晚的月亮大而明亮,景色极美,月宫神话又会引起人们无限想象,因而中国人民十分喜爱这个节日。

这一部分用情景描写限定了练习的规则、条件,学习者只有准确理解并掌握相关语法规则,才能表达出合适的内容,所以这种练习有创造性成分,属于语言运用的类型。

(5) 根据情景和要求进行表达。

给出情景,并限制表达范围,即要跟教学要点紧密相关,这样才能体现教学目的。

例9:词语的练习。

趋向动词练习——从不同说话人角度用"来""去"表达。

图 13-1　　　　　　　图 13-2

例10:语句的练习。

A. 多项定语练习

图 13-3

B. 无条件复句的表达练习

图 13-4

（6）利用谈话或具体场景，让学习者置身于实际交际活动中，并充分运用所学规则。

例 11：根据自己的情况或你看到的情况，用"随着"说一说。

例 12：教师让学生用方位词语说说教室里或自己房间里的布局。

例 13：教师要求学生用形容词对某人进行描述，让大家猜猜他是谁。

例 14：教师让学生用"把"字句来表达请求。

（7）给出任务，用规定的语句完成交际任务。

例 15：教师让两个学生互相了解周末或假期做的事情（准确使用表时态的"了、过、的"）。

例 16：用缓和的语气请别人帮你一个忙（打扫房间、买票等）。

例 17：向大家介绍一下近两天的气温情况（用比较句、描写句等）。

例 18：跟朋友商量外出旅游的地方、时间、方式等（用商量和表达自己看法的方式）。

一个语法项的操练，一般至少需要两三种静态和动态操练才能确保学习者理解并掌握。

总之，操练过程应该是汉语学习中不断提高认知水平的过程，是汉语教学不可或缺的教学环节。

另外,操练还是信息反馈的重要环节。学生对知识的理解程度,以及能否准确得体地运用这些知识,这些都会在操练环节中反馈给老师。老师可以及时纠正学生的错误,并做出有针对性的讲解。教师还能从学习者操练环节所反映出来的问题中发现自己教学的不足,适时调整教学内容、方法与策略,不断提高教学水平。

第三节 汉语语法教学的测试评估与方法策略

教师要想了解语法教学是否科学有效,是否与教学目标、教学计划相符,就有必要阶段性地对语法教学的内容及效果进行测试与评估。测试与评估可以采取定性的方法,也可以采取定量的方法。定性的方法是指利用归纳的手段来处理观察和调查的材料和数据,采用描述性的形式形成评价,主观性较强。定量的方法则是通过实验和统计的方法获取数据,通过对数据的分析、演绎等形成评价,较为客观。为使测试评估相对客观,减少主观随意性,我们应该采用一定的定量手段,将定性的方法和定量的方法结合起来。

质量测试主要通过测量的手段来实现。测量就是给人或事物的某种属性确定数和量的过程。汉语语法教学所测量的属性就是语言能力、语法运用能力。语言能力的测量通常指的是具有区分度和难易度的成绩测试等。下面我们就着重谈谈汉语语法教学中的测试评估与方法策略。

1. 汉语语法教学中成绩测试的意义和作用

汉语语法教学从测试角度看,属于语言学习中语法要素的专项考试类型。语法的成绩测试是语法教学中的一个重要环节,是对学习者所学课程内容掌握情况的判断,以及对教师现阶段教学的评判。它可以分阶段地进行,也可以分学期地进行;可以在一个教学班内进行,也可以在一个较大的教学层次(年级等)中进行,是一个灵活的、经常发生的教学活动。由于成绩测试的特点是教什么考什么,所以试题设计形式、考试内容范围、水平程度等均需与语法教学的大纲、教材、施教内容等保持一致。教师可以利用测试结果,对以下方面做出判断和分析:

(1) 学习者对所学知识的掌握程度如何,所学的语言知识是否转换为一种语言能力;

(2) 学习者对所学知识还存在哪些问题,这些问题的形成原因是什么(迁移、泛化、理解错误等等);

(3) 学习者汉语语法能力所达到的层次和级别;

(4) 教师语法知识教学的内容、方法策略等是否科学有效;

(5) 教学实现预期目标的情况:教学大纲所规定的教学任务的完成情况、学习者语法知识的掌握程度和语法能力的提高程度等等;

(6) 教师的语法教学还存在哪些问题,如何有针对性地改进教学。

可见,语法教学中的成绩测试是学习者语法学习和教师语法教学的重要手段。

2. 汉语语法教学中成绩测试的设计与实施

汉语语法教学成绩测试的设计与实施,我们要重点考虑以下问题:

(1) 主客观试题类型的结合与分布;

(2) 选择有代表性的知识类型和样本;

(3) 运用哪些方法考出所要考的东西;

(4) 建立题库和制作试卷。

2.1 主客观试题类型的结合与分布

语法测试一定要兼顾主客观试题类型。语法本来就是规则性的东西,限定性很强,需要用定量的客观试题来测试。语法学习还需要学习者将语言知识转换为语言能力,即会准确选择语法形式,进行得体表达。所以如果要考查学习者对语法知识创造性运用的情况,主观试题类型也是必要的,这样才能全面测试出学习者语法学习情况。

2.1.1 适用于客观试题类型的主要形式

(1) 判断选择

A. 相近词语的判断选择。例如:

量词选用:把纸撕成几_____。

a 张　b 面　c 片　d 枚

关联词语选用:_____他不同意,我_____要去。

a 如果……就……　　　b 虽然……但是……

c 即使……也……　　　d 既然……就……

B. 多项义项的判断选择。例如:

别担心,我看看就给你。

句中的动词重叠式表示哪种语法意义:

a 短时　b 尝试　c 缓和语气　d 轻松随意

C. 多项分布的判断选择。例如:

时量分布:小张 a 打 b 了 c 游戏 d。(一下午)

副词分布:a 他做的题 b 你 c 看 d 完了吗?(都)

连词分布:a 他 b 去了,c 小李 d 也去了。(不但)

D. 语序排列——将 abcd 四项按语句表达顺序进行排列。例如:

a 装载着我和我的学生们

b 向着广阔的天地飞去

c 一辆高级大客车

d 轻快地跃上高架立交桥

(2) 填空类型

填空类型作为客观类型试题时,学习者要注意前后句的严格限定,使之成为唯一性的填空选择。当然,非标准化的测试没那么严格,有两个以上的选择也可以。例如:

副词填空:你怎么现在(　　)来呀? 都五点啦。

介词填空:我(　　)这个决议有意见。

方位词填空:空(　　)有一架小型飞机。

(3) 按要求变换表达形式

这种类型的试题要求限定严格,被变换的表达形式也要求准确、清楚。如果学生做不到,教师可以根据被试水平再提供一定的样例,让其模仿。只是模仿这种形式会使测试效果受到一定影响。变换的类型如:

将该句变换成否定句:昨天下雨了。

将该句变换成"把"字句:她没拿来花瓶。

将该句变换成"在"字句:树上有一只小鸟。

将该句变换成反问句:他一定会来的。

将该句变成带有情态补语的句子:他很认真地做了检查。

将下面句子变成一个带有多项定语的句子:她有一个男孩儿。男孩儿8岁。

将句中的时间改用时段方式表达:他从昨天晚上工作到今天早上。

将句中的时间改用概数方式表达:他出差有30天或31天了。

(4) 改正句中有错的部分

这种类型,如果设计为唯一改正形式,可以看作客观试题类型,但是如果不能确定,几种可能都有,就可以看作主观试题类型。改正的错

误类型通常要求保持原句意思,仅针对某一规则或用法出现的错误进行改正,所以改正的内容大多能够控制。例如:

＊领导那么照顾她,却她不满意。

＊我几遍做了,她还是看不明白。

＊随着我汉语进步,我喜欢汉语。

＊无论他不理我,我都爱他。

2.1.2 适用于主观试题类型的主要形式

(1) 用指定词语或句型完成句子或对话。例如:

_____ 撒了一地。(连……带……)

A:_____ 。(连……都……)

B:是吗?看样子报告挺感人啊。

(2) 根据描述,用指定词语或句型重新表述。例如:

晚上十点来钟我们过来时,这条繁华的大街上还人来人往呢,现在是夜里两点钟了,街上已经没有几个人了。

根据这段话的意思,用"越来越……""越……越……"或"随着"进行改写。

(3) 给出一段话,从中选择合适的内容按要求造句。

来天津上街,开始我很害怕,好像没有交通规则。现在不怕了,我发现这里的司机车开得很慢,常常跟在自行车后面叫啊叫啊,很温情。在日本,车开得很快。这里主要的街道上,人很多,但会让人觉得这是一种需要,因为你只要有问题、有困难向他们提出来,他们都会热情地帮助你,跟你亲切地聊天儿,你会觉得他们就是你的老朋友。

根据短文内容,请用以下表示比较的词语完成五个比较句。

比　一样　没有　不比　不如

（4）用规定的词语类型或句子类型看图写话。例如：

图 13-5　　　　　　图 13-6　　　　　　图 13-7

根据图片内容，写出含有"数＋量＋名"结构的句子。

（5）用规定的词语或句式，结合实际情况进行成段表达。例如：

请你讲一讲这个周末你做的事情。（200字以内，注意使用"了"和补语）

总之，一份语法试卷的设计，既要有一定比例体现结构和规则的、非实际应用的静态题，也要有一定比例体现语法应用能力的动态题，这样才能全方位地测试学习者语法要素的掌握情况和语法知识的运用情况。

2.2　选择有代表性的知识类型和样本

教师在语法教学时，应重点讲解教学大纲所涉及的语法项目，操练时也应用不同方式反复操练，强化学习者的熟练程度。设计试题则不同，教师要选择有代表性的知识类型和样本，这样才能通过测试，评估学习者对该知识类型的掌握程度。可以说，试题设计得好不好，会直接影响测试效果。

那么，如何选择有代表性的样本呢？下面以副词为例。

副词教学需要关注以下方面：

（1）词的主要功能——谓词或谓语性成分的修饰语；

(2) 词的分布(与词的主要功能有关,但角度不同)——主语前、谓语前、单双音节副词在分布上的差异等;

(3) 副词意义的理解及用法的把握;

(4) 近义副词的意义、用法辨析;

(5) 副词对句结构要素的强制性制约条件;

(6) 副词所含有的预设条件对语境的制约与限制。

教师可以基于以上要点,选择有代表性的样本进行副词的测试。例如:

将括号中的词语放到句中 abcd 唯一合适的位置上:

我的病没有他重,a 他的病好了,b 我的病 c 没 d 好。(却)

这道试题可以测试出学习者是否掌握以下内容:

(1) "却"是副词,不是连词,它的作用是对谓语部分起修饰作用,表转折语气;

(2) "却"表示的是一种转折语气,应用于逆接的句子中;

(3) "却"这种单音节副词,只能位于谓词前,不能位于主语前;

(4) "却"的转折语气覆盖整个谓语部分,应位于谓词的其他修饰语之前。

2.3 运用哪些方法考出所要考的东西

2.3.1 利用相似处

例如:

选择正确的答案填到括号中

图 13-8

这（　　）钥匙共有几（　　）？

　　a 把　　b 支　　c 条　　d 串　　e 束　　f 捆

这是一道关于汉语量词的试题，有两个空儿需要填。该试题制造了三个迷惑点：

（1）个体量词与集合量词之分。学习者可能知道钥匙的个体量词为"把"，但是几个个体合成一个整体时，如何称量？

（2）外观相似的个体量词之分。钥匙有相对细长的特点，那么"把""支""条"所称量的事物之间有什么不同？

（3）外观相似的集合量词之分。"串""束""捆"作为不同的集合量词，具有各自的特点，根据钥匙合成整体的样子，应选哪个集体量词？

该试题利用图片或实物进行测试，贴近生活，能更好地测试出实际运用的情况；该试题制造的迷惑点也可以很好地考查学习者对汉语量词称量事物的理解认知，以及对相关个体量词、集合量词的掌握程度。

2.3.2　利用认知误区

利用可能的认知误区进行试题设计。例如：

根据句义，从 abcd 四个选项中选择唯一正确的答案填到句中括号里。

你是怎么来（　　）这里？

　　a 了　　b 过　　c 的　　d 着

该试题设计的四个选项都与时间有关，d 与 abc 相差较大，除非学习者的水平很低，不知道它们有状态持续与已实现的差别。其余三项在表示过去时间的共同点上具有迷惑性。该试题的设计利用了学习者容易将过去发生的事件与"了""过"或"的"相混淆的认知误区，考查其掌握情况。

2.3.3 利用上下文语境

试题提供上下文语境,不提供具体的选填范围,考查学习者根据语境选用词语或表达方式的能力。例如:

> 根据句子表达的意思,在括号中填上合适的趋向动词。
> 喷头一打开,温暖的水就喷射(　　),把我浑身的污泥冲了(　　)。

该试题可以不是唯一答案,但一定要符合语境,考查的是学习者实际运用趋向动词的能力。

2.3.4 利用图片或语言材料

试题提供图片或语言材料,但限定表达方式,考查学习者对结构和规则掌握的准确度及实际运用时的创造能力。类型同 2.1.2 中的(3)和(4)两类。

这两种试题均为被试展现了一种情景,能够较好地测试出学习者的汉语运用能力及对句法结构规则的掌握度。如 2.1.2(3)中"没有"句、"不如"句的选用都涉及形容词积极、消极的色彩问题,"不如"句还涉及说话人对选项的肯定态度问题,"不比"句则涉及预设的语境和说话人的态度问题等。由于这些方面实际上已被语段的内容所限定,所以被试如何选择比较项目、比较项目的顺序如何排列、组成怎样的句子才是对的,这些都是可以考查的。如 2.1.2 中的(4),可考查学习者是否能根据实际情景选用量词。

总之,设计试题时,教师首先要清楚所要考的东西,然后考虑运用哪些方法把要考的东西考出来,实现考查的目的。

2.4 建立题库和制作试卷

为了科学、客观、有效、公正地进行测试,我们应建立一定规模的题库。建立题库和制作试卷时应注意以下问题:

(1) 根据教学大纲和教材以及教学的实际情况、学习者的水平调整题库和试卷的内容范围,题库中的试题要覆盖所学的语法知识。

(2) 试题结构类型的分布要合理,包括主客观试题类型。各类试题要有较好的区分度,同一小类中的试题应达到一定数量,同类试题要做到难度等值、分数等值。

(3) 试题设计者对各种类型试题的难易度要心中有数,除了凭经验评估外,还要对测试结果的难度做科学的计量。

(4) 制作试卷时,我们要注意试题的区分度,试题难度要大致呈正态分布,测试结果也应大体呈正态分布。

3. 成绩测试结果的总结分析

成绩测试结果出来后,教师一定要做总结分析,这是成绩测试反馈的必要环节。这个环节包括以下三个方面:

一是教师对学生的考试结果做全面的总结分析,既要以此了解学生的语法学习情况,即知识掌握程度,又要了解学生存在的问题和问题的成因。另外,还要具体分析这些问题是学生的问题,还是教师的问题。

二是教师评估试题的信度、效度、区分度、难易度等,以及是否有需要调整和改进的地方。

三是教师把必要的信息反馈给学生。试题是代表性样本,学习者通过测试将所学的语法知识进行了综合性、应用性的运用。学生在语法教学中的阶段性成绩测试非常重要。测试可以给学习者以反馈,教师也可以从中分析存在的问题,使总结成为学习者再学习的重要环节,帮助学习者强化已掌握的知识。

总之,既要有科学的语法教学方法与策略,又要有相应的测试手段。既然教学目标是提高学习者的汉语实际应用能力,那么在对学生语法能力的测试上,就不能仅仅停留在语法结构和语法意义的掌握上,还应侧重其语法规则的运用能力。

【分析思考题】

1. 偏误分析为什么是汉语语法教学的必要环节？
2. 偏误分析应坚持哪些原则？为什么？
3. 根据偏误分析的原则，分析以下偏误：

    (1) 我们吃了饭在学生食堂。

    (2) 方洁放要洗的衣服洗衣机。

    (3) 这次到中国来是她的唯一而最大理想在晚年。

    (4) 白天20多度热了比晚上。

    (5) 我这样来安排时间为他着想，倒他不同意了。

    (6) 由于他不想吃，就你别逼他吃。

4. 汉语语法教学中的操练指的是什么？为什么要有操练环节？
5. 根据存在句的特点和常见偏误，设计静态、动态两种类型的操练形式，并说说设计依据。
6. 举例说明进行测试的方法。
7. 举例说明汉语语法教学中成绩测试的意义和作用，以及设计试题要考虑的问题。

主要参考文献

白乐桑,张　丽.《欧洲语言共同参考框架》新理念对汉语教学的启示与推动——处于抉择关头的汉语教学[J]. 世界汉语教学,2008(3):58—73.

白丽芳."名词+上/下"语义结构的对称与不对称[J]. 语言教学与研究,2006(4):58—65.

伯纳德·科姆里. 语言共性和语言类型[M]. 沈家煊,译. 北京:华夏出版社,1989.

布鲁斯·乔伊斯(Bruce Joyce),玛莎·韦尔(Marsha Weil),艾米莉·卡尔霍恩(Emily Calhoun). 教学模式(第八版)[M]. 兰英,等译. 北京:中国人民大学出版社,2014.

曹先擢,苏培成. 汉字形义分析字典[M]. 北京:北京大学出版社,1999.

陈保亚. 语言影响文化精神的两种方式[J]. 哲学研究,1996(2).

陈昌来. 现代汉语句子[M]. 上海:华东师范大学出版社,2000.

陈昌来. 介词与介引功能[M]. 合肥:安徽教育出版社,2002.

陈开顺. 话语感知与理解——过程、特征与能力探讨[M]. 北京:外语教学与研究出版社,2001.

陈若凡. 谈成绩测试的科学化[J]. 世界汉语教学,2002(2):103—107.

陈章太,戴昭铭,佟乐泉,等. 世纪之交的中国应用语言学研究[M]. 北京:华语教学出版社,1999.

崔淑燕,许晓华,魏鹏程. 基于HSK语料库的特殊句式化石化现象研究[M]. 北京:首都经济贸易大学出版社,2018.

崔希亮. 北京语言大学汉语语言学文萃·语法卷[M]. 北京:北京语言大学出版社,2004.

崔希亮. 语言学概论(第2版)[M]. 北京:北京语言大学出版社,2021.

戴浩一,黄　河. 时间顺序和汉语的语序[J]. 国外语言学,1988(1):10—20.

范　晓.关于汉语的语序问题(二)[J].汉语学习,2001(6):18－28.

方经民.论汉语空间区域范畴的性质和类型[J].世界汉语教学,2002(3):37－48.

方绪军.现代汉语实词[M].上海:华东师范大学出版社,2000.

房玉清.实用汉语语法[M].北京:北京语言学院出版社,1992.

高更生,王红旗,等.汉语教学语法研究[M].北京:语文出版社,1996.

高增霞.副词"还"的基本义[J].世界汉语教学,2002(2):28－34.

桂诗春.实验心理语言学纲要[M].长沙:湖南教育出版社,1991.

桂诗春.新编心理语言学[M].上海:上海外语教育出版社,2000.

郭春贵.复合趋向补语与非处所宾语的位置问题补议[J].世界汉语教学,2003(3):37－45.

郭继懋.领主属宾句[J].中国语文,1990(1):24－29.

郭继懋,郑天刚.似同实异——汉语近义表达方式的认知语用分析[M].北京:中国社会科学出版社,2002.

郭先珍.现代汉语量词用法词典[M].北京:语文出版社,2002.

郭志良.现代汉语转折词语研究[M].北京:北京语言文化大学出版社,1999.

贺　阳.试论汉语书面语的语气系统[J].中国人民大学学报,1992(5).

洪　芸.国际汉语教学心理研究——纠错反馈的认知心理[M].北京:中央民族大学出版社,2015.

侯国金.语用象似论[J].语言教学与研究,2007(2):64－71.

胡明扬.实用汉语语法·序[M]//房玉清.实用汉语语法.北京:北京语言学院出版社,1992.

胡裕树.现代汉语(重订本)[M].上海:上海教育出版社,2011.

黄伯荣,廖序东.现代汉语(增订三版)(上册)[M].北京:高等教育出版社,2002.

杰弗里·利奇,简·斯瓦特维克.英语交际语法[M].戴炜栋,李东,何兆熊,等译.上海:上海译文出版社,1983.

金立鑫.对一些普遍语序现象的功能解释[J].当代语言学,1999(4):38－43,55－61.

金立鑫.词尾"了"的时体意义及其句法条件[J].世界汉语教学,2002(1):34－43.

靳洪刚.语言获得理论研究[M].北京:中国社会科学出版社,1997.

黎天睦,张　旭.汉语词序和词序变化[J].国外语言学,1981(4):22－34.

李立成.不表可能的"动 de 形"结构及 de 的性质[J].语言教学与研究,1997(1):115—135.

李临定.现代汉语动词[M].北京:中国社会科学出版社,1990.

李　泉.对外汉语教学语法研究述评[J].世界汉语教学,2006(2):110—118.

李晓琪.现代汉语虚词讲义[M].北京:北京大学出版社,2005.

李英哲.汉语语序和数量在空间同事物中的分配[M]//徐杰.汉语研究的类型学视角.北京:北京语言大学出版社,2005.

李宇明.动词重叠的若干句法问题[J].中国语文,1998(2):83—91.

刘丹青.语义优先还是语用优先——汉语语法学体系建设断想[J].语文研究,1995(2):10—15.

刘丹青,曹瑞炯.语言类型学(修订本)[M].上海:中西书局,2017.

刘润清.第二语言习得中课堂教学的作用[J].语言教学与研究,1993(1):34—44.

刘润清.外语教学中的科研方法[M].北京:外语教学与研究出版社,1999.

刘颂浩.第二语言习得导论——对外汉语教学视角[M].北京:世界图书出版公司,2007.

刘勋宁.现代汉语句尾"了"的语法意义及其解说[J].世界汉语教学,2002(3):70—79.

刘　珣.对外汉语教育学引论[M].北京:北京语言文化大学出版社,2000.

刘月华.动词重叠的表达功能及可重叠动词的范围[J].中国语文,1983(1):9—19.

刘月华.趋向补语通释[M].北京:北京语言文化大学出版社,1998.

刘月华,潘文娱,故　铧.实用现代汉语语法(增订本)[M].北京:商务印书馆,2001.

卢福波.复指动词的语义类别与句法组合关系[J].汉语学习,1994(3):44—48.

卢福波.句法语义研究二题[C]//南开大学汉语言文化学院.汉语言文化研究(第四辑).天津:天津人民出版社,1994:78—90.

卢福波.汉日动词语义特征对比分析的一点尝试[C]//南开大学汉语言文化学院.汉语言文化研究(第五辑).天津:天津人民出版社,1995:186—198.

卢福波.对外汉语常用词语对比例释[M].北京:北京语言文化大学出版社,2000.

卢福波.谈谈对外汉语表达语法的教学问题[J].语言教学与研究,2000(2):43—47.

卢福波.针对汉语特性,确立对外汉语教学策略[J].华文教学与研究,2000(3):

7—14.

卢福波. 重新解读汉语助词"了"[C]//南开大学文学院汉语言文化学院. 南开语言学刊. 北京:商务印书馆,2002:109—118.

卢福波. 对外汉语教学语法的体系与方法问题[J]. 汉语学习,2002(2):51—57.

卢福波. "了"与"的"的语用差异及其教学策略[J]. 暨南大学华文学院学报,2002(2):59—65.

卢福波. 对外汉语教学语法的层级划分与项目排序问题[J]. 汉语学习,2003(2):54—60.

卢福波. 非常组合的"动+处所宾语"[C]//南开大学文学院汉语言文化学院. 南开语言学刊. 北京:商务印书馆,2005(2):68—75.

卢福波. 对外汉语教学基本句型的确立依据与排序研究[J]. 语言文字应用,2005(4):80—86.

卢福波. 语法教学与认知理念[J]. 汉语学习,2007(3):63—69.

卢福波. 语法教学的基本原则与操作方法[J]. 语言教学与研究,2008(2):24—31.

卢福波. 对外汉语教学实用语法(修订本)[M]. 北京:北京语言大学出版社,2011.

卢福波. 汉语语法点教学案例研究:多媒体课件设计运用[M]. 北京:商务印书馆,2016.

卢福波. 基于汉语特点的名量范畴及其认知教学研究[J]. 天津师范大学学报(社会科学版),2021(1):16—18.

卢福波,吴　莹. "请求"句中"V"、"V一下"与"VV"的语用差异[J]. 语言教学与研究,2005(4):40—45.

鲁　川. 汉语语法的意合网络[M]. 北京:商务印书馆,2001.

鲁健骥. 外国人学汉语的语法偏误分析[J]. 语言教学与研究,1994(1):49—64.

鲁健骥. 对外汉语教学思考集[M]. 北京:北京语言文化大学出版社,1999.

陆丙甫. 定语的外延性、内涵性和称谓性及其顺序[C]//中国语文杂志社. 语法研究和探索(第四辑). 北京:北京大学出版社,1988.

陆丙甫. "的"的基本功能和派生功能——从描写性到区别性再到指称性[J]. 世界汉语教学,2003(1):14—29,2.

陆丙甫. 语序优势的认知解释(上):论可别度对语序的普遍影响[J]. 当代语言学,

2005(1):1—15,93.

陆丙甫. 汉语的认知心理研究:结构・范畴・方法[M]. 北京:商务印书馆,2010.

陆俭明. 动词后趋向补语和宾语的位置问题[J]. 世界汉语教学,2002(1):5—17.

陆俭明. 对外汉语教学与汉语本体研究的关系[J]. 语言文字应用,2005(1):59.

陆俭明,马　真. 现代汉语虚词散论(增订版)[M]. 北京:语文出版社,1999.

陆俭明,沈　阳. 汉语和汉语研究十五讲[M]. 北京:北京大学出版社,2004.

吕叔湘. 吕叔湘自选集[M]. 上海:上海教育出版社,1989.

吕叔湘. 现代汉语八百词(增订本)[M]. 北京:商务印书馆,1999.

吕文华. 对外汉语教学语法体系研究[M]. 北京:北京语言文化大学出版社,1999.

吕文华. 关于述补结构系统的思考——兼谈对外汉语教学的补语系统[J]. 世界汉语教学,2001(3):78—83.

吕文华. 对外汉语教学语法探索(增订本)[M]. 北京:北京语言大学出版社,2008.

吕文华. 对外汉语教学语法讲义[M]. 北京:北京大学出版社,2014.

马庆株. 汉语动词和动词性结构[M]. 北京:北京语言学院出版社,1992.

马庆株. 多重定名结构中形容词的类别和次序[J]. 中国语文,1995(5):357—365.

马庆株. 汉语语义语法范畴问题[M]. 北京:北京语言文化大学出版社,1998.

马庆株. 结构、语义、表达研究琐议——从相对义、绝对义谈起[J]. 中国语文,1998(3):173—180.

马庆株. 现代汉语[M]. 北京:中国社会科学出版社,2010.

马　真. 简明实用汉语语法教程[M]. 北京:北京大学出版社,1997.

毛世祯. 对外汉语教学语音测试研究[M]. 北京:中国社会科学出版社,2002.

倪晓莉. 心理学基础[M]. 西安:西安交通大学出版社,2019.

齐沪扬. 现代汉语空间问题研究[M]. 上海:学林出版社,1998.

齐沪扬. 语气词与语气系统[M]. 合肥:安徽教育出版社,2002.

齐沪扬. 对外汉语教学语法[M]. 上海:复旦大学出版社,2005.

屈承熹. 汉语认知功能语法[M]. 哈尔滨:黑龙江人民出版社,2005.

邵敬敏. 现代汉语通论[M]. 上海:上海教育出版社,2001.

邵瑞珍. 教育心理学(修订本)[M]. 上海:上海教育出版社,1997.

沈家煊. 句法的象似性问题[J]. 外语教学与研究,1993(1):2—8,80.

沈家煊."有界"与"无界"[J].中国语文,1995(5):367—380.

沈家煊.形容词句法功能的标记模式[J].中国语文,1997(4):242—250.

沈家煊.不对称和标记论[M].南昌:江西教育出版社,1999.

沈家煊.句式和配价[J].中国语文,2000(4):291—297.

沈家煊.如何处置"处置式"?——试论把字句的主观性[J].中国语文,2002(5):387—399,478.

沈家煊.现代汉语"动补结构"的类型学考察[J].世界汉语教学,2003(3):17—23.

沈家煊.语法研究的目标——预测还是解释?[J].中国语文,2004(6):483—492,557.

沈家煊.现代汉语语法的功能、语用、认知研究[M].北京:商务印书馆,2005.

沈阳,郑定欧.现代汉语配价语法研究[M].北京:北京大学出版社,1995.

盛炎.语言教学原理[M].重庆:重庆出版社,1990.

石毓智.表物体形状的量词的认知基础[J].语言教学与研究,2001(1):36—43.

石毓智.汉语语法[M].北京:商务印书馆,2010.

田善继.非对比性偏误浅析[J].汉语学习,1995(6):50—53.

王初明.应用心理语言学——外语学习心理研究[M].长沙:湖南教育出版社,1990.

王还.再谈谈"都"[J].语言教学与研究,1988(2):52—53.

王还.对外汉语教学语法大纲[M].北京:北京语言学院出版社,1995.

王力.中国现代语法[M].北京:商务印书馆,1985.

王甦,汪安圣.认知心理学[M].北京:北京大学出版社,1992.

王维贤,张学成,卢曼云,等.现代汉语复句新解[M].上海:华东师范大学出版社,1994.

王寅.认知语言学[M].上海:上海外语教育出版社,2007.

维多利亚·弗罗姆金,罗伯特·罗德曼.语言导论[M].沈家煊,朱晓农,周晓康,等译.北京:北京语言学院出版社,1992.

肖筱茜,叶智方,郑丽,等.记忆编码和提取中的神经激活模式再现[J].北京师范大学学报(自然科学版),2016(6).

谢信一,叶蜚声.汉语中的时间和意象(上)[J].国外语言学,1989(4):27—32.

辛永芬.论能够做结果补语的动词[J].河南大学学报(社会科学版),2003(1):87—89.

邢福义.汉语复句研究[M].北京:商务印书馆,2001.

邢公畹.现代汉语教程[M].天津:南开大学出版社,1994.

徐烈炯,刘丹青.话题的结构与功能[M].上海:上海教育出版社,1998.

徐子亮.汉语作为外语教学的认知理论研究[M].北京:华语教学出版社,2000.

徐子亮.对外汉语教学心理学(第2版)[M].北京:北京语言大学出版社,2020.

杨德峰.时间副词作状语位置的全方位考察[J].语言文字应用,2006(2):69—75.

杨德明.少数民族汉语教学论[M].北京:民族出版社,2018.

杨寄洲.对外汉语教学初级阶段教学大纲[M].北京:北京语言文化大学出版社,1999.

耶夫·维索尔伦.语用学诠释[M].钱冠连,霍永寿,译.北京:清华大学出版社,2003:88.

袁博平.第二语言习得研究的回顾与展望[J].世界汉语教学,1995(4):52—62.

袁毓林.谓词隐含及其句法后果——"的"字结构的称代规则和"的"的语法、语义功能[J].中国语文,1995(4):241—255.

张伯江,方梅.汉语功能语法研究[M].南昌:江西教育出版社,1996.

张赪.汉语介词词组词序的历史演变[M].北京:北京语言文化大学出版社,2002.

张凯.语言测验理论与实践[M].北京:北京语言文化大学出版社,2002.

张黎."有意"和"无意"——汉语"镜像"表达中的意合范畴[J].世界汉语教学,2003(1):30—39.

张敏.认知语言学与汉语名词短语[M].北京:中国社会科学出版社,1998.

张先亮.理论语法研究与比较[M].杭州:浙江教育出版社,1998.

张亚军.副词与限定描状功能[M].合肥:安徽教育出版社,2002.

张谊生.现代汉语副词研究[M].上海:学林出版社,2000.

张谊生.现代汉语虚词[M].上海:华东师范大学出版社,2000.

赵金铭.教外国人汉语语法的一些原则问题[J].语言教学与研究,1994(2):4—20.

赵金铭.对外汉语语法教学的三个阶段及其教学主旨[J].世界汉语教学,1996(3):76—86.

赵金铭.汉语研究与对外汉语教学[M].北京:语文出版社,1997.

赵金铭.现代汉语中"V.de"格式的分化及其后续成分的省略[C]//江蓝生,侯精一.

汉语现状与历史的研究:首届汉语语言学国际研讨会文集. 北京:中国社会科学出版社,1999.

赵金铭. 对外汉语教学概论[M]. 北京:商务印书馆,2004.

赵世开. 汉英对比语法论集[M]. 上海:上海外语教育出版社,1999.

赵淑华,刘社会,胡　翔. 单句句型统计与分析[J]. 语言教学与研究,1997(2).

郑懿德,马盛静恒,刘月华,等. 汉语语法难点释疑[M]. 北京:华语教学出版社,1992.

周　刚. 连词与相关问题[M]. 合肥:安徽教育出版社,2002.

周小兵,李海鸥. 对外汉语教学入门[M]. 广州:中山大学出版社,2004.

周小兵,赵　新,等. 对外汉语教学中的副词研究[M]. 北京:中国社会科学出版社,2002.

周小兵,朱其智. 对外汉语教学习得研究[M]. 北京:北京大学出版社,2006.

朱德熙. 语法讲义[M]. 北京:商务印书馆,1982.

朱德熙. 自指和转指——汉语名词化标记"的、者、所、之"的语法功能和语义功能[J]. 方言,1983(1):16—31.

朱德熙. 语法答问[M]. 北京:商务印书馆,1985.

朱志平. 汉语第二语言教学理论概要[M]. 北京:北京大学出版社,2008.

ANDERSON J R. The architecture of cognition[M]. Mass:Harvard University Press,1983.

BACHMAN L F. Fundamental considerations in language testing[M]. Oxford:Oxford University Press,1990:85.

LADO R. Linguistics across cultures:applied linguistics for language teacher[M]. Ann Arbor:The University of Michigan Press,1957.

LARSEN-FREEMAN D,LONG M H. An Introduction to second language acquisition research[M]. 北京:外语教学与研究出版社,2000.

OSGOOD C E. Lectures on language performance[M]. New York:Spring-Verlag Inc.,1980.

SELINKER L. Interlanguage[J]. International review of applied linguistics in language teaching,1972(3).

附录　介词"随着"的课堂教学录像说明

本课程是实用汉语语法课,学习对象是南开大学汉语言文化学院汉语高级进修生,教学内容是介词"随着"。

在《汉语语法教学理论与方法》(第2版)第八章第一节"介词及其短语的常见偏误、教学要点与策略"的教学中,介绍了汉语介词的主要性质与功能。因为介词"随着"的使用频率高,出错率也高,所以将它作为一个语法点进行专项教学。介词"随着"的课堂教学录像时长约30分钟。

下面简要介绍该语法点的教学目的、教学重点与难点、教学步骤与方法。

1. 教学目的

(1) 使学习者理解"随着"的核心语义:(事件)随条件的改变而改变,让学习者理解语法意义与语法结构的一致性,同时掌握条件与事件的动态关系。

(2) 使学习者理解并掌握"随着"的介词属性对结构的制约。

(3) 使学习者理解并掌握"随着"对其后搭配词语的音节限制——双音节词及以上。

(4) 使学习者学会用"随着"造句,并在交际中准确运用。

2. 教学重点与难点

根据学习者使用"随着"的常见偏误,重点解决以下问题:

(1) 理解"随着"句的动态性,即条件与事件的动态关系,包括如何选用动态性词语。

（2）理解并掌握"随着"的介词属性对结构的制约——加"的"使构成条件。

（3）理解并掌握"随着"句的书面语色彩对其后搭配词语的音节限制——双音节词及以上。

3. 教学步骤与方法

（1）从"随"的动词属性入手，演示动作"跟随""跟从"，了解条件与事件之间的动态关系。

（2）讲解"随着"的构句原理，突出条件与事件的动态关系。

（3）突出"随着"引介的动态中心语和"的"的制约条件。

（4）用公式和文字归纳"随着"句的结构特征。

（5）从四个角度练习和巩固所讲内容，针对讲解要点进行结构练习和应用练习，用描述情景、看图说话等方式做强化训练。

（6）布置应用性作业：结合个人实际情况，对"随着"句进行语义、语法和语用的综合练习。